TÜRKISCHE
WESTKÜSTE

DUMONT · REISE-TASCHENBUCH

Vordere Umschlagklappe: Türkische Westküste – Der Norden

Hintere Umschlagklappe: Türkische Westküste – Der Süden

Frank Rainer Scheck

TÜRKISCHE WESTKÜSTE

DuMONT

Umschlagvorderseite: Blick auf den Badeort Foça
Umschlaginnenklappe vorne: Die Hafenstraße von Ephesos
Umschlaginnenklappe hinten: Vor einem Teehaus in Bergama
Umschlagrückseite: Strand bei Kuşadası (oben), Melonenverkäufer (Mitte),
   Medusenhaupt in Didyma (unten)
Vignette Seite 1: Fischer am Hafen von Datça
Seite 2/3: Die Bucht von Bodrum mit dem Kastell St. Peter

Hinweis zur Aussprache des Türkischen:
In der Türkei werden einige Buchstaben anders gesprochen als im
Deutschen. Die wichtigsten Ausnahmen:
c wie dsch; etwa Cami (Moschee) = Dschami,
ğ wie eine Längung; Muğla = Muhla,
ç wie tsch; Çay (Tee) = Tschai,
ş wie sch; Çeşme = Tscheschme,
ı wie e; Kuşadası = Kuschadasse

Der Autor: Frank Rainer Scheck, geboren 1948, ist spezialisiert auf die
Kulturgeschichte des Orients; die Türkei bereist er seit drei Jahrzehnten.
Im DuMont Buchverlag erschienen von ihm außerdem die Kunst-Reise-
führer ›Jordanien‹ und ›Syrien‹.

© DuMont Buchverlag, Köln
4., aktualisierte Auflage 2001
Alle Rechte vorbehalten
Druck: Rasch, Bramsche
Buchbinderische Verarbeitung: Bramscher Buchbinder Betriebe

Printed in Germany   ISBN 3-7701-3323-4

INHALT

LAND & LEUTE

Das Land und seine Geschichte

Lebensart, Religion und Kultur

UNTERWEGS
AN DER TÜRKISCHEN WESTKÜSTE

Durch das alte Ionien

Im Tal des Großen Mäander

Herbe Schönheit Karien

NÜTZLICHE TIPS

Verzeichnis der Karten und Pläne

Bitte schreiben Sie uns, wenn sich etwas geändert hat!

Alle in diesem Buch enthaltenen Angaben wurden vom Autor nach bestem Wissen erstellt und von ihm und dem Verlag mit größtmöglicher Sorgfalt überprüft. Gleichwohl sind – wie wir im Sinne des Produkthaftungsrechts betonen müssen – inhaltliche Fehler nicht vollständig auszuschließen. Daher erfolgen die Angaben ohne jegliche Verpflichtung oder Garantie des Verlages oder des Autors. Beide übernehmen keinerlei Verantwortung und Haftung für etwaige inhaltliche Unstimmigkeiten. Wir bitten dafür um Verständnis und werden jede Korrekturhinweise gerne aufgreifen.

DuMont Buchverlag, Postfach 10 10 45, 50450 Köln.

E-Mail: reise@dumontverlag.de

LAND & LEUTE

»Zwei Störche
standen hinter der
Moschee schlafend
auf römischen
Säulen ...«
Carl J. Burckhardt

Das Land und seine Geschichte

Die Landschaften – Zentren
antiker Hochkulturen

Natur und Umwelt –
Von Olivenwäldern
und Naturreservaten

Wirtschaft – Probleme eines
Schwellenlandes

Geschichte – Völker und
Kulturen im Überblick

Abendliche Tavla-Partie im Hafen von Datça

›Steckbrief‹ Türkei

Offizielle Bezeichnung: Türkische Republik *(Türkiye Cumhuriyeti)*
Flagge: Weißer Halbmond und Stern auf rotem Grund
Landesfläche: 779 452 km^2; davon 97 % in Asien, 3 % in Europa
Ethnien: neben der türkischen Bevölkerungsmehrheit (65–75 %) etwa 20–30 % Kurden; dazu im Südosten Araber, im Osten Armenier, Georgier, Lasen, im Westen Tscherkessen und Bulgaren
Konfessionen: dominierend der Islam sunnitischer Richtung; etwa ein Drittel der muslimischen Türken sind Aleviten, gehören also einer schiitischen Sonderrichtung des Islam an. Daneben ca. 250 000 Christen verschiedener Bekenntnisse; an der Westküste auch kleine jüdische Gemeinden in İzmir und Çanakkale
Bevölkerung: ca. 66 Mio. (87 Ew./km^2) bei jährlichem Zuwachs von ca. 2 % (damit hat sich die Bevölkerung seit 1965 verdoppelt, in den Ägäis-Provinzen sogar verdreifacht. Über 70 % der Türken leben als Ergebnis einer starken Land-Stadt-Migration in Städten. Jugendliche unter 15 Jahren stellen über 30 % der Bevölkerung.
Ballungszentren: Istanbul (ca. 10 Mio.), Ankara (ca. 4 Mio.) und – an der Westküste – İzmir (ca. 3,5 Mio.)
Jährliches Pro-Kopf-Einkommen (BSP): ca. 3160 US-Dollar (1998)
Beitrag der Wirtschaftssektoren zum Bruttosozialprodukt: Land- wirtschaft ca. 15 %; Industrie ca. 31 %; Dienstleistungssektor ca. 52 %
Arbeitslosigkeit:: offiziell ca. 10 %, in ländlichen Gebieten aber höher, saisonal weit über 50 %
Politisches System: Mehrparteiendemokratie; Abgeordnete werden für fünf Jahre in die Große Türkische Nationalversammlung *(Türkiye Büyük Millet Meclisi)* gewählt. Starke Position der Militärs über den Nationalen Sicherheitsrat (Staatspräsident, Kabinett, Generalstab).
Parteien: *Anavatan Partisi/ANAP* (›Vaterlandspartei‹, wirtschaftsliberal-konservativ); *Doğru Yol Partisi/DYP* (›Partei des richtigen Weges‹, konservativ); *Demokratik Sol Partisi/DSP* (›Partei der Demokratischen Linken‹, linksnationalistisch); *Fazilet Partisi* (›Tugendpartei‹, religiöskonservativ); *Milli Demokrat Parti* (›Nationaldemokratische Partei‹, rechtsradikal)
Verwaltungssystem: 80 Provinzen (*il*) gliedern sich in mehrere hundert Landkreise (*ilçe*) und Gemeindeverbände (*bucak*). Die sechs Provinzen der türkischen Westküste sind, von Nord nach Süd, Çanakkale, Balıkesir, İzmir, Manisa, Aydın und Muğla.

An der Wiege antiker Kulturen

Die westliche Türkei ist seit alters die Brücke zwischen den Kulturen des Orients und des Okzidents, ein durch seine zahlreichen Buchten nach Westen geöffnetes Küstenland. Ein Land, das von dem Sonnenblau der Ägäis ebenso geprägt ist wie von der Felseinsamkeit der Berge, in denen sich ursprüngliches Bauernleben und Naturparadiese bewahrt haben.

Die Landschaften

Das anatolische Hochland läuft nach Westen hin, aufgebrochen durch die Flußtäler des Bakır Çayı (antiker Name: *Kaikos*), des Gediz Nehri (*Hermos*), des Küçük Menderes (*Kaystros*) und des Büyük Menderes (*Maiandros* oder *Mäander*), in reicher landschaftlicher Kammerung zur Ägäis hin aus. Diese Randzone, die geologisch mit den griechischen Ägäis-Inseln verbunden ist, reicht etwa vom 40. bis zum 37. Breitengrad hinunter. Der Wechsel von Fluß- oder Schwemmlandebenen und Mittelgebirgszügen, aufgebaut aus alten Graniten, kristallinen Schiefern, Gneisen und Marmoren, bestimmt die Landesgestalt. Die Küstenlinie ist im Zuge des postglazialen Meeresanstiegs besonders stark zerlappt mit tiefen Buchten und weit ausgreifenden Halbinseln oder Vorgebirgen, zwischen denen sich die Flußgeschiebe der genannten vier großen Ströme zu langsam verlandenden Delten sammeln.

Geschichtlich haben sich an der Ägäis von Nord nach Süd fünf Siedlungsräume herausgebildet: Zwischen der Meeresstraße der Dardanellen und dem Golf von Edremit erstreckt sich die **Troas**, die im Kaz Dağı (das *Ida*-Gebirge der Antike) eine Höhe von 1767 m erreicht. Die bewaldeten Berge gehen nach Westen hin einerseits in das mit Valonea-Eichen und Macchia bewachsene Hügelland zwischen Ezine und Gülpınar, andererseits in die fruchtbare Ebene vor Troja über, in der Baumwolle, Mais, Weizen und Sonnenblumen gedeihen. Nur der Küstenstreifen im Süden trägt, durch Höhenzüge gegen die Nordwestwinde abgeschirmt, deutlich mittelmeerischen Charakter. Entlang der Südküste der Troas, am Golf von Edremit, unterstreichen Ölbaumwälder die mediterrane Prägung. Troja, wichtigster Siedlungsplatz dieser histori-

Dardanellen-Landschaft nahe dem
Ajax-Tumulus bei Troja

schen Landschaft, beherrschte den seit Jahrtausenden bedeutsamen Dardanellen-Übergang zwischen Europa und Asien sowie den Schiffsverkehr durch diese Wasserstraße selbst.

An die Troas schließt sich südlich die **Pergamene** an. Kerngebiet ist die fruchtbare Flußebene des Bakır Çayı. Die Stadt Pergamon besetzte hier nach dem typischen Siedlungsmuster, dem auch Milet, Smyrna und Ephesos folgten, den Ausgang eines der Flußtäler, die hinauf zur anatolischen Hochebene vermittelten. Ihr Einzuggebiet reichte in den unfruchtbaren Yunt Dağı nach Süden und die herrli-

chen Pinienwälder auf den Kozak-Höhen im Norden.

An die Pergamene schloß sich südwärts mit elf oder zwölf Griechenstädten **Äolien** an, schon von Herodot gerühmt wegen seiner Fruchtbarkeit, von der bis heute weite Olivenwälder, mehr noch aber die ausgedehnten Plantagen (Agrumen, Rosinen) in der wasserreichen Ebene westlich des Dumanlı Dağı künden. Schlechte Häfen und unfruchtbares Hinterland drückten Äolien dennoch den Stempel der Provinzialität auf, erst recht, als Smyrna/İzmir mit seinem sicheren Hafen am Ende einer tiefen Meeresbucht – ursprünglich als äolische Stadt gegründet – von den ionischen Kolonisten übernommen wurde.

Die **Ionier**, deren Kultur unter allen Griechenstämmen der kleinasiatischen Ägäis am eindrucksvollsten aufglänzen sollte, siedelten in den Landstrichen zwischen Äolien und dem ›Großen Mäander‹. Wenn Herodot meint, Ioniens Klima sei unübertrefflich gut, so bietet dies weniger Erklärung für den Aufschwung des Landstrichs als vielmehr die Existenz gleich dreier Flußtäler, die von der Küste her Inneranatolien erschlossen und durch regen Handelsverkehr, vor allem mit Lydien, Gut und Geld in die zwölf Städte brachten, die sich um 800 v. Chr. zu einem Panionischen Bund zusammenschlossen, darunter Milet, Priene und Ephesos. Etwas später begann Ionien auch, Handelsfaktoreien in fast allen Teilen der Mittelmeerwelt zu gründen. Die Impulse, die es dabei empfing, führten ab dem 6. Jh. zu seiner wirtschaftlichen und kulturellen Vorrangstellung unter den Griechenstämmen. Oliven, Feigen, Reben, Granatäpfel und Baumwolle (in den Schwemmebenen) gehören zu den Eigenprodukten des Landstrichs.

Die südlichste historische Landschaft an der türkischen Ägäis ist **Karien**, das sich mit waldbedeckten Bergen bis hinter Marmaris erstreckt. Die Antike glaubte, daß auch die Karer Einwanderer von den ägäischen Inseln wären. Mit Sicherheit jedenfalls handelte es sich nicht um ein griechisches Volk. Die Karer siedelten im unwirtlichen südwestlichen Binnenland, dessen tiefe Wälder (Marmaris-Halbinsel) und zerklüfteten Mittel-

gebirge (Beşparmak, Kavak Dağı) meist nur kleinkammerige Siedlungsräume boten, in denen Dörfer, nicht aber Städte entstanden. Allein die fruchtbaren Ebenen von Mylasa, heute Milas, und Alinda ließen nennenswerte Stadtgründungen zu. Zu einer Regionalmacht stieg Karien unter Mausolos auf, der sein Land ab 377 v. Chr. der griechischen Kultur öffnete und Halikarnassos, heute Bodrum, zur neuen Hauptstadt machte.

Klima und Reisezeit

Der äußerste Nordwesten, etwa das Gebiet zwischen Dardanellen und dem Golf von Edremit, nicht selten auch noch das Flußtal von Bergama bis hin zu den Badeorten Dikili und Çandarlı, wird vom gemäßigt-feuchten Schwarzmeerklima erfaßt, das den Wind *lodos* und die kalte Brise *poyraz* mit sich bringt. Ansonsten ist die türkische Ägäis ganz vom typischen Etesien-Klima des Mittelmeerraums bestimmt. Die ozeanischen Einflüsse reichen 100–150 km weit ostwärts, dann macht sich inneranatolisches Steppenklima geltend, so etwa bei Sardis und bei Denizli. Die Ausgleichswinde zwischen See und Land, so etwa der *imbat*, der vom Vormittag bis zum frühen Abend in der Region von İzmir weht, bringen der Küste, nicht aber dem Hinterland tageszeitliche Kühlung.

Beste Reisezeit ist der **Frühling**, etwa zwischen Mitte März und

In einem Olivenhain am Bafa-See
zwischen İzmir und Bodrum

Mitte Juni, der für kurze Zeit eine Blütenpracht aufglühen läßt, die man im Blick auf sommerdürre Wiesen kaum für möglich hält. Allerdings wärmt sich das Meer erst Mitte Mai auf; wer Badeferien genießen will, muß bis dahin Geduld haben, in den nördlichen Abschnitten der Ägäis sogar bis Anfang Juni.

Der **Sommer** ist sehr heiß und weithin niederschlagsfrei, die relativ hohe Luftfeuchtigkeit verdichtet sich aber spätestens gegen Mittag zu Dunstschleiern. Für Badeferien ist diese Zeit ideal, nicht aber für ausgedehnte Besichtigungstouren oder Wanderungen.

Der **Herbst** von Mitte September bis November bringt wieder klarere Sichten, bietet zugleich die Möglichkeit zum Strandurlaub (bis Mitte Oktober; im Norden nur bis Ende September) und ist bis Anfang Oktober nahezu niederschlagsfrei. Man vermißt allerdings die üppige Vegetation des Frühlings; das Land wirkt gelb, ausgebrannt.

Im **Winter**, zwischen Ende November und Anfang März, machen tiefhängende Wolken, tagelange Regenfälle, dazu manchmal auch schneidende Kälte einen Besuch im türkischen Westen zur ungemütlichen Angelegenheit. Herrlich klare Tage gibt es selbstverständlich auch in dieser Saison; dann hat man bei tiefstehender Sonne jene landschaftliche Weitsicht, von der Reiseführer so gern schwärmen.

Natur und Umwelt

Die natürliche mediterrane **Pflanzenwelt** der türkischen Ägäis entspricht der extremen Sommertrockenheit. Die typischen Hartlaubgewächse der Macchia, in Trockengebieten wie der Çeşme- und Bodrum-Halbinsel oder dem Yunt Dağı im äolischen Hinterland sogar nur die niedrigen, oft dornigen Polster- pflanzen der Phrygana bedecken die Hänge. Zistrosen, Myrten, Erdbeerbäume, dazu der falsche und der echte Lorbeer, Mäusedorn und

Besondere Vegetationsschönheiten an der türkischen Westküste sind die lichten Pinienbestände auf den Kozak-Höhen im Granitmassiv der Madra Dağı nördlich von Bergama (s. S. 106), die Urwälder des wasserreichen Samsun Dağı-Nationalparks südlich von Kuşadası (s. S. 165) und die mächtigen Gneisblöcke des sich über dem Bafa Gölü aufbauenden Beşparmak-Gebirges (s. S. 190), zwischen denen sich malerisch Pinien erheben.

Dominierende Kulturpflanze an der Westküste ist der Ölbaum. Vor allem das Gebiet von Edremit und das am Bafa-See bedecken ganze Olivenwälder; die Dörfer werden hier von den hohen Schornsteinen der Olivenölfabriken überragt. Tabak, Sesam, Wein, Gemüse und Obst bestimmen die Gartenkulturen. Fruchtbare Kultivationszonen sind die von Bewässerungskanälen durchzogene Ebene um Troja, das Tal des Bakır Çayı bei Bergama, das Gediz-Tal von Manisa bis Sardis (im Westen große Obstkulturen; weiter östlich vor allem Sultaninen) sowie die Täler der beiden Flüsse Büyük und Küçük Menderes, die mit lehmgelbem, nährstoffreichem Wasser träge-verschlungen baumarmes Ackerland durchfließen. Die Motorpumpen, die ihnen Wasser für die beiderseits sich weitenden Korn- und Mais-, Tabak-, Hanf- und Baumwollpflanzungen entziehen, geben den brütend heißen Sommern das typische Grundgeräusch. Im Tal des ›Großen Mäander‹ reihen sich die Feigen-

Styrax setzen Akzente. Während in den Ebenen wärmeliebende Bäume wie Zypresse und Kork- bzw. Kermeseiche, Palme, Eukalyptus, Judas- und Johannisbrotbaum stehen, an Flußläufen auch Weiden, Tamarisken und Ulmen, sind die höheren Lagen der westlichen Randgebirge mit Kiefern bewaldet (bis etwa 1100 m Höhe). Zumeist bleiben die unteren Lagen, bis etwa 700 m, der Brutischen Kiefer vorbehalten, die höheren der Schwarzkiefer, die man an ihrer zerzaust wirkenden Krone erkennt. Darüber formieren sich auf den Höhen des Kaz Dağı zwischen 1200 und 1700 m die schon von Homer besungenen dunklen Tannenwälder.

kulturen; stattliche Dörfer und Städte wie Aydın und Tire besetzen im Hinterland die Hügelränder der fruchtbaren Flußgräben.

Die **Tierwelt** Westkleinasiens ist durch immer intensivere Flurnutzung sowie Bejagung stark dezimiert, vor allem die großen Arten. Der in den homerischen Epen mehrfach genannte Löwe ist im 19. Jh. ausgerottet worden, der kleinasiatische Leopard, den man gern für Tierhetzen und die zirzensischen Kämpfe der Gladiatoren einsetzte, hatte sich in Restpopulationen noch bis in die 60er Jahre des 20. Jh. erhalten, ist aber inzwischen ebenfalls ausgestorben. Das gleiche Schicksal dürfte Luchs und Streifenhyäne ereilt haben, während Braunbären und Wölfe sich noch in kleinen Beständen nachweisen lassen, nicht nur im Taurus, sondern auch im Bereich der Westküste (Beşparmak und Labada Dağı). Füchse und Wildschweine sind weiterhin häufig, letztere z. B. im Scheidegebirge zwischen Küçük und Büyük Menderes. Rotwild ist im Bereich der türkischen Ägäis dagegen selten geworden, wie überhaupt gerade die Säugetierarten der Türkei dramatische Rückgänge zu verzeichnen haben.

Reich ist die Türkei dagegen an Vögeln. Bisher sind 426 Arten nachgewiesen; mehr als die Hälfte davon brütet regelmäßig im Land. Türkenkleiber und Weisbartgrasmücken sind mitsamt dem selteneren Eleonorenfalken für den Natio-

Brütende Störche auf einem Aquädukt-pfeiler in Selçuk

nalpark des Samsun Dağı charakteristisch. Im Delta des ›Großen Mäander‹ brüten neben Austernfischern, Stelzenläufern, Brachschwalben sowie Spornkiebitzen große Rötelfalken-Kolonien, während andere Lagunen des Deltas übersät sind von Pfeif-, Spieß- und Krickenten. Im Winter gesellen sich Flamingos als grazile rosafarbene Gäste dazu. Die verschiedenen Reiherarten und die Krauskopfpelikane der unzugänglichen Menderes-Lagunen lassen sich leichter beobachten im Naturparadies des Bafa-Sees (Bafa Gölü, heute offiziell Çamiçi Gölü), der wohl schönsten Landschaft der türkischen

Ägäis, die mit Zehntausenden von Bläßhühnern, Löfflern und Sichlern ihren großen ornithologischen Reichtum entfaltet.

Im Reich der Reptilien zählt man 37 verschiedene, größtenteils übrigens ungiftige Schlangenarten, dazu sechs Gecko- und 20 Eidechsenarten. Nacktfingergeckos ›kleben‹ gelegentlich an Hauswänden, und Eidechsen huschen durchs Laub oder machen es sich bequem auf den besonnten Steinen der antiken Ruinenplätze. Auffällig darunter die urtümlich wirkende, bis 30 cm lange Hardun-Agame, eine Eidechse mit schillerndem Panzerkleid.

An Nutztieren werden Schafe und Ziegen (s. S. 20), daneben Rinder und Geflügel gehalten, jedoch keine Schweine, deren Fleisch nach islamischem Gebot nicht verzehrt werden darf. Esel, Mulis und (seltener) Pferde dienen in ländlichen Gebieten als Reit- und Lasttiere. Kamele, die bis Mitte des 20. Jh. in Trockengebieten wie dem Yunt Dağı oder auch auf der Çeşme-Halbinsel die Lasten trugen, sieht man heute, als Touristenattraktion, fast nur noch in großen Ferienorten wie Kuşadası oder am ›Camel Beach‹ bei Bodrum. Besonders an der südlichen Ägäisküste floriert die Bienenzucht; berühmt ist das waldreiche Umland von Marmaris. Kiefernhonig (*cambalı*) und Blumenhonig (*cicekbalı*), in Dosen und Gläsern angeboten, sind die Spezialitäten der Imker.

Ziegenhirte an einem antiken Brunnen in den Bergen westlich von Euromos

Hirtenleben und Herden

Von Sonne und Wind gegerbte Gesichter haben schon die Hirtenkinder, denn sie laufen bei fast jeder Witterung den Herden nach. Als billige Arbeitskräfte werden sie gern zum Hüten eingesetzt – und damit bisweilen der Schulpflicht entzogen. Befindet sich das Weidegebiet weiter vom Dorf entfernt und bleiben die Herden auch über Nacht draußen, so überläßt man die Wacht nicht allein den Kindern. Wölfe sind an der Westküste inzwischen sehr selten, aber es gibt streunende, verwilderte Hunderudel und insbesondere im näheren Umkreis der Städte Viehdiebe, gegen die man die Herde mit scharfen Hirtenhunden zu schützen sucht. Der Wanderer ist bei der Begegnung mit einem solchen aufgeregten Tier gut beraten, *nicht* wegzulaufen, sondern stehenzubleiben, dem Hund *nicht* in die Augen zu sehen, sich der Herde *nicht* weiter zu nähern und auf den Hirten zu warten – oder auch darauf, daß die Herde, und mit ihr die Wachhunde, weiterzieht.

Ziegen und Schafe übernachten in einem Pferch oder Unterstand, der meist, wie die Hütte des Hirten, aus Feldstein, Ästen, häufig auch aus Dorngestrüpp errichtet ist. Eine Quelle oder eine Regenwasserzisterne muß in der Nähe vorhanden sein. Besonders auf der wasserarmen Bodrum-Halbinsel prägen die gekalkten Kuppeln über solchen Zisternen das Landschaftsbild. Während der heißen Sommermonate kehrt sich der Tageszyklus um: die Tiere ruhen über Mittag und weiden des Nachts, wobei ihre Genügsamkeit sie auch mit trockenen Halmen auskommen läßt. Nur wenn Schnee liegt oder der Boden gefroren ist – selten genug an der türkischen Ägäis –, bleiben die Tiere in ihren Hürden, und nur dann wird zugefüttert; außerdem natürlich, wenn die Weibchen frisch geworfen haben. Ansonsten suchen sich die Tiere ihr Futter selbst, und zwar meist auf Ödflächen, in der Macchia und im Wald, an Weg- und Feldrainen, nach der Ernte auch auf den Feldern oder in Oliven- und Feigenhainen.

Weil aber insbesondere die Ziegen junge Triebe benagen und sich dabei häufig bis in die Baumkronen hochrecken, sind sie bei den Bauern nicht gern gesehen. Dornfaschinen umhegen so manches Feld. Auch die staatliche Forstverwaltung hat ein scharfes Auge auf die weidenden Tiere, die in der Vergangenheit zur Verkarstung weiter Gebiete beitrugen. Sie sind für viele Erosionsschäden verantwortlich, weil sie jungen Baumbestand durch Verbiß zugrunde richten und an steilen Hängen die Erdkrume über dem Felsboden lostreten.

Da durch Aufforstung und Bautätigkeit die herrenlosen Ödflächen immer weniger werden, verengt sich der Raum für die Herden. Ihre Besitzer sind aber darauf angewiesen, daß das Futter, ebenso wie die Arbeitsleistung der Hirten, wenig kostet, sonst rentiert sich die Haltung nicht. Falls die Hirten nicht selbst Besitzer der Tiere sind, werden sie mit kaum mehr als 100 Euro im Monat oder in Naturalien entlohnt – zumeist dadurch, daß sie die Milch verwerten dürfen, die zu Joghurt und Käse verarbeitet wird. Gelegentlich können sie auch einige Lämmer auf eigene Rechnung für *Kurban Bayramı* aufziehen. Vor dem Fest (s. S. 241) steigen die Preise für gewöhnlich an: Ein Opferlamm kostet im türkischen Westen zwischen 125 und 150 Euro

Obwohl Lammfleisch, vor allem kiloweise beim Metzger, relativ teuer ist (um 5 Euro das Kilo), behaupten die Herdenbesitzer, mit der Haltung von Schafen und Ziegen sei allenfalls die Familie zu ernähren, denn an den hohen Fleischpreisen verdiene an erster Stelle der Zwischenhandel. In den Bergregionen Ostanatoliens, wo kein Ackerbau möglich ist, bilden die Tiere trotzdem die wesentliche, ja fast die einzige Einnahmequelle der Landbevölkerung. Dagegen gehen Zahl und ökonomische Bedeutung der Herden im Bereich der türkischen Ägäis zurück. Übrigens kann man dort recht klar eine Schafhalte-Region im Norden von einer Ziegen-Region im Süden unterscheiden; die Grenze liegt einige Kilometer nördlich von İzmir.

In einer Schafherde von etwa hundert Tieren (die ideale Wartungsgröße) werden im Jahr rund 130 Junge geboren; Wurfzeiten sind November und Februar. Die meisten der männlichen Lämmer werden mit vier Monaten, auf jeden Fall aber vor der Geschlechtsreife, an die Schlachter verkauft. Ein kluger Halter läßt regelmäßig den Veterinär kommen, versucht Krankheiten und Ungezieferbefall vorsorglich zu vermeiden. Manchmal sieht man weibliche Tiere, deren voluminöse Euter durch Tücher vor der dornigen Macchia geschützt sind.

Einmal jedes Jahr, im Sommer wird den Schafen die Wolle geschoren. Üblicherweise wird sie heutzutage an Zwischenhändler weiterverkauft. Die Zeiten, wo Hirtenfrauen sie kämmten, färbten und zu Teppichen oder Kelims knüpften, sind inzwischen selbst in den Yunt Dağı-Hügeln zwischen Bergama und Manisa vergangen, wo die letzten Nomadenstämme erst im 20. Jh. seßhaft wurden.

Dennoch: Auch die heutigen Hirten wirken in ihrer urtümlichen Lebensweise wie Überlebende einer versunkenen Welt. Mit Panflöten-Romantik hat ihr entbehrungsreiches Dasein allerdings nichts gemein.

Von Barbara Yurtdaş

Wirtschaft

Basis der Wirtschaft ist trotz aller Industrialisierungsbemühungen der **Agrarsektor**. In der Tat gehört die Türkei zum exklusiven Kreis jener Staaten, die keine landwirtschaftlichen Produkte importieren müssen, sich vielmehr vollständig aus landeseigenen Erzeugnissen zu ernähren vermögen, obwohl Verstöße gegen die Ökologie der Naturlandschaft (Entwaldung weiter Landesteile, Pflügen der Steppe) seit der Antike schwere Erosionsschäden nach sich zogen. Andererseits sind die Anbaumethoden (trotz zunehmender Gewächshausproduktion) insgesamt eher traditionell, etwa in der Düngung und Bewässerungstechnik. Ausfuhren landwirtschaftlicher Produkte – etwa die sogenannten Satsuma-Orangen, die im Süden der Çeşme-Halbinsel gedeihen – wurden und werden subventioniert, um Auslandsdevisen ins Land zu bringen.

Die **industrielle Produktion** (u.a. Textilien, Stahl, Maschinenbau, Düngemittel) hat sich seit den 80er Jahren außerordentlich gesteigert und ist ein bedeutender Exportsektor. Türkische Autos z. B. werden in den Nahen Osten und nach Rußland verkauft. Die meisten industriellen Güter der Türkei verbraucht jedoch der Binnenmarkt. Der aber ist durch die galoppierende Inflation (1999 um 70 %), nicht zuletzt auch durch die steigenden Lebensmittelpreise, die nicht allein die Einkommen, sondern das letzte Ersparte aufzehren, stark geschwächt. Da die gesamte Spitzentechnologie, ob in der Datenverarbeitung oder in der Elektrotechnik, importiert werden muß, ist die türkische Handelsbilanz seit langem defizitär. Ein bedeutendes Potential liegt indes in seinen reichen Kupfer-, Chrom- und Manganvorkommen, deren Erschließung der Türkei langfristig wenigstens über ihren Devisenmangel hinweghelfen könnte.

Probleme vermeldet schließlich auch die wichtigste Branche innerhalb des **Dienstleistungssektors**: der Tourismus. Seit Mitte der 80er Jahre wurden hier enorme Wachstumseffekte verzeichnet, doch haben der Balkankrieg, die Krise nach der Festnahme des Kurdenführes Öcalan und das Erdbeben am Marmarma-Meer immer wieder für dramatische Einbrüche gesorgt. Die rücksichtslose Zubetonierung der Küsten u. a. für den innertürkischen Tourismus (Ferienhausbau) führte ebenfalls zu erheblichen Imageverlusten. Als Folge stieg der Anteil eines eher niveauarmen Billigtourismus auf der einen, des rundumversorgten Clubtourismus auf der anderen Seite, während die interessiert reisende Klientel ausblieb. Davon ist natürlich der gesamte Sekundärbereich des Tourismus (Restauration, Souvenirindustrie, Handel) betroffen. Auch wenn neue Interessenten (Briten, Russen, Israelis) gewonnen werden konnten, bleibt die Situation gespannt und die Devisen fließen spärlicher – die deutsche Kaufkraft wird überall vermißt.

Geschichte im Überblick

Vorgeschichte

Alt- und mittelsteinzeitliche Relikte kleinasiatischer Jägerkulturen reichen bis 70 000 oder 80 000 Jahre v. Chr. zurück. Im 7. Jahrtausend v. Chr. vollzog sich – früher als in West- und Mitteleuropa – der Übergang vom Jäger- und Sammlerdasein zur Seßhaftigkeit, einhergehend mit der Domestizierung von Tieren und dem Anbau von Wildgetreide. Die ›Neolithische Revolution‹ vollendete diesen Prozeß – es entstand das Ackerbauerntum. Flach gedeckte Lehmhäuser gruppierten sich erstmals zu großen Dörfern. Im Neolithikum entwickelte sich auch die Töpferei; Tonscherben, ein fast unzerstörbares Gut, gewährleisten in ihrer Typenfolge seither historisch verläßliche Datierungen.

Von der Religiosität des frühen Kleinasiens künden Kleinplastiken der Muttergottheit und rituelle Jagd- wie auch Totenkultszenen. Manche dieser neolithischen Entwürfe haben sich über Jahrtausende in der religiös inspirierten Kunst des Mittelmeerraums erhalten, so das Bild der thronenden, von Tieren flankierten Göttin.

Frühgeschichte

Zur tönernen Sprache der Keramik treten im frühen 3. Jahrtausend erste Schriftzeugnisse. Sie künden von einem Kleinasien, in dem die einheimische, bäuerliche Bevölkerung unter die Dominanz indoeuropäischer Einwanderer geriet und von Assyrien her Handelskolonien entstanden. In Mittelanatolien faßten im 2. Jahrtausend. v. Chr., zur Bronzezeit also, die Hethiter Fuß, doch gewann ihr Reich niemals die Westküste. Die Kleinstaaten, die dort geboten – Arzawa etwa –, folgten allerdings hethitischen Kulturmustern; die Felsreliefs am Karabel-Paß und über der Quelle Akpınar bei Manisa zeugen davon. Den Ägäis-Strand fuhren von Kreta her minoische Segelschiffe an; Spuren ihrer Kolonisation wurden in Iasos nachgewiesen. Zugleich erstarkten einheimische Regionalkulturen; eine ihrer Leitstätten ist Troja (s. S. 69).

Der Seevölkersturm

Die Mächte der Zerstörung, man nennt sie die ›Seevölker‹, kamen aus dem Norden. Bis heute ist unbekannt, wer sie waren und was sie im 13./12. Jh. v. Chr. nach Süden trieb. Sie brandschatzten Troja, vernichteten das hethitische Imperium, maßen sich sogar mit der Machtfülle des ägyptischen Pharao – und verschwanden wieder, ohne zivilisatorische Spuren zu hinterlassen. Nur ein einziges ›Seevolk‹, die Phryger, wurde seßhaft; der Mythos vom phrygischen ›Goldkönig‹ Midas erinnert vielleicht an den zusammengerafften Reichtum der Eroberer.

Der Druck der Seevölker auf Griechenland setzte eine sekundäre Völkerwanderung in Gang, die kulturgeschichtlich hochbedeutsam wurde: Griechische Stämme, die Äolier, Ionier und Dorer siedelten sich an der kleinasiatischen Westküste an, gründeten Städte, schufen übergreifende politische Zusammenhänge und ließen eine orientalisch gefärbte griechische Kultur aufblühen.

Griechisches Kleinasien

Die Äolier, die im Nordwesten siedelten, gründeten elf Städte, darun-

Die historischen Namen der Türkei

Der Begriff **Asien**, in der altgriechischen Literatur des 7. und 6. Jh. v. Chr. erstmals nachweisbar, bezeichnet dort Landstriche der östlichen Ägäisküste und des lydischen Hinterlands. Die Bedeutung des Worts ist ungeklärt. Auch in der römischen Geographie und Geschichtsschreibung ist, mit Blick nach Osten, zunächst unspezifisch von *Asia* die Rede; der Westen der heutigen Türkei gehörte seit 129 v. Chr. als *Asia Provincia Romana*, als Provinz Asien also, zum römischen Weltkreis.

Erst im 2. nachchristlichen Jahrhundert setzte sich die begriffliche Präzisierung **Kleinasien** durch, zunächst jedoch nur im Osten des römischen Weltreichs, in seinen griechischsprachigen Regionen. Sie bringt gewachsene geographische Kenntnisse zum Ausdruck und diente der nunmehr notwendigen Unterscheidung der Halbinsel (*Asia Minor*) von der Hauptmasse des Kontinents. Im lateinischen Sprachraum, den westlichen Provinzen also, ist eine entsprechende Differenzierung dagegen erst für das 5. Jh. n. Chr. bezeugt.

Anatolien heißt soviel wie Osten oder Orient. Am treffendsten übersetzt man das aus dem Griechischen erwachsene Wort vielleicht mit ›Land gegen Sonnenaufgang‹. Es taucht erstmals in der christlichen Literatur des 3. und 4. Jh. auf und bezeichnet dort die Territorien östlich der Reichshauptstadt Byzanz, einschließlich der syrisch-mesopotamischen Grenzgebiete. Später wurde der Begriff vom islamischen Kulturkreis aufgegriffen; in den Formen *an-Natolus* oder *an-Natoliq* erscheint er in der muslimischen Geschichtsschreibung. Als *Anadolu* übernahmen im 12. Jh. auch die türkischen Eroberer den byzantini-

ter Aigai, Pitane und Myrina. Unter den zwölf ionischen Städten ragten Ephesos, Priene und Milet hervor; später kam als dreizehnte Stadt Smyrna, das heutige İzmir, hinzu. Die dorische Ansiedlung im Südwesten, die in einem Sechsstädtebund politische Gestalt fand, war mehr auf die vorgelagerten Inseln (Rhodos, Kos) konzentriert, entwikkelte mit Knidos und Halikarnassos (Bodrum) jedoch auch auf kleinasiatischem Boden zwei wichtige Zentren.

Das Verhältnis der eingewanderten Griechen zu den altkleinasiatischen Völkern blieb über Jahrhunderte gespannt. Lydien, eine kleinasiatische Macht, die als erste von der Tauschwirtschaft zur Geldwirtschaft überging und Münzen schlug, wurde ab dem 7. Jh. v. Chr.

schen Namen, zunächst zur Bezeichnung der nicht-türkischen Gebiete im westlichen Kleinasien, später für das westliche und zentrale Kleinasien. Im modernen türkischen Sprachgebrauch gilt die gesamte asiatische Türkei – im Unterschied zur europäischen – als *Anadolu*.

Seit dem 6. Jh. erwähnt die byzantinische Geschichtsschreibung eine fremde Ethnie: die Türken (*Tourkoi*); zugleich beginnen chinesische Quellen von den Völkerschaften der *Tu-küe* zu sprechen. Der historische Hintergrund: Um diese Zeit setzten sich verschiedene zentralasiatische Turkstämme in Bewegung, entstand ein erstes türkisch beherrschtes Steppenimperium.

Als **Türkei** galten in Byzanz nacheinander das erwähnte frühe mittelasiatische Türkenreich, das Land der Khazaren, das Land der Ungarn, schließlich die jeweiligen Einflußspären der Seldschuken, Mamluken und Osmanen.

Die türkische Eigenbezeichnung *türk* oder *türük*, in den zentralasiatischen Orkhon-Inschriften des 8. Jh. n. Chr. erstmals dokumentiert, blieb auch in den folgenden Jahrhunderten lebendig, zumeist aber politischen Bezeichnungen wie Uiguren, Kara Koyunlu (Schwarze Hammel) oder Seldschuken nachgeordnet. Dies änderte sich erst in der Endphase des osmanischen Vielvölkerstaats, als Reaktion auf seinen drohenden Zerfall: In die Mitte des 19. Jh. datieren die Anfänge eines ›türkischen‹ Nationalbewußtseins, zuweilen gesteigert bis zum pantürkischen Nationalismus. Ihren politischen Ausdruck fand die Tendenz in der Jungtürkischen Revolution von 1908/09 und 1923 in der Deklaration einer Türkischen Republik.

Heute bemüht sich die Türkei aus den machtpolitischen Aspekten solchen ethnischen Gemeinschaftsbewußtseins heraus um feste Bindungen zu den Turkvölkern Mittelasiens.

zum Konkurrenten, schwächere Gegner mußten ins anatolische Hinterland oder wie die Leleger (s. S. 210) in wasserarme Ödnis weichen. Andere Völker, wie etwa die Karer unter Mausolos (4. Jh. v. Chr.), nahmen schließlich die griechische Kultur an. Zwischen dem 8. und 6. Jh. v. Chr. entsandten die Griechenstädte Kolonisten ans Schwarze Meer und an die Südküste Kleinasiens.

Die Perserzeit

Im Jahre 546 v. Chr. drangen die Perser unter ihrem Großkönig Kyros II. nach Anatolien vor, eroberten das lydische Reich und die Griechenstädte Westkleinasiens. Kaum zu überschätzen ist der Drang zur kulturellen Selbstdefinition des kleinasiatischen Griechentums, der daraufhin einsetzte. In der Phase politischer Unterlegenheit, in der persische Statthalter Kleinasien verwalteten, mündete die national-ethnische Selbstbesinnung in den Ionischen Aufstand an der Wende zum 5. Jh. v. Chr., dessen katastrophale Folgen erst mit den Siegen der von Athen geführten Festlandgriechen zwischen 480 (bei Salamis) und 465 v. Chr. behoben waren.

Doch die Perser drängten noch einmal vor und ordneten die westkleinasiatischen Städte 386 v. Chr erneut ihrem Imperium ein. Städtebündnisse reichten nun nicht mehr zur Verteidigung, dem Flächenstaat Persien konnte nur ein Flächenstaat wirksam begegnen.

Alexander und die Diadochen

Diesen Staat schuf in der Nachfolge seines Vaters Philipp II. ein junger Makedone, Alexander mit Namen. Im Frühling des Jahres 334 v. Chr. überschritt er die Dardanellen (s. S. 66), schenkte den westkleinasiatischen Städten die Autonomie, kämpfte den Perser Dareios III. nieder (u. a. 333 bei Issos) und schuf ein euro-asiatisches Weltreich, das nach seinem frühen Tod (323 v. Chr.) zwar zerfiel, aber dauerhaft jene Mischung griechischer und orientalischer Kultur hinterließ, die wir als Hellenismus kennen.

An der Westküste Kleinasiens entfaltete der Hellenismus ein Repertoire von Bautypen und Kunstformen, das bis tief in die römische Zeit traditionswirksam blieb und, in der Renaissance wiederaufgenommen, lange Zeit als antike Kultur schlechthin galt. Zahlreiche neue Städte mit prunkvollen Tempeln, Theatern und Thermen prägten den zivilisatorischen Aufschwung, der sich allen Machtwechseln und Unruhen zum Trotz kraftvoll durchsetzte. Politisch schälten sich nach dem Tode Alexanders große Machtblöcke heraus (Seleukiden, Ptolemäer), die um Kleinasien rivalisierten; dazu gesellte sich mit den Attaliden von

Hellenistisches Medusenrelief aus Didyma

Pergamon eine Regionaldynastie auf hohem kulturellen Niveau.

Rom in Kleinasien

Um die Jahreswende 190/189 v. Chr. fand bei Magnesia, dem heutigen Manisa, eine Epochenschlacht statt. Erstmals traf ein Heer der im mediterranen Westen zur Machtfülle aufgestiegenen römischen Republik auf die alte Garde des Hellenismus, die große asiatische Mannschaften aufgeboten hatte und sogar mit Kriegselefanten ins Gefecht zog – jedoch katastrophal geschlagen wurde. Pergamenische Truppen standen den Römern dabei tatkräftig zur Seite. Wer auch immer fortan im östlichen Mittelmeerraum politische Anliegen verfolgte, mußte sich mit römischen Ordnungsvorstellungen auseinandersetzen.

Als schließlich der letzte pergamenische König, Attalos III., sein Reich testamentarisch den Römern hinterließ, ging der westkleinasiatische Küstenstreifen als *Provincia Asia* in das Imperium ein, wobei aber den alten Küstenstädten eine gewisse Autonomie eingeräumt blieb. Doch der Gegenschlag gegen die italische Einnistung ließ nicht lange auf sich warten: Mithradates VI., König des Reiches Pontos an der Schwarzmeerküste, gewann angesichts scharfer römischer Steuerpolitik Sympathien in Anatolien und verheerte mit Inbrunst die römisch gewordenen Städte an der ägäischen Küste. Der Schlag traf, und Rom hatte die politische Lektion wohlverstanden: Fortan säumte es seine anatolische Einflußsphäre mit halbautonomen Kleinstaaten, z. B. Edessa und Kommagene, deren Kraft zum Aufstand gegen Rom nicht reichte.

Die Städte der Westküste blühten auf wie nie, und die römische Kultur drang tief ins Landesinnere, etwa nach Ankara, Hierapolis (Pa-

Blick über die Synagoge auf das Gymnasion von Sardis

mukkale), Sardis oder Aphrodisias. Im Jahre 20 v. Chr. besuchte Kaiser Augustus, Sieger im Machtstreit mit Antonius, die neue Pfründe des Reiches, die immer höhere Gewinne abwarf.

Die Christianisierung

Unter jener *Pax Romana*, einer Friedens- und Blütezeit, brachten beflissene Missionare, unter ihnen der Apostel Paulus, das Christentum nach Kleinasien. Christengemeinden entstanden entlang der Westküste u. a. in Alexandreia Troas, Assos, Pergamon, Smyrna (İzmir), Ephesos. Während Kleinasien sich in der Kaiserzeit mit römischem Komfort in Gestalt von Thermen, Gymnasien, Stadien und Theatern versah, wirkten untergründig die Kräfte einer neuen religiösen Kultur, deren ›unheimlicher‹ Messianismus die Machthaber des späteren römischen Reiches, von Kaisern wie Diokletian abwärts bis zu den Provinzchargen, schubweise zu grausamen Christenverfolgungen hinriß. Die spirituell stets schwächliche römische Zivilisation erlag den Erlösungsgedanken des Ostens spätestens zu dem Zeitpunkt, als sie im Gebiet ihrer einstmals größten Stärke, der Administration, der Hilfe bedurfte.

Verankert in den römischen Truppen ebenso wie in der Mittelschicht der Händler, aber auch unter den Sklaven, wurde das Christentum zu jenem politischen Integrationsfaktor, auf den schließlich Kaiser Konstantin im frühen 4. Jh. setzte. Und tatsächlich erhielt sich nur jener römische Reichsteil auf Dauer, in dem das Christentum in breiten Bevölkerungsschichten Anklang gefunden hatte. Während die weströmischen Gebiete in den Stürmen der Völkerwanderung des 5. Jh. untergingen, festigte sich im Osten, mit der Hauptstadt Konstantinopel am Bosporus, ein Reich, das tatsächlich ein ›tausendjähriges‹ werden sollte.

Das Byzantinische Reich

Dieser autokratisch geführte Religionsstaat, dessen Kaiser sich als Vertreter Gottes auf Erden verstanden und ihre Hofzeremonien wie Gottesdienste inszenierten, nahm das Erbe des Imperium Romanum auf; seine Einwohner nannten sich ›Rhomäer‹ (Römer), verstanden sich aber als Griechen neuen Glaubenszuschnitts.

Im 6. Jh., unter Kaiser Justinian, fand das Christenimperium seine endgültige Fassung. Es war auch hohe Zeit, denn die Angriffe des neuen islamischen Weltreichs, das innerhalb weniger Jahrzehnte von Arabien her erstarkt war, brandeten schon im nächsten Jahrhundert gegen die Küsten Kleinasiens. Die Flotten der ›Sarazenen‹ fuhren sogar gegen Konstantinopel, scheiterten vor der Hauptstadt zwar Jahr für Jahr im Sperrfeuer, hielten sich aber in der westlichen Ägäis durch

Küstenplünderung und Seeraub schadlos. Ebenen und Dörfer wurden durch Burgen, die Städte durch Mauern geschützt, die man eilig aus antikem Baumaterial aufführte.

Unverwechselbar bleiben die Formen, in die der byzantinische Kultur Ausdruck fand. Unter den Kirchenbauten überwogen in den Küstenstädten des Westens Basiliken, in Mittelanatolien dagegen Zentralbauten. Der Ziegel löste wie in der byzantinischen Herrschaftsarchitektur den Haustein als bevorzugten Bauträger ab. In der Ikonographie des Rhomäer-Reiches traten aus dem spätantiken Repertoire entbundene Motive in christlich-symbolische Zusammenhänge ein.

Die türkische Völkerwanderung

In kargen politischen Fakten gesprochen, hat die Türken-Dynastie der Seldschuken unter ihrem Führer Alp Arslan dem christlichen Heer 1071 bei Malazgirt nahe dem Van-See im Osten Anatoliens eine entscheidende Niederlage beigebracht und anschließend auf byzantinischem Boden ein erstes Türken-Reich begründet. Die tatsächlichen Vorgänge waren tiefgreifender.

Hungersnöte in den zentralasiatischen Steppen hatten über Jahrhunderte zu Wanderungsbewegungen nach Osten, also in Richtung China, oder nach Westen geführt, und auch dem Vorstoß der Seldschuken lag ein solcher Notstand zugrunde. An der Nordgrenze des Abbasiden-Reiches, das damals die Hoheit hatte in der islamischen Welt, lenkten türkische Vasallen, die sich in einer früheren Einwanderungswelle als sogenannte ›Großseldschuken‹ festgesetzt hatten, den Druck der inneraasiatischen Turkmenen Anfang des 11. Jh. nach Westen gegen das byzantinische Großreich. Abertausende spitze Türkenzelte rückten immer näher an die byzantinische Reichsgrenze heran, türkische Stoßtruppen durchdrangen den Gebirgsschild Armeniens, und nach der Schlacht von 1071 rollten die hölzernen Wagen ungehindert, rückten in einer breiten Front türkische Stämme nach Kleinasien ein.

Noch im selben Jahrhundert erreichten ihre ›Speerspitzen‹ die Ägäis. Das bronzegegossene Bild eines der ersten, des Häuptlings Çağa (Tzachas), ziert in stolzer Erinnerung daran den Hafenplatz von İzmir, das Çağa in den 80er Jahren des 11. Jh. eroberte. Zwar konnten die Byzantiner die Westküste wieder zurückgewinnen, doch etablierte sich die Seldschuken-Herrschaft zunächst in Nikaia (İznik), sodann in Konya (dem alten Ikonium) auch in staatlicher Gestalt. Als Sultanat von Rûm, also von Rom, nämlich auf rhomäischem Terrain, riefen die siegreichen Türken ihr neues Reich aus; daher der Name Rûm-Seldschuken. Mehr als die Hälfte Kleinasiens war nun in türkischer Hand,

und immer neue Turkmenen-Sippen zogen nach Westen.

Kreuzritter in Kleinasien

Seit dem ersten Kreuzzug, der 1099 Jerusalem eroberte, waren auch europäische Mächte im Osten präsent. In Kleinasien brachten die gut ausgerüsteten Ritterheere den Seldschuken auf dem Durchzug mehrere Niederlagen bei, so 1097 bei Eskişehir. Wenig später, 1243, versetzten die Mongolen dem seldschukischen Reich, das immerhin 200 Jahre währte, im Osten Anatoliens den Todesstoß.

Für die Geschichte der Westküste zählt, daß sich die ›ritterlichen‹ Helfer aus dem Abendland die Schwäche von Byzanz zunutze machten und sich auf kleinasiatischem Boden festsetzten, während zugleich die italienischen Seefahrermächte, Genua und Venedig, dem byzantinischen Thron Handelsprivilegien abpreßten. Die Europäer gingen schließlich noch einen Schritt weiter: Am 13. April 1204 nahmen die Ritter des vierten Kreuzzugs die Reichshauptstadt Konstantinopel ein, vertrieben die byzantinische Kaiserfamilie und krönten am 12. Mai Balduin von Flandern zum Lateinischen, also römisch-katholischen Kaiser. Während an der türkischen Südküste Kreuzritterfesten die Spur ins Heilige Land markieren, besitzt die Westküste kaum solche Denkmäler, allerdings mit dem Johanniter-Kastell St. Peter in Bodrum einen herausragenden Bau der lateinischen Spätzeit. Die Festungen von Çandarlı oder Sığacık erklären sich aus den Handelsinteressen der italienischen Mächte.

Byzantinische Renaissance

In seiner äußersten Bedrängnis hielt das byzantinische Griechentum nur mehr drei Territorialstaaten, den griechischen Epiros, das Reich Trapezunt an der Schwarzmeerküste und im Nordwesten Kleinasiens das Reich von Nikaia. Dort residierte das geflohene Kaisergeschlecht. Es stützte sich ökonomisch auf die Agrargebiete im Hinterland der türkischen Westküste und eroberte, langsam wiedererstarkend, die Ländereien des Lateinischen Kaiserreichs zurück, in dem abendländische Lehensherren um die Hoheit kämpften und feilschten. 1261 gelang den Byzantinern die Wiedereroberung Konstantinopels. Eine letzte Blüte des byzantinischen Kaisertums setzte unter dem Herrschergeschlecht der Palaiologen ein, doch lagen die Schatten des Türkentums über der griechischen Renaissance.

Mongolensturm und Emiratszeit

Längst wären das byzantinische Kaisertum und die lateinischen Kräfte, ob Kreuzritter oder Kauffahrer, zugrunde gegangen unter dem Druck der andauernden türkischen Völkerwanderung – allein in den Steppen zwischen Denizli und Isparta massierten sich um 1200 gegen 200 000 Turkmenenzelte –, wäre mit den Mongolen nicht eine zweite zentralasiatische Eroberermacht, den Türken benachbart, ihnen ethnisch aber nicht verbunden, im 13. Jh. nach Anatolien vorgestoßen. Am Köse Dağ (zwischen Sivas und Erzincan) hatten die ›Tataren‹, wie die Byzantiner sie nannten, 1243 die Seldschuken vernichtend geschlagen. Bis 1353 beherrschte danach die Mongolen-Dynastie der İlchane von ihrer Hauptstadt im iranischen Täbris her auch Teile Zentralanatoliens. Doch schon bald formierte sich militärischer Widerstand, der schließlich zur Herausbildung neuer Turkfürstentümer führte.

Diese sogenannten *beylikler* gruppierten sich im Westen Anatoliens entlang der byzantinischen Reichsgrenze, während die Mongolen mit türkischen Vasallen weiterhin den Osten der Halbinsel hielten. An der Ägäis beherrschte nun das Haus der Karası die südliche Troas, die Pergamene und das alte Äolien. Das nördliche Ionien und sein Hinterland waren in der Hand des Saruhan-Geschlechts, im südlichen Ionien und Karien hatten u. a. die Menteşe Macht.

Die Kultur der Emiratszeit folgte seldschukischen Mustern. Zu den besonders sehenswerten Ensembles der türkischen Westküste gehören der Burghügel von Beçin bei Milas (s. S. 198) und die islamischen Denkmäler von Selçuk.

Die Zeit der Osmanen

Südlich von Nikaia, der zwischenzeitlichen byzantinischen Kaiserstadt, entrollte bei dem Provinznest Söğüt ein zunächst eher bescheidenes *beylik* die Fahne der Eigenständigkeit: das Fürstentum der Osmanen. Ahnherr Osman (+ 1326), mehr noch aber sein Sohn Orhan, formten ein kleines, schlagkräftiges Staatswesen, dem sich andere Stämme anschlossen. Als ›Krieger für den Glauben‹ standen die Osmanen unversöhnlich gegen Byzanz. Orhan eroberte 1326 die byzantinische Metropole Brussa, das heutige Bursa, 1331 Nikaia (İznik), 1337 Nicomedia (İzmit), zog aber auch Gebiete anderer türkischer Fürstentümer an sich und schuf so ein erstes Osmanen-Reich, das um 1362 den Nordwesten Kleinasiens umfaßte. Das Byzantinische Imperium war damit auf Europa zurückgedrängt. Als Orhan – er hatte den Titel eines Sultans angenommen – 1362 starb, hinterließ er einen Feudalstaat von der Größe Österreichs. Ein knappes Jahrhundert später, 1453, hatten die Osmanen-Heere auch die europäischen Gebiete des Byzantinischen Reichs gewonnen und einen weiteren Mongolen-Einfall unter dem grausamen Timur überstanden. Nun sammelten sich die Truppen vor den starken Mauern Konstantinopels. Dem Osmanen-Sultan Mehmet II. gelang am 29. Mai 1453 die Einnahme des ›Zweiten Rom‹. Anschließend schluckte das Osmanen-Reich die letzten unabhängigen türkischen Herrschaften in Anatolien, gewann große Teile des Balkans und besaß im 16. Jh. unter Sultan Süleyman dem Prächtigen ein Weltreich zwischen Ungarn und dem Irak, Algerien und Südarabien.

Die osmanische Architektur entfaltete sich zwischen seldschukischen und byzantinischen Traditionen. Von einfachen Bautypen (altislamische Pfeilerhalle) ging sie zu Zentralkuppelbauten über, deren großer Architekt, in seinem Rang vergleichbar den Kulturschöpfern der italienischen Renaissance, Sinan (1490-1588) war. Mit den Elementen Hof, Vorhalle, Bogengalerie und immer raumgreifenderen Kuppellösungen vervollkommnete Sinan den osmanischen Typus der von schlanken Minaretten überragten Moschee, der sich häufig Sozialbauten wie Armenküchen, Schulen und Spitäler anschlossen.

Im Bauschmuck dominierte die glasierte farbige Fliese, deren Dessins zwischen dem 14. und 16. Jh. an Naturalismus gewannen und Arabesken oder Palmetten zugunsten von Blütenformen (Tulpe, Nelke, Hyazinthe, Rose) aufgaben: Nach der Farbgebung der Fliesen – dominierend zunächst Blau, Gelb und Weiß, wozu ab dem 16. Jh. verstärkt Rot und Grün traten –,

Blick in die Muradiye-Moschee in Manisa

aber auch nach der Art der Stilisie-
rung lassen sich entsprechend den
bedeutendsten Manufakturen ein
İznik- und ein Kütahya-Stil unterscheiden.

An der türkischen Westküste hat
die osmanische Pracht vergleichsweise geringe Spuren hinterlassen.
Die Moscheen von Manisa bieten
immerhin erfreuliche Beispiele.

Der Abstieg der Osmanen

Spätestens mit der Niederlage vor
Wien 1683 trat das osmanische
Reich, das bereits 1571 in der See-
schlacht von Lepanto die Dominanz auf dem Mittelmeer einge-
büßt hatte, in seine Verfallsphase
ein. Mit der Entdeckung Amerikas
und des Seewegs nach Indien hatte

das Reich zudem seine merkantile Mittelstellung zwischen Europa und Asien verloren; auch führten die europäischen Silberimporte aus der Neuen Welt zu schleichender Geldentwertung. Neue Eroberungszüge, z.B. gegen Kreta ab 1645, brachten nur schleppend Erfolge, wiederholte Niederlagen gegen Österreich und Rußland im 17. und 18. Jh. drängten das Reich endgültig in die Defensive.

Dazu kam, daß regionale Machthaber wie der Statthalter in Ägypten, Mehmet Ali, sich faktisch selbständig machen konnten und ›Reichsvölker‹ wie die Serben (ab 1804) und die Griechen (ab 1821), später auch Rumänen, Bulgaren und Montenegriner die Unabhängigkeit erkämpften. Innenpolitisch zwangen ländliche Widerstandsbewegungen den Osmanen zermürbende Bürgerkriege auf, und die Janitscharen, Eliteeinheiten des Sultanats, gewannen gefährliche Selbständigkeit. Die Entwicklung des Reiches fiel immer weiter gegenüber der in den europäischen Staaten zurück, deren Diplomaten dem ›kranken Mann am Bosporus‹ ein politisches Zugeständnis nach dem andern abnötigten.

Eine latente und wachsende Abhängigkeit von Europa, besonders von Frankreich kennzeichnet seit dem 18. Jh. die osmanische Architektur und Kunst. Man spricht von einem ›türkischen Rokoko‹, das zwar noch dekorative, aber keine bauschöpferischen Kräfte mehr zu entfesseln verstand.

Vom Sultanat zur Republik

So ernst wurde die politische Lage, daß selbst die unbewegliche Autokratie der Hohen Pforte Reformen von oben durchzusetzen suchte: Der Begriff *Tanzimat* (›wohltätige Anordnungen‹) faßt die verschiedenen Einzelmaßnahmen des Jahres 1839 zusammen, die von der bürgerlichen Gleichstellung über die Abschaffung der Steuerpacht bis zur Heeresreform reichten. Doch ernteten die Früchte der Verbürgerlichung vor allem nicht-türkische Völker wie die Griechen und die Armenier. Als ›zu spät gekommene‹ Nation wurde das Osmanische Reich nach den Reformen nur noch stärker von den europäischen Staaten kontrolliert.

Die sogenannten ›Jungtürken‹, eine um 1860 in Kreisen der Intelligenz und des Offizierskorps entstandene politische Bewegung, hoben daher neben der konstitutionellen Kontrolle der Monarchie und der Förderung der Industrie auch die Beschränkung ausländischer Einflüsse auf ihr Panier. In der Jungtürkischen Revolution von 1908 erzwangen sie die Durchsetzung ihrer Vorstellungen, doch ließ sich das Osmanen-Reich nicht mehr stabilisieren. Der Vielvölkerstaat brach im Ersten Weltkrieg, den die Osmanen an der Seite des Deutschen Reiches bzw. der ›Mittelmächte‹ führten, auseinander. 1919 war der Nahe Osten verloren und Kleinasien von Alliierten und Griechen besetzt.

Die Besatzer hatten jedoch die Widerstandskraft im Lande unterschätzt. Zwar war das Osmanen-Reich am Ende, aber sein Kern, das Türkentum Kleinasiens, formierte sich unter dem patriotischen General Mustafa Kemal Pascha, später Atatürk (›Vater der Türken‹) genannt, zwischen 1919 und 1922 zu einem Befreiungskrieg, der nicht nur zur Vertreibung der ausländischen Mächte, sondern auch zur Abschaffung des Sultanats und zur Errichtung einer Türkischen Republik führte. Zu den bis heute nachschmerzenden Folgen dieses Kriegs gehörte der 1923 vereinbarte ›Bevölkerungsaustausch‹, durch den ca. 1,3 Mio. Griechen vertrieben wurden (s. S. 156).

Ägäische Städtchen wie Ayvalık bewahren die traditionelle Architektur der Expatriierten. Neben den Ruinen orthodoxer Kirchenbauten fällt dort die typische griechische Hausarchitektur mit klassizistisch geschnittenen Fassaden und hohen, bis in das erste Stockwerk reichenden Portalen auf.

Die Türkische Republik

Nur einem Volkshelden wie Atatürk, dem ›Retter des Vaterlandes‹, konnte es gelingen, jene tiefgreifenden Reformen durchzusetzen, die sich gegen jahrhundertealte Sitten und Gepflogenheiten richteten und Staat und muslimische Institutionen nach dem Prinzip des Laizismus trennten (s. S. 44).

Der Verwestlichung des Landes entsprach – nach kurzzeitiger Annäherung an die Sowjetunion – auch die außenpolitische Linie, verstärkt nach Atatürks Tod (1938) unter seinem Nachfolger Inönü. Im Zweiten Weltkrieg neutral, ist die Türkei seit 1952 Mitglied der Nato und eng mit den USA verbunden, während sich die Spannungen zum Nato-Nachbarn Griechenland 1974 in der Zypernkrise zuspitzten: Als die damalige griechische Obristenjunta die Insel annektieren wollte, besetzten türkische Truppen Zyperns Norden, dem als Marionettenstaat von der Türkei Gnaden freilich bis heute internationale Anerkennung versagt bleibt.

Die innenpolitische Entwicklung nach dem Zweiten Weltkrieg wurde durch den Übergang zum Mehrparteiensystem, vor allem aber durch drei Militärputsche (1960, 1971, 1980) geprägt: Ranghohe Offiziere setzten dabei jeweils mißliebige Regierungen ab, um die Prinzipien des Kemalismus, Atatürks Erbe, zu wahren. (s. S. 44), Ein vierter Putsch verlief verdeckt: 1997/98 verdrängte das Militär die zwei Jahre zuvor zur stärksten politischen Kraft aufgestiegenen Islamisten der *Refah Partisi* aus der Staatsmacht – so führt seit 1999 der altgediente Nationalist Ecevit die Regierung. Doch während der Guerillakrieg der PKK unterdessen zum Erliegen kam, bleibt der neu formierte Fundamentalismus, da er eine Volksströmung repräsentiert, für die Generäle gefährlich.

Lebensart, Religion und Kultur

**Ein Land im Umbruch –
Zwischen Tradition und
Modernisierung**

**Sozialer Alltag –
Wie die Menschen leben**

**Kultur – Volkskunst oder
Souvenirindustrie ?**

**Die türkische Küche –
Süße Wonnen des Orients**

Auf dem Markt in Bodrum

Ein Land im Umbruch

Atatürks Kulturrevolution ist wie ein Sturm über die Türkei hinweggegangen. Trotz des ungeheuren Modernisierungsschubs seit den 20er Jahren hat sie aber kein Land moderner westlicher Prägung, vielmehr eine nach Kultur und Tradition in sich gespaltene Nation hervorgebracht, die in großen Bereichen traditionalistisch, ja in mancher Hinsicht rückständig geblieben ist. Die Fahrt vom Touristenstrand zum Bauerndorf im Hinterland wird so zum Sprung in eine andere Welt.

Zwischen Tradition und Modernisierung

Die Aspekte der **Modernisierung** werden zunächst in dem enormen Wachstum der städtischen Ballungszentren faßbar. Die Bevölkerungszunahme und eine Landflucht, die Millionen von Kleinbauern und Tagelöhnern aus Ost- und Mittelanatolien nach Ankara, İstanbul und İzmir, aber auch in die aufstrebenden Mittelstädte der Westküste geführt hat, versucht das Land durch eine Architektur von Betonwohnblöcken in den Griff zu bekommen, deren ideenlose Proben gerade im Umfeld von İzmir übel ins Auge stechen. Diese Mietskasernen sind freilich noch immer begehrte Alternativen zu den Behausungen in den Elendsvierteln, welche alle größeren Städte rahmen. *Gecekondu* (etwa: ›über Nacht gebaut‹) ist der Name der wuchernden Armenbezirke, in denen die Neuankömmlinge aus dem Osten sich aus ein paar Brettern und Plastikplanen über Nacht Notunterkünfte schaffen, die von den Behörden stillschweigend toleriert werden, sofern sie nicht öffentlichen Bauprojekten im Wege stehen.

Sind diese Hüttensiedlungen ein zweifelhafter Aspekt türkischer Modernisierung, so bedeutet es unzweifelhaft einen Fortschritt, daß die Türkei, an der Westküste bis in die Dörfer hinein, inzwischen mit Konsumgütern aller Art ausreichend versorgt ist, angefangen von Arzneien über die offenbar unverzichtbaren internationalen Limonade-Marken bis hin zu modernen Haushaltsgeräten, Landmaschinen und Personenwagen. Die Zeiten, in denen fliegende Händler mit ihren Lastern die Dörfer anfuhren, sind dahin. Zu den Seltsamkeiten der in sich gebrochenen türkischen Gesellschaft gehört auch der ›Video Kulüp‹, der in keiner Kleinstadt fehlt, in den Mittel- und Großstädten ohnehin nicht. Die Sex- und Gewaltfilme, die dort im Angebot sind, kontrastieren eigentümlich zur weiterhin vorherrschenden traditionsgebundenen Lebensweise.

Die Entwicklung der **Infrastruktur** hat in den letzten Jahrzehnten unübersehbare Fortschritte gemacht. Holprige Dorfstraßen wurden geteert, Autobahnen angelegt, Landstraßen um eine zweite Spur erweitert; ein Netz neuer Flughäfen erleichtert den schnellen Binnenverkehr zu den Metropolen des Landes. Gegenüber Luft und Straße ist die Eisenbahn, eine hundert Jahre alte ›Modernisierungsleistung‹ der Türkei, ins Hintertreffen geraten: Die Schienenstrecken werden immer weniger befahren, die Züge ungenügend gewartet.

Die Elektrifizierung hat auch den letzten Weiler der türkischen Westküste erfaßt. Anekdoten wie die vom repräsentationsbewußten Dorfvorsteher, der sich als Zeichen seiner Fortschrittlichkeit schon drei Jahre vor dem geplanten Heranführen der Stromleitungen einen Kühlschrank als bestes Stück in die gute Stube stellte, gehören definitiv der Vergangenheit an. Die Rührigkeit der YSE, wie der Kürzel für die staatliche Großorganisation *Yol, Su, Elektrik* (›Straße, Wasser, Strom‹) lautet, ist sprichwörtlich.

Auch die Wasserversorgung der Bevölkerung hat sich in den letzten Jahrzehnten durch unzählige neue Bohrungsaufschlüsse der YSE verbessert. Man muß allerdings hinzufügen, daß bei all diesen Aktivitäten ökologische Voraussicht sehr vermißt wird. Der Wasserhaushalt der Bodrum-Halbinsel z. B. ist durch Tiefenaufschlüsse zur Versorgung der Ferienhaussiedlungen und Großhotels schon heute stark geschädigt.

Die Modernisierung des **Bildungswesens** begann 1927 mit Atatürks Einführung einer allgemeinen fünfjährigen Schulpflicht. Aber erst 1960 wurde der Bildungsentwurf des Staatsgründers wahr. Bis dahin fehlte es an Lehrkräften und Unterrichtsräumen, die Schulpflicht auch für die kleinen Dörfer Ostanatoliens umzusetzen. Die noch immer häufige Kinderarbeit bleibt bis heute ein Problem; die billigen Arbeitskräfte werden der Schulpflicht entzogen, nicht nur auf dem Land, sondern auch in den Slums der Städte.

Der Schulbesuch ist kostenlos, der Unterricht für die in blaue, später schwarze Einheitstracht gekleideten Kinder sehr stark auf ein Auswendiglernen von Grundwissen orientiert. Auch die 29 Universitäten und technischen Hochschulen der Türkei gewährleisten nur ein bescheidenes wissenschaftliches Niveau. Wer es sich leisten kann, versucht einen Studienplatz im westlichen Ausland zu ergattern. Ein Großteil der gegenwärtigen wirtschaftlichen und politischen Elite hat in den USA studiert.

Zwischen Laizismus und Islamisierung

Die Kräfte der Beharrung erwachsen nicht zuletzt aus dem **Islam**. Natürlich richten sie sich nicht schlechthin gegen jede Modernisierung, nicht gegen Straßenbau und Gesundheitsprogramme, wohl aber gegen die – in der Tat häufig bedenkenlose – Übertragung der westlichen Kultur auf ein Land, das ganz andere Traditionslinien hat.

Der Islam (etwa: ›Unterwerfung unter den Willen Gottes‹), dem 99 % der Einwohner der Türkei anhängen, ist eine streng monotheistische Konfession, die jüdische und christliche Lehren mit religiösen Anschauungen Altarabiens, dem Ursprungsland des Religionsstifters Muhammad, verbindet. Besonders ausgeprägt ist die soziale Komponente, denn Muslim, ›in den Stand des Heils Eingetretener‹, zu sein, geht weit über eine persönliche Zwiesprache mit Gott hinaus, verlangt von den Gläubigen vielmehr eine stete Ausrichtung des weltlichen Handelns an religiösen Normen.

So ist der Konflikt zwischen säkularisierten politischen Regimes des 20. Jh. und ihrer muslimischen, der Modernisierung allzuoft hilflos ausgesetzten Bevölkerungsmehrheit vorgezeichnet. Die rigorosen Atatürk-Reformen und die Eingriffe des kemalistischen Generalstabs als ›Schattenregierung‹ im Hintergrund haben den islamischen Fun-

Traditionen und Statussymbole bestimmen das Beschneidungsfest

Die ›Fünf Säulen‹ des Islam

Die Orthodoxie korrekter muslimischer Verhaltensweisen stützt sich einerseits auf das heilige Buch der Religion, den von Gott selbst geoffenbarten *Koran*, andererseits auf die *Hadithen*, einen Korpus von überlieferten Traditionen, die auf den Propheten zurückgeführt werden. Verboten etwa sind der Genuß von Schweinefleisch, aber auch von Alkohol sowie der Geldverleih gegen Zins und das Glücksspiel. So webt sich Lebensmaxime an Lebensmaxime im Sinne eines umfassenden sozialen Verhaltenskodex. Neben der Beschneidung der Knaben und bestimmten Eheschließungs- oder Begräbnisfeierlichkeiten sind dem Gläubigen dabei fünf eherne Grundpflichten auferlegt, die sogenannten ›Fünf Säulen‹ des Islam:

● das *Glaubensbekenntnis*, die arabisch zu sprechende Formel: ›Es gibt keinen Gott außer Allah, und Muhammad ist sein Prophet‹.

● die fünfmal täglich in Richtung auf die heilige Stadt Mekka im Stande ritueller, durch Waschungen hergestellter Reinheit zu verrichtenden *Formelgebete*, die eine vorgeschriebene Folge von Haltungen (Stehen, Knien, Niederstrecken, Stirnberührung des Bodens) einschließen. Soweit möglich, soll der Muslim das Gebet gemeinschaftlich in einer Moschee vollziehen, zumindest aber am Freitagmittag, wenn ein höherer Geistlicher (*İmam*) das Kollektivgebet leitet und predigt – entweder aus der *Mihrab* genannten Nische der nach Mekka gerichteten Wand (*Qibla*) oder von der Erhöhung des *Minbar*, einer über Stufen erhöhten Kanzel. Angesichts der Widersprüche zwischen politischer und konfessioneller Sphäre werden die Freitagspredigten der bedeutenden İmame, denen das Fernsehen landesweite Verbreitung verschafft, stets mit großer Spannung erwartet.

● die *Almosenpflicht*, eine Armensteuer, die früher von Staats wegen erhoben wurde; in der laizistischen Türkei ist sie natürlich freiwillig.

● das *Fasten* im Monat Ramadan, dem neunten des arabischen Mondjahres, der sich gegenüber dem Gregorianischen Kalender von Jahr zu Jahr um zehn oder elf Tage verfrüht. Vom Aufgang bis zum Untergang der Sonne soll sich der Gläubige – Ausnahme: Kleinkinder, Greise, Kranke, Schwangere, Reisende – jeglicher Nahrungs- und Trankaufnahme enthalten, dazu auch des Rauchens; Geschlechtsverkehr ist ebenfalls nur nächtens erlaubt. Nach Sonnenuntergang wird der Beginn des Fastenbrechens in den größeren Gemeinden der Türkei üblicherweise durch einen Böllerschuß markiert.

Stille Minuten beim Gebet

● die *Hadsch* genannte, an altarabische Traditionen anknüpfende Pilgerfahrt nach Mekka sollte ein jeder Gläubiger, der dazu die Mittel besitzt und gesund ist, wenigstens einmal in seinem Leben absolvieren. Bevor sie zur etwa eineinhalbtägigen Wallfahrt zur Heiligen Stadt des Islam in die Langstreckenbusse steigen, werden die türkischen Mekka-Pilger durch Angehörige und islamische Geistliche feierlich verabschiedet.

damentalismus in der Türkei klein gehalten, doch er beginnt sich zu formieren (s. S. 44). Historischen Rang gewinnt die Frage, ob die kulturellen Angleichungsprozesse an den Westen, zu denen Millionen türkischer Rückkehrer nach Jahren der ›Gastarbeit‹ in Europa erheblich beitrugen, oder hingegen die Rückbesinnung auf eine von den identitätstiftenden Maximen des Islam

geprägte Gesellschaftsform obsiegen werden.

Soziales Leben

Weniger aus dem religiösen Kern des Islam als aus seiner historisch gewachsenen Kultur leitet sich die untergeordnete **Stellung der Frau** her. Schon im Straßenbild ist der

Rang der Geschlechter deutlich definiert: stolz voran der bärtige Muslim mit Käppchen (das den verbotenen Fes ersetzte), drei demütige Schritte dahinter die Frau. Freilich ist dies nicht mehr das Straßenbild İstanbuls oder İzmirs, wohl aber obligatorisch für Inner- und Ostanatolien wie auch für die Dörfer der türkischen Westküste.

Offiziell ist die Frau seit 1934, mit der Einführung des allgemeinen Wahlrechts, dem Mann gleichgestellt, faktisch aber gilt die Geburt eines Mädchens auf dem Lande als ein kleines Unglück; gerade Bauernmädchen werden als billige Arbeitskräfte verschlissen, vom Schulbesuch abgehalten und in Heiratsabkommen zweier Familien wie eine Ware verhökert. Selbst in Mittelstandsfamilien, die es inzwischen liberaler halten, bleibt die Rolle der Ehefrau auf das Haus und die Erziehung der Kinder eingeengt; man erwartet wie selbstverständlich, daß sie Ausbildung und Karriere dafür opfert.

Mit großer Stärke behauptet sich der Schlüsselbegriff der ›Ehre‹. Eine Frau, die vor ihrer Ehe eine sexuelle Beziehung einging, hat diese Ehre verwirkt; ein Mann, der mit ihr dennoch die Ehe schließt, verliert wiederum die seine. Nicht einmal die Avantgardekreise in İstanbul und Ankara vermögen sich, obwohl sie es gern vorgeben, von diesem Kodex ganz zu lösen. Die mehr oder minder nackten Titelschönheiten von Boulevardzeitungen wie ›Tan‹ oder ›Sabah‹ und so

manche voyeuristische Berichterstattung sollten den Türkei-Besucher nicht über den tatsächlichen ›Stand der Dinge‹ hinwegtäuschen. Lediglich einige hochqualifizierte Akademikerinnen – als Beispiel die frühere Ministerpräsidentin Tansu Çiller – bleiben formal vom ›Sozialgesetz‹ männlicher Dominanz ausgenommen.

Die traditionelle Rolle der Frau wird freilich in der türkischen Kleinfamilie zunehmend obsolet; sie war konzipiert auf die **Großfamilie**, deren häusliche Gemeinschaft längst in Auflösung geraten ist – in der Stadt jedenfalls, aber zunehmend auch auf dem flachen Land. Drei Generationen unter einem Dach sind an der türkischen Ägäis schon fast die Ausnahme. Die soziale Sicherheit, die sich damit verliert und durch die geringen staatlichen Versorgungsgarantien (Rente, Pension, Krankenversicherung) nicht ausgeglichen wird, gewährt in bescheidener Form der tat- und hilfskräftige Nachbarschaftszusammenhang (*komşuluk*), auf den nomenklatorisch die Verwandtschaftsbeziehungen übertragen werden: *abla* (›große Schwester‹) nennt man die ältere Frau, *teyze* (›Tante‹) die Großmutter aus der nahen Nachbarschaft, *kardeş* (›Schwester‹ oder ›Bruder‹) den Gleichaltrigen von nebenan. Auch das *ağabey*-System (s. S. 48) gehört in diesen Zusammenhang.

Das Sicherheitsnetz der Nachbarschaftshilfe bedeutet aber auch **soziale Kontrolle**. Streng wird dar-

43

Re-Islamisierung
Ein Schlagwort und seine Hintergründe

»Die Türkei ist keine Bühne mehr für das Schauspiel von Religion und Scharia [das religiöse Gesetz]. Wenn es aber noch Akteure für solche Schauspiele gibt, dann sollen sie sich eine andere Bühne suchen.« Diese unmißverständlichen Worte stammen von Mustafa Kemal, genannt Atatürk, und datieren von 1924. Niemand anderer als der Held der Befreiungskriege, der gefeierte ›Vater der Türkei‹ hätte sich damals so äußern dürfen, ohne von den Massen gelyncht zu werden.

Atatürk, den der Volksmund doch den Beinamen *ghazi*, d.h. Kämpfer für den Glauben, gegeben hatte, trennte Staat und Kirche, schloß die religiösen Orden, ließ muslimische Klöster (*tekke*) beschlagnahmen und den Religionsunterricht an Schulen einstellen. Er führte den Sonntag statt des islamischen Freitagfeiertags und den europäischen statt des islamischen Kalenders ein, verdrängte die durch den Koran geheiligte arabische Schrift ebenso wie den Schleier und den Fes und verbot die Freitagspredigt in arabischer Sprache.

Die ungeheure Verunsicherung, die der Volksheld mit seiner Säkularisierung schuf, entlud sich in Konflikten, die bis zum bewaffneten Aufstand reichten. So mancher wollte eben lieber ein vaterlandsloser Muslim sein als ein atheistischer Türke. Im November 1925, als Atatürk in Rize an der Schwarzmeerküste zum Tragen »zivilisierter und internationaler Kleidung« aufrief, brachen blutige Kämpfe aus. Zum zweiten Mal gab es Tote, als islamische Kräfte 1930 im Gebiet von Menemen und Manisa den Sturz der Regierung in Ankara und die Einsetzung von Selim, dem Sohn Sultan Abdülhamids, als Kalifen betrieben. 2200 Personen wurden verhaftet, 28 Todesurteile vollstreckt.

Wer mit dem Schlagwort ›Re-Islamisierung‹ einen erst jüngst aufgetretenen, vielleicht vom Persien Khomeinis beeinflußten Fundamentalismus meint, verkennt solche Traditionen. Seit der Religionsreform von 1924 wogt in der Türkei ein zäher, für Außenstehende allerdings meist unsichtbarer Kampf zwischen den Staatsprinzipien des ›Modernisten‹ Atatürk und dem in seinem Selbstverständnis wurzelnden Anspruch des Islam, mehr zu sein als eine private Konfession: eine Religion nämlich, die das gesamte Leben ihrer Anhänger bestimmt.

Das Rollback der türkischen Muslime begann Ende der 40er Jahre und gewann in der Ära des Präsidenten Menderes (1950-60) an Geschwindigkeit. An der Entwicklung der Schulen für Vorbeter (*imam*) und Freitagsprediger (*hatip*), die den Status einer Mittelschule oder eines Gymnasiums besitzen, läßt sich der rapide Fortgang der Re-Islamisierung klar ablesen: 1951 gab es sieben, 1975 bereits über 400 und 1996 rund 1100 Imam-Hatip-Schulen, von denen 583 den Gymnasien gleichgestellt waren. Jährlich beenden über 100 000 Schüler dort ihre Ausbildung, doch die große Mehrzahl der Absolventen geht nicht als Prediger an die Moschee, sondern nimmt ein ›ganz normales‹ Studium auf, das nicht selten in den Staatsdienst führt.

Aber damit nicht genug. Die religiösen Kreise haben mit solch unterirdischer Beharrlichkeit Korankurse organisiert (getarnt als Kindergruppe, Nähunterricht etc.), daß der Staat seinerseits, um diese Entwicklung zu steuern, seit den 80er Jahren legale Korankurse anbietet. Doch noch immer soll es 10 000 staatlich nicht kontrollierte Kurse geben, organisiert von »Personen, die sich der republikanischen Staatsform nicht verbunden fühlen«, wie ein Bericht von 1986 sagte.

Mit diesen ›Personen‹ sind die Angehörigen der islamischen Bewegungen in der Türkei gemeint, die wie Geheimbünde organisiert sind. Da gibt es den bereits im 14. Jh. gegründeten Nakşibendi-Orden (wurde 1925 verboten, aber sogar Ex-Präsident Özal bekannte seine Mitgliedschaft), die Nurculuk- und die Süleymancilik-Bewegung, beide entstanden um 1950, daneben kleinere Gruppierungen wie die Kadiris und die Işıkçıs. Da ihr Einfluß bis in höchste Kreise des Bürgertums reichte, bemühten sich alle konservativen Parteien in den 80er und 90er Jahren um die Wahlstimmen der religiös orientierten Gruppen und ließen sich zu mancherlei Zugeständnissen bewegen.

Dies änderte sich erst, als die von Necmettin Erbakan geführte, fundamentalistisch-islamische Refah Partisi zunächst die Kommunalverwaltungen wichtiger Großstädte (darunter auch İstanbul) übernahm und 1996 sogar als stärkste Partei an die Regierung kam. Daß sie 1998 auf Betreiben der Militärs verboten wurde, ändert nichts an der inzwischen starken Zustimmung breiter Bevölkerungsschichten für eine religiös ausgerichtete Politik. Die ehemalige ›Wohlfahrtspartei‹ agiert jetzt als ›Tugendpartei‹ (Fazilet Partisi) und nutzt so weiterhin den Islam als Ideologie der gläubigen *und* rechtschaffenen Leute; Korruption und Schmierentheater in den bürgerlichen Parteien arbeiten dem Fundamentalismus weiterhin zu. Das historische Ergebnis der erbitterten Auseinandersetzung zwischen einem Säkularismus, der offenbar nur noch unter der Ägide des Generalstabs zu bestehen vermag, und um sich greifender Re-Islamisierung ist offen.

›Männerwelt‹ Teehaus …

auf geachtet, daß die Sphäre der Frauen und der Männer geschieden bleiben. So wie es für eine Frau unstatthaft wäre, ein ›Männer-Teehaus‹ aufzusuchen, so hat ein Mann tagsüber nichts in der Wohnung zu suchen – dies ist ihr Reich. Größere Restaurants oder Parkcafés teilen einen speziellen ›Familiensektor‹ (*aile salonu*) ab, in dem sich auch Frauen aufhalten können, ohne ihren guten Ruf zu verlieren. Dem entspricht in den Moscheen ein besonderes Frauenabteil im hinteren Bereich oder in einem Seitentrakt. Daß unverheiratete Frauen und Männer ungezwungen miteinander ausgehen, mag an der Westküste für die Metropole İzmir und die ›exterritorialen‹ Badeorte gelten, wäre aber schon in einer Mittelstadt wie Milas undenkbar, es sei denn, ein Angehöriger der jungen Frau begleitete das Paar als ›Sittenwächter‹.

Unter Kontrolle und traditionellen Zwängen steht aber auch der Mann. Genau wird beobachtet, ob er die Regeln befolgt, die Ehre wahrt, großzügig Almosen gibt (s. S. 41), seinen Jungen im rechten Jahr beschneiden läßt etc., und jeder Streifzug in eine Kneipe (*birahane*) wird ebenso mißbilligend registriert, wie seiner Ehefrau oder Mutter, die dafür als verantwortlich gelten, Nachlässigkeit in der Kleidung des Mannes übel angelastet würden. Für die exakte Trimmung des Schnurrbarts, glatte Rasur und tadellose Kurzschnittfrisur ist er allerdings selbst zuständig; Anzug,

… und ›Frauenwelt‹ Haus und Heim

Weste und Krawatte weisen ihn als Mann von Rang und gesellschaftlicher Bedeutung aus.

Generell wird in der Türkei der äußeren Erscheinung hohe soziale Bedeutung beigemessen. Nur schwer vermag abseits der Touristenorte, wo sich natürlich ein anderes Verständnis eingebürgert hat, ein Dorfbewohner legeres Auftreten etwa in T-Shirt, Shorts und Sandalen an bloßen Füßen recht zu begreifen; ihm signalisiert solche Dürftigkeit schlichtweg Bedürftigkeit – und damit einen niederen sozialen Status. Auch der Kleinbauer hat einen vom Mund abgesparten Schneideranzug im Wandschrank hängen. Das püppchenhafte Herausputzen moderner junger Türkinnen mit Rouge, Klimperwimpern, Purpurlippen und Schleife im Haar, dazu möglichst vielen Goldreifen an den Armgelenken und Ringen an den rotlackierten Fingern – Insignien, die nun wiederum den westlichen Besucher auf falsche Ideen bringen könnten – genügt zwar nicht dem traditionellen islamischen Verhaltenskodex, wohl aber dem skizzierten sozialen Darstellungszwang. Zwischen diesem und jenem vermittelt das merkwürdige Erscheinungsbild der unzähligen Türkinnen, die das wohlanständige Kopftuch tragen und – auch bei großer Hitze – den geschlossenen beigen Tuchmantel, gleichwohl aber auf Stöckelschuhen gehen und stark geschminkt sind: fromm und gutsituiert zugleich eben.

Das *ağabey*-System

Als ich zum ersten Mal die Türkei besuchte, fiel mir ein ungewöhnlich häufiger Männername auf. Ich verstand ihn, so wie er im Basar oder auf der Straße zugerufen wurde, als ›Abi‹ und hielt ihn für eine Kurzform von Abdullah. Inzwischen weiß ich, daß ›Abi‹ kein Vorname ist, sondern eine respektvolle Anrede. Als *ağabey* ist sie zu transkribieren. Wörterbücher übersetzen das als ›älterer Bruder‹, doch bleibt die eigentümliche soziale Dimension dabei verborgen.

Denn das *ağabey*-System bestimmt in intimer Weise den Alltag der Türkei – und dies beginnend mit frühester Jugend. Die Türkei-Expertin Barbara Yurtdaş schreibt in ihrem Buch »Wo mein Mann zuhause ist«: »Jeder im Verhältnis zu anderen Kindern ältere Junge ist *ağabey* […], auch wenn kein Geschwisterverhältnis besteht. Ein *ağabey* kann von den Jüngeren Dienste und Gehorsam verlangen, aber in Gefahren tritt er auch als Beschützer auf.« Die Rollenzuweisung wird allerdings dadurch aufgelockert, daß jeder Schutzbefohlene seinerseits bald neue Zöglinge gewinnt, die nun wiederum ihn *ağabey* nennen und mit erwartungsvollen Augen zum ›älteren Bruder‹ aufblicken. Man irrte jedoch, wollte man in alledem nur ein System der Kinderhortung sehen.

Denn das ›System *ağabey*‹ reicht weiter. Auch in späteren Jahren darf der *ağabey* von seinen ›Schützlingen‹ bedingungslose Loyalität erwarten – wie umgekehrt die Jüngeren Hilfestellung bei der Jobsuche, bei finanziellen Schwierigkeiten und gegenüber Behörden, bei denen man ohne Protektion in der Türkei nicht viel ausrichtet. *Ağabey* konstituiert jenseits der Solidargemeinschaft Familie ein wichtiges soziales Netz. Zu den Schwierigkeiten, mit denen in Deutschland aufgewachsene Türkei-Heimkehrer zu kämpfen haben, gehört es, im *ağabey*-System ein Fremdkörper, ja ein Nichts zu sein. Falls die Familie dem *almanyalı* seine Rückkehr nicht vorbereitet hat wie ein ›gemachtes Bett‹, hilft häufig auch das in Deutschland Ersparte nicht zum Aufbau einer neuen Existenz, denn es fehlen die persönlichen Beziehungen, welche in einem Land, in dem sich geschäftsmäßige Anonymität noch keineswegs ausgebreitet hat, allein die Dinge bewegen helfen. Zu den dunklen Seiten des Systems gehören Mord und Totschlag, über die man in türkischen Boulevardblättern lesen kann. Es handelt sich dabei um ›Ehrentaten‹ – begangen, um den guten Ruf eines Schutzbefohlenen zu wahren. Volkes Stimme: »Als *ağabey* hatte er die Pflicht, es zu tun. Und nun bestraft man ihn noch dafür.«

Kulturelle Traditionen

Die kulturellen Traditionen der Türkei sind einerseits an den Islam, andererseits an die zentralasiatische Vergangenheit des Türkentums gebunden. Die kritische Einstellung des Islam zur bildlichen Wiedergabe von Lebewesen hat die Entwicklung einer nennenswerten bildlich-figürlichen Kunst verhindert.

Auf der Ebene der Volkskultur fallen die naiven Dekorationsmalereien ins Auge, mit denen Pferdekarren und Lastwagen geschmückt sind, nicht zuletzt auch die werbende Schildermalerei kleiner Ladengeschäfte. Die begleitende Schriftkunst solcher Schilder zeigt übrigens das gute Niveau einer über Jahrhunderte gepflegten kalligraphischen Tradition.

Zur osmanischen Hochkultur in Gestalt von Moscheearchitektur und hochwertigem Fliesendekor, Kalligraphie, Metall- und Holzkunst gesellten sich volkstümliche Ausdrucksformen, von denen die Kunst des geknüpften Teppichs, ›geadelt‹ durch westliches Kaufinteresse, prominent blieb (s. S. 51), während z. B. die spezifische Tanz- und Musikkultur nur noch ein Schattendasein führt.

Tanz und Musik

Herkömmliche Musikinstrumente wie Trommel (*davul*), Oboe (*zurna*), Hirtenflöte (*kaval*) und Langhalslaute (*saz*) ertönen heute, verdrängt von populärer Schlagermusik ost-westlicher Stilmischung, nur noch bei Dorfhochzeiten und Beschneidungsfeierlichkeiten und lassen dann in ihrem klagendeintönigen Auf und Ab das Lebensgefühl der asiatischen Steppe aufleben. Meist sind die Musikanten Zigeuner, und vielen Türken gelten die aufgespielten Traditionsweisen als *tsigan müziği* (›Zigeunermusik‹). Die stark ornamentiert vorgetragenen Liebeslieder, in denen meist auch eine gewisse Verzweiflung an den Zwängen von Ehre und Tradition mitschwingt, hört man nur noch selten, so wie die alten Paar- und Gruppentänze, jedenfalls in der westlichen Türkei, offenbar allein noch als inszenierte folkloristische Vorführung vor Touristen zu überdauern vermögen. Der Bauchtanz, den viele ausländische Besucher für ›typisch türkisch‹ halten, ist in Wirklichkeit ein ägyptisch-arabischer Import in den osmanischen Harem, aus dem er Anfang des 20. Jh. in das Repertoire der ersten İstanbuler Nachtclubs überging.

Souvenirs

Orientalisches Flair verbindet sich auch mit der türkischen Handarbeitskunst, die eine Vielzahl von Gebrauchsgegenständen hervorgebracht hat, deren komplexe ornamentale Motive teils von der Kalligraphie, teils von den Traditionen der nomadischen Turkmenen beeinflußt sind. Sie gehören heute zu den beliebtesten Souvenirs. Leider hat das türkische Kunsthandwerk im letzten Jahrzehnt durch Massenproduktion sichtlich an Güte verloren. Schlechte Verarbeitung von Lederwaren, mäßige Stoffqualitäten, kitschige Dessins und grelle Industriefarben erscheinen symptomatisch für diesen Verfall.

Prunkstück für jeden Souvenirkäufer ist sicherlich ein türkischer **Teppich** (*halı*), doch sei gerade hier zu besonderer Vorsicht geraten: Produktion und vor allem der Verkauf durch ein nahezu lückenloses Netz von ›Schleppern‹ sind mittlerweile quasi-industriell organisiert, und es mehren sich die Klagen über zu hohe Preise für mangelhafte Qualität. Bei ernsthaftem Interesse sollte man sich *vor* der Reise über Preise und Techniken informieren (s. auch rechts).

Die Dominanz des Knüpfteppichs überschattet eine verwandte anatolische Handwerkstradition: die des leinwandbindigen **Kelim** (*kilim*), gewebt mit einer Kette und verschiedenfarbigen Woll- oder Baumwollschüssen. Als Teppich, aber auch als Kissenbezug, Decke, Satteltasche oder Saatschürze, fanden diese Weberzeugnisse breite Verwendung. Selten industriell betrieben, bietet die Flachweberei mit ihren vielen ornamentalen und stilisiert-naturalen Motiven aus nomadischer Tradition (Rautenmedaillons, Spitzarkaden, Sterne,

In einer dörflichen Töpferei entsteht Gebrauchskeramik

Türkische Knüpfteppiche

In den Basargassen von Bergama und İzmir, in Selçuk und Kuşadası lauert die Gefahr … in Gestalt adretter junger Männer. Sie haben scharfe Augen, mit denen sie Nationalität und Brieftasche sicher zu taxieren wissen, und ihr Selbstbewußtsein ist so grenzenlos, daß sie ihre Beschäftigung sogar mit leuchtenden Lettern über den Auslagen reich dekorierter Ladengeschäfte publik machen: Teppichhändler sind sie, beste Ware führen sie und Sonderangebote zuhauf. Da hilft, meine Damen und Herren, nur die schnelle Flucht.

Wenn Sie aber doch eingetreten, der drängenden Einladung erlegen sind, das gastfreundliche Gläschen Tee schon vor Ihnen auf dem Tablett dampft und sich herausstellt, daß Ihr nettes Gegenüber viele Jahre in Deutschland gelebt hat, ja wahrscheinlich sogar zufällig in ihrer Heimatstadt, wenn die vielen Postkarten mit Dankesgrüßen zufriedener Kunden auf dem Tisch liegen, wenn auch Ihre letzten müden Abwehrversuche (kleines Gepäck, Teppich zu schwer) mit Hinweis auf den zuverlässigen internationalen Versand der guten Stücke durch Vorlage amtlicher Exportformulare abgeschlagen sind, dann, ja dann hilft nur noch Sachkenntnis, das Schlimmste zu verhüten.

Stilrichtungen: Man unterscheidet für den Vorderen Orient zwei klassische Teppichtraditionen: die indo-iranische und die turko-turkmenische Gruppe. Letztere bietet in der Regel strengere, stärker geometrisch angelegte Entwürfe von leuchtenderer Farbkraft, als man sie von den ›Persern‹ her kennt; allerdings drangen im späten 16. und 17. Jh. auch blumig-verspielte Entwürfe und gedämpftere Farben in die türkische Knüpfkunst ein. Bis heute bestimmend blieben sie für die Teppiche aus Hereke (einem Örtchen südöstlich von İstanbul, wo Sultan Abdülmecit 1844 eine Hofmanufaktur einrichtete) und die Stücke aus Konya und Ladik in Zentralanatolien: Dies sind sozusagen die ›Perser‹ der Türkei. Als authentische Stücke der türkischen Ägäis hingegen dürfen der Bergama-, der Yağcıbedir- und der Milas-Teppich gelten (s. u.).
Geschichte: Die ältesten erhaltenen turko-turkmenischen Knüpfteppiche (*halı*) stammen aus dem seldschukischen Anatolien des 13. Jh., doch haben Ausgrabungen im Bereich des zentralasiatischen Altai-Gebirges – der Urheimat der türkischen Stämme – Teppichfragmente aus dem 4. und 5. *vor*christlichen Jahrhundert zutage gefördert. In Europa wurden türkische Teppiche übrigens erst um das 12. Jh. bekannt.

Material und Einfärbung: Turk-Teppiche wurden ursprünglich von Nomaden und Bauern angefertigt, und zwar vor allem aus Schafwolle, zusätzlich mit ein wenig Ziegen- und Kamelhaar untermischt. Erst im 16. und 17. Jh. kamen Teppiche mit Baumwolle und Seide auf; bis heute vertreten Kayseri und Hereke diese Sonderrichtung.

Zur Färbung dienten zunächst ausschließlich Naturprodukte: »Schildlaus oder Krappwurzel für die verschiedenen Rottönungen, das kostbare Safran für ein besonders leuchtendes Gelb, Indigo für Blau und vieles andere« (B. Tietzel). Die Erfindung von Anilin-Farben im 19. Jh. brachte eine unerquickliche Wende. Zunächst setzten die größeren städtischen Manufakturen diese Kunstfarben ein; im 20. Jh. hielten sie dann auch Einzug in die bäuerlich-nomadische Tradition – so rasant sogar, daß man in Städten wie Bergama Schulen der alten Färbekunst einrichten mußte, um das handwerkliche Erbe zu wahren.

Erzeugung: Das Teppichknüpfen ist von jeher Frauen- und Kinderarbeit gewesen. Die Männer hatten das Färben der Wolle zu besorgen, dazu das Aufspannen der Kette am Webstuhl. Aber schon das Verspinnen war wieder Frauenaufgabe. Letztlich hat sich diese Arbeitsteilung erhalten, einschließlich – heute gern verheimlichter – Kinderarbeit, doch hat das florierende Tourismusgeschäft auch hier alte Traditionen abgeschliffen. In den Manufakturen der Westküste werden Teppiche ›nach Bedarf‹ erzeugt: Kurdenteppiche und Konya-Ladiks ebenso wie Kula- oder Kayseri-Teppiche. Nur anhand einer peniblen Prüfung der Knüpftechnik läßt sich unterscheiden, ob ein Teppich wirklich dorther kommt, wohin der Teppichhändler mit dem Brustton der Überzeugung weist – oder ob er in Lohnknüpfung gleich um die Ecke gefertigt wurde. Ein besonders peinliches Schauspiel bieten jene Händler, die ihre Auftragsarbeiten auch noch auf alt zu trimmen suchen, indem sie die Farben in der Sonne ausbleichen lassen.

Knüpftechnik: Was den Knüpfknoten angeht, so dominiert der über zwei Kettfäden geführte türkische oder Gördes-Knoten – im Gegensatz zum persischen oder Senneh-Knoten (der gelegentlich aber auch in der Türkei verwendet wird). Einer erfahrenen Knüpferin gelingen, je nach Teppichtypus, zwischen 5000 und 10 000 ›türkische‹ Knoten pro Tag. Für einen Quadratmeter rechnet man, so die Expertin Brigitte Tietzel, hundert Knüpftage. Gute Qualitäten erreichen Knotenzahlen zwischen 900 und 1600 für den Quadratdezimeter, beste Provenienzen (meist aus Hereke, Sivas oder Bandırma) sogar das doppelte. An einem *taban*, einem Bodenteppich von mindestens sechs Quadratmetern, arbeitet eine Knüpferin zwei Jahre lang.

Teppiche der türkischen Ägäis: Die Stücke der *Bergama-Region* mit verschiedenen Knüpfzentren zwischen Çanakkale und İzmir zeichnen sich traditionell durch kleinere Formate, geometrische Kompositionen (mit Rechtecken, Rauten, Sternen und Triangeln) sowie eine glanzreiche Wolle aus, die in einer durchschnittlichen Dichte von 1000 Knoten pro Quadratdezimeter geknüpft ist und lebendige Farben, vor allem Rot und Blau, zeigt. Teppiche aus dem Knüpfzentrum *Edremit* bevorzugen dagegen Pastellfarben und folgen damit kaukasischen Mustern.

Eine mit dem Bergama-Typus verbundene Sondertradition ist der *Yağcıbedir* aus den Bergdörfern, mit einer hohen Dichte bis 1300 Knoten geknüpft und farblich ausgezeichnet durch Rot und ein sehr dunkles, ja schwärzliches Blau (daher auch ›Köhlerteppich‹ genannt). Kompositorisch bedeutsam ist das Sternmotiv. *Milas*-Teppiche fallen durch die Dominanz von Beige- und Tabaktönen auf. Mit guter Wolle in Dichten zwischen 800 und 1100 Knoten geknüpft, zeigen diese meist Gebetsteppich-großen Stücke (*seccade*, Format zwischen 180 x 170 cm und 200 x 130 cm) eine zentrale, rautenförmig abschließende Mihrab-Nische inmitten geometrischer Kompositionen.

PS: Viel Freude an Ihrem neuen Teppich!

Drachen, Hakenkreuze als Glückszeichen, Augen etc.) höchst individuelle und originelle Arbeiten.

Weitere Souvenirs sind **Stickereien und Strickwaren**, in denen sich gewisse Motive der Teppichkunst wiederholen. Relativ preiswert erhält man auch **Lederartikel** (Taschen, Gürtel, Jacken etc.), nicht immer freilich in aktuellen Schnitten.

Beliebt als Mitbringsel sind an der türkischen Westküste ferner die farbig glasierte **Keramik** von Çanakkale wie auch die einfacheren Stücke von Menemen. Während eher volkstümliche Gebrauchskeramik zusammen mit Korbflechterei häufig an Verkaufsständen am Straßenrand angeboten wird, haben sich die städtischen Souvenirshops auf glasierte Fliesen, Teller und Krüge nach Manier der osmanischen Hofmanufakturen spezialisiert. Dort sind auch Mokkageschirre, **Onyx- oder Alabasterwaren** (als Aschenbecher, Schalen, Vasen, Stopfeier etc.) sowie **Kupfer- und Messingarbeiten** erhältlich. Letztere, als getriebene Tabletts, Kannen oder Pfeffermühlen, bieten meist guten Gegenwert fürs Geld.

Vergleichsweise preiswert ist **Goldschmuck** zu bekommen, der im Basar nach dem Gewicht berechnet wird. Etwas für Sammler sind geschnitzte Pfeifenköpfe und Zigarettenspitzen aus **Meerschaum**, der bei Eskişehir abgebaut wird, oder Figuren aus dem türkischen **Schattenspieltheater** um den frech-

volkstümlichen Helden Karagöz, dessen Aufführungen inzwischen leider sehr selten geworden sind. Aus der Tradition des Volks(aber)glaubens schließlich stammen die blauen Perlen und Glasaugen, die Unheil abwehren sollen und als Talisman getragen werden.

Zum Schluß noch ein Rat: Unter der Hand angebotene ›garantiert echte Antiquitäten‹ oder ›antike Münzen‹ aus der nächstgelegenen Ruinenstätte sind fast immer gefälschte Massenware – im übrigen wäre die Ausfuhr echter **Antiquitäten** auch streng verboten.

Die türkische Küche

Helmuth von Moltke, 1835 als Instrukteur der osmanischen Truppen nach İstanbul gekommen, zeigte sich betroffen: »Vor einigen Tagen gab man uns ein aecht-türkisches Diner, natürlich ohne Messer und Gabeln und ohne Wein. Den Anfang der zahllosen Schüsseln machte ein gebratenes Lamm, inwendig mit Reis und Rosinen gefüllt… dann folgte Helwa, eine süße Mehlspeise, dann wieder Braten und wieder ein süßes Gericht, bald warm, bald kalt, bald sauer, bald süß. Jede einzelne Schüssel war vortrefflich, die ganze Combination aber für einen europäischen Magen schwer begreiflich, und das Alles ohne Wein!«

Der heutige Besucher muß indessen nicht fürchten, mit den Händen essen zu müssen; zudem

Appetitliches aus Marmaris

war das, was man Moltke da auftafelte, ein seltenes Festgericht, durchaus keine Alltagskost. Wein (*şarap*) schließlich ist inzwischen – also auch darin keine Sorge! – in allen touristischen Zentren zuhanden.

Die türkische Küche ist insgesamt weniger auf Fleisch als auf **Frischgemüse** ausgerichtet: Aubergine (*patlıcan*), Gurke (*salatalık*), Kichererbse (*nohut*), Kürbis (*kabak*), Paprika (*biber*), Tomate (*domates*), Zwiebel (*soğan*). Da der Koran Muslimen den Verzehr von Schweinefleisch untersagt, beschränkt sich das **Fleischangebot** auf Lamm (*kuzu*) und Rind (*sığır*), fast immer gegrillt (*ızgara*) oder als

Kebap zubereitet, dazu kommen Brathähnchen (*kızarmış tavuk*) und an der Küste natürlich auch **Fisch** (*balık*), der übrigens keineswegs immer fangfrisch ist. Dazu als Tip: Frischer Fisch hat klare Augen, sind diese rot unterlaufen, lagert das Tier schon einige Zeit – verzichten Sie besser.

Bis auf die beiden eher scharfen Hackfleischspieße *Adana Kebap* und *İskender Kebap* sind türkische Gerichte sehr zurückhaltend gewürzt. Minze, Petersilie, Zwiebeln und Knoblauch machen die Speisen dennoch pikant. Spezifisch türkische **Gewürze** sind Schwarzkümmel (*çörek otu*), gemahlener Kreuzkümmel (*kimyon*), der für Hackfleischgerichte benutzt wird, und das rote, säuerlich schmeckende Sumachpulver (*sumak*). In praktisch jedem Restaurant, nicht zu-

Türkisches Brot

»*Taze gevrek, simit taptaze!*« (Frisches Sesamgebäck, Kringel ganz frisch), so ruft der barfüßige Bub an der Bushaltestelle seine Ware aus, die er auf einem Tablett auf dem Kopf balanciert. Ofenfrisch müssen Sesamkringel (*simit*) und Weißbrot (e*kmek*) beim Verkauf sein. Mehrmals täglich beliefern die Bäckereien den Lebensmittelhändler an der Ecke, und die Leute laufen unmittelbar vor dem Essen zum Brotkaufen, damit dies stets *taze*, innen weich, außen knusprig ist. Im Fastenmonat Ramazan bilden sich vor den Läden allabendlich regelrechte Warteschlangen, weil das speziell für das Fastenbrechen gebackene Fladenbrot (*pide*) erst in letzter Minute warm ausgeliefert wird.

Der Kult der Frische rührt wohl daher, daß die aus reinweißem Weizenmehl hergestellten Backwaren am nächsten Tag buchstäblich nach nichts schmecken, eine gummiartige Dehnbarkeit entwickeln und im übrigen, da ohne Haltbarkeitsmittel zubereitet, in den warmen Monaten auch bald schimmeln würden.

Brot ist ein unabdingbarer Bestandteil aller türkischen Mahlzeiten. Man ißt es zum Frühstückstee mit Schafskäse, Oliven und Tomaten sowie morgens, mittags und abends zur Suppe, aber auch zu Fleisch- und Gemüsegerichten. Es macht Säure, Fett und scharfe Würze besser verträglich und füllt den Magen. Immer aber ist es Beilage. Das Butterbrot, die Stulle, kennt man in der Türkei nicht, allenfalls seit neuestem Burger und Sandwiches.

Obwohl es außer *ekmek, pide* und *simit* noch diverse andere Brot- und Kringelformen gibt, findet sich doch nur selten Graubrot, geschweige denn Vollkornbrot. Ein dunkles, knochenhartes Dauerbrot, das sich erst durch Einweichen in Wasser, Tee oder Suppe beißen ließ, war bis in die 70er Jahre hinein auf dem Lande noch allgemein gebräuchlich. Erst dann wurde es durch das in den Städten übliche Weißbrot französischen Typs verdrängt.

Da pro Kopf täglich ein Weißbrotlaib verbraucht wird, kommt dem Preis auf dem Markt eine Signalfunktion zu. Deshalb wurde früher das Mehl staatlich subventioniert und der Brotpreis jeweils vom Bürgermeister festgelegt. Seit Mai 1991 gilt jedoch ein Gesetz, das die Preisbildung dem Markt überläßt, also den Bäckereien bzw. in einzelnen Städten den Bäckerinnungen. Sozial ganz ungefährlich war diese Preisfreigabe nicht, wie die ›Brotaufstände‹ zeigen, die aus vergleichbarem Anlaß in Ländern wie Marokko, Tunesien und Ägypten losbra-

Harte Arbeit, knuspriges Brot

chen. Anders als in Nordafrika verlief das Ende der Subventionierung in der Türkei jedoch wenig dramatisch. Zwar ist der Brotpreis für den Laib à 340 Gramm seither im Maße der Inflation gestiegen, doch ist das Brot mit umgerechnet etwa 25 Pfennig noch immer billig genug und allgemein erschwinglich.

Die nächste Preiserhöhung wird fällig, wenn das Mehl teurer wird (weil der Weizenpreis auf dem Weltmarkt steigt) oder das Heizöl oder der elektrische Strom. Denn damit werden die modernen Backöfen betrieben, die täglich mehrere Tausend Weißbrote ausstoßen können. Nur noch die wenigsten Bäckereien heizen heutzutage den guten alten Holzbackofen ein, und nur selten wird der Teig noch von Hand gemischt und geknetet. Auch Sauerteig wird kaum noch angesetzt, statt dessen kommen Treibmittel aus der Tüte zum Einsatz.

Die Arbeitszeit der Bäcker (*ekmekçi* oder *fırıncı*) beginnt zwangsläufig mitten in der Nacht und endet etwa zwölf Stunden später. Wenn die geformten Teiglaibe für das Abend-Brot in den Wärmeschrank geschoben werden, ist meistens ein Mann ausreichend, um die Spätauslieferung zu betreuen. Der Arbeitgeber bezahlt seinen Bäckern einen Monatslohn von umgerechnet etwa 210 Euro zuzüglich Krankenkasse und Rentenversicherung. Überstunden werden nicht vergütet. Sind alle Kosten abgezogen, bleiben als Gewinn ca. 20 % vom Ladenpreis übrig, den sich der Bäckereibesitzer mit dem Händler teilt.

Von Barbara Yurtdaş

Türkische Lokale

Restoran – besseres Gasthaus, das gegrillte Fleischgerichte oder Fisch bietet und alkoholische Getränke aufwartet

Lokanta – einfaches Gasthaus ohne Alkoholausschank; in stählernen Wannen köcheln Eintopfgerichte. Man schaut sich das Angebot an und bestellt, als Ausländer einfach mit Fingerzeig

Kebap Salonu – auf Fleischspieße (*şiş kebap*) und Geschnetzeltes vom Drehspieß (*döner kebap*) spezialisiertes Lokal; kein Alkoholausschank, stilecht trinkt man hier *ayran*

İskembe Salonu – ein ›Kuttelsuppen-Lokal‹, spezialisiert auf Innereien, etwa am Spieß gegrillte Därme (*kokoreç*); hier bekommt man auch Lammkopf (*baş*) frisch aus dem Ofen; dazu trinkt man *rakı*

Pide Salonu – die ›türkische Pizzeria‹, ein preiswertes Lokal, das mit Käse oder Hackfleisch belegte Fladenbrote bäckt; meist gibt es keinen Alkoholausschank

Pastahane – eine Konditorei, die Kuchen und Gebäck, im Sommer auch Speiseeis (*dondurma*) anbietet

Birahane – eine Schankwirtschaft; das Zapfbier wird in Gläsern zu 0,4 oder 0,5 Litern serviert; dazu erhält man meist Knabbereien, z. B. *leblebi*

letzt im *Pide Salonu*, steht zum Nachwürzen neben Pfeffer und Salz eine Schale mit mittelscharfem Paprikaschrot (*pul kırmızı biber*) bereit.

Unter den türkischen **Suppen** (*çorbalar*) seien die ›Almsuppe‹ (*yayla çorbası*), eine Joghurt-Suppe mit Reis und Minze, und die ›Hochzeitssuppe‹ (*düğün çorbası*) mit Hammelfleisch und Gemüse besonders hervorgehoben. Suppen bestimmen den Speiseplan vor allem im Winter, wenn Frischgemüse nicht verfügbar ist. *Çorba* wird in den Volkslokalen auch als Frühstück serviert.

Eine Besonderheit der türkische Küche sind die *Mezeler* – kalte **Vorspeisen**, zu denen man, wie stets, Weißbrot (*ekmek*; s. S. 56) ißt. Gute Restaurants bieten ein oder zwei Dutzend dieser Appetithäppchen an, darunter Salate (*salatalar*), Käse (*peynir*), geröstete Kichererbsen (*leblebi*), Kichererbsenmus (*humus*), Sesamcreme (*tahin*), Oliven (*zeytinlar*), weiße Bohnen (*kuru fasulye*), Fischrogenpaste (*tarama*), mit Käse oder Hackfleisch gefüllte Pastetchen (*börekler*), Gemüse in Olivenöl (*zeytinyağlılar*), Knoblauchquark (*ezme*) und zahlreiche Joghurt-Variationen wie das mit Gurkenstückchen versetzte und mit Dill gewürzte *cacık*. Aber auch Fleischhappchen und gegrillte Würstchen (*sosis*) fehlen nicht.

Als zweite kulinarische Besonderheit sind die vielen türkischen Pasteten und Brotgerichte zu nennen. Beim *pide*-Bäcker bekommt man ofenheiße ›türkische Pizza‹, entweder mit Hackfleisch bestreute (*etli pide*) oder mit Weißkäse belegte (*peynirli pide*) Hefeteigfladen; beim Pastetenbäcker (*börekçi*) wiederum Leckereien wie ›Zigarettenröllchen‹ (*sigara böreği*) mit Schafskäsefüllung. *Lahmacun*, eine dünne, ›feuchte Pizza‹ mit Hackfleisch als Auflage, ist das preiswerteste unter den Teiggerichten.

Eine dritte Spezialität der türkischen Küche sind die vielen **Süßspeisen** (*tatlılar*), die aber nicht – wie zu Moltkes Zeiten – zwischen den Hauptgängen, sondern als Dessert gereicht werden. Da gibt es *baklava*, mit Nüssen gefüllter, siruptriefender Blätterteig, *sucuk*, ein Traubengelee mit Nüssen, *helva*, den bekannten ›türkischen Honig‹ aus Zucker und Sesam, *tulumba tatlısı*, ein Sirupkuchen, und *lokum*, mit Puderzucker bestäubter Fruchtgelee – allesamt sehr süß –, aber auch, dem mitteleuropäischen Gaumen besser verträglich, Puddingsorten wie *asure* (›Noahs Pudding‹) oder *muhallebi*, dazu *sütlac*, überbackenen Milchreis.

Jedes Restaurant hält als Dessert zudem **Obst** bereit: ausgenutzte Achtel von der Wassermelone (*karpuz*) oder der Zuckermelone (*kavun*), gelegentlich auch Weintrauben (*üzüm*) oder Pfirsiche (*şeftali*).

Getränke

Als Jean de Thevenot 1656 durch die Türkei reiste, servierte man ihm ein seltsames Gebräu: »Die Türcken haben ein Geträncke mit Namen Cahvé, dass sie alle Stunden des Tages brauchen, und dasselbe wird aus einem Saamen gemacht… Dieser Tranck ist bitter und schwartz und riecht ein wenig brandig, man trinckt ihn mit kleinen Zügen…« Das waren noch Zeiten, denn die türkische Kaffee-Kultur ist mit dem Osmanischen Reich untergegangen. Zu dessen Herrschaftsbereich hatte ab 1609 der Jemen gehört, eines der wichtigsten Kaffeeanbaugebiete. Als sich Südarabien Anfang des 20. Jh. aus dem türkischen Imperium löste, verteuerte sich der Kaffee (*kahve*). Mit der unmittelbaren Wirkung, daß Tee (*çay*), das traditionelle Getränk Asiens, sich wieder in den Vordergrund schob, da er in den Schwarzmeer-Provinzen der Türkei angebaut werden konnte (und kann) und wesentlich billiger war. **Kaffee** trinkt man in der Türkei als frisch aufgekochten Mokka in den Geschmacksrichtungen süß (*şekerli*), mittelsüß (*orta*), leicht gesüßt (*az şekerli*) oder ungesüßt (*sade*). Serviert wird er mitsamt dem Kaffeesatz in winzigen Täßchen. Teehausbesucher schlürfen ihn in dem Bewußtsein, ein Luxusgetränk zu genießen.

Dagegen wird das Nationalgetränk **Tee** bei allen nur denkbaren Gelegenheiten aufgewartet, vom Frühstück bis zum Abendessen. In Banken, Betrieben und bei Behörden sorgt ein ›Teemann‹ (*çayıçı*), der in irgendeinem Winkel des Gebäudes seine Teeküche (*çay ocagı*) eingerichtet hat, fleißig auf- und abtragend, für regelmäßigen Nachschub. Die Kleinhändler an der Straße wiederum werden von der nächsten Teestube (*çayhane*) aus versorgt. Abends im Teegarten läßt man sich in größerer Runde auch einmal einen Samowar (*semaver*) bringen und versucht sich selbst an der Teezubereitung. Dabei wird ein konzentrierter Aufguß gläschenweise mit Wasser verdünnt. Eine willkommene Abwechslung im Schwarztee-Alltag ist der Salbei-Tee (*adaçay*). Jedes Teehaus serviert Ihnen auch gern ein Gläschen mit dem heißen Orangengetränk *Oralet* oder Apfeltee (*elma çayı*).

Eine türkische Spezialität, die Sie einmal versuchen sollten, ist *ayran*, ein leicht gesalzenes, durststillendes **Joghurtgetränk**. Auf allen Bushöfen, aber auch in vielen Restaurants wird es angeboten.

Schließlich ist **Wasser** (*su*) ein ›typisch türkisches Getränk‹. Noch vor zehn Jahren war es üblich, daß Fernbusse bei einer Quelle mit gutem Wasser anhielten. Sogleich kramten die Passagiere allerlei Flaschen und Becher hervor, einer bald war am Quellstrahl, immer wieder kostend, eine Expertenrunde dabei, die besondere Wasserqualität wortreich zu würdigen. Denn die türkische Sprache ist dazu mit beschreibenden Adjektiven sehr viel besser gerüstet als die deutsche – ein Hinweis auf die nomadischen Ursprünge der Türken, denen vor einem Jahrtausend die Wasserstellen

in den asiatischen Steppen ein lebenswichtiges Gesprächsthema waren. Quellwasser (*memba suyu*) wird in Flaschen abgefüllt und steht in allen einfachen Restaurants auf dem Tisch. Die Marken wechseln je nach Region, im Gebiet von Milas und Bodrum trinkt man z. B. ›Labranda‹. In der ganzen Türkei verbreitet sind die Plastikflaschen der Marke ›Şaşal‹. Mineralwasser (*madensuyu*, auch *soda* genannt) wird ausschließlich in kleinen Flaschen (0,2 l) angeboten.

Die türkischen **Weine** sind trocken (*sek*); liebliche und halbtrockene Varianten fehlen. Mit der richtigen Temperierung hat man im Sommer arge Beschwer: Entweder werden Rotwein (*kırmızı şarap*) wie Weißwein (*beyaz şarap*) direkt aus dem Eisschrank serviert oder aber sie haben sich auf irgendeiner Theke der Außentemperatur angepaßt, sprich: sie sind lauwarm.

Das meistverkaufte türkische **Bier** ist ›Efes Birası‹, gefolgt von dem in Lizenz gebrauten ›Tuborg‹; beide können es mit westlichen Importbieren durchaus aufnehmen.

Eine alkoholische Spezialität der Türkei ist der **Anissschnaps** *Rakı* (ca. 40-45 % Alkohol). Man trinkt ihn üblicherweise mit ein wenig Wasser verdünnt, das macht ihn süffig, schmälert aber keineswegs die Wirkung. Wegen der milchigen Färbung, die er dann im Glas entfaltet, heißt er auch ›Löwenmilch‹ (*aslan sütüsü*). Und vergessen Sie nicht: Der türkische Trinkspruch lautet *Şerefinize*!

UNTERWEGS

AN DER TÜRKISCHEN WESTKÜSTE

»Komm, wir ziehen
ins Merhabaland,
Sonnensüßfrüchte-
land, Traumland,
Morgenland ...«
Barbara Yurtdaş

Die wichtigsten Sehenswürdigkeiten

Die großen Stätten der Antike

Troja
Pergamon
Sardis
Ephesos
Aphrodisias
Priene
Milet
Didyma

Die schönsten Orte

Behramkale
Ayvalık
Bergama
Birgi
Milas
Bodrum

Die schönsten Landstriche

Die Küstenlandschaft bei Ayvalık
Die Sinterterrassen von Pamukkale
Der Naturpark Samsun Dağı
Der Bafa-See unter den Gneis-Höhen des Beşparmak
Die blauen Buchten rund um Marmaris

Im Norden der Ägäis

Die Dardanellen – Wasserscheide zwischen Asien und Europa

Troja – Mehr als ein Mythos?

Wo Aristoteles lebte – Hinter den mächtigen Mauern von Assos

Teufelstisch und Knoblauchstrand – Faszinierende Küstenlandschaft bei Ayvalık

Das türkische Dorf Behramkale in den Ruinen des antiken Assos

Im Norden der Ägäis

Von den Dardanellen, der Meerenge, wo sich Europa und Asien treffen, führt der Weg zur berühmten Grabungsstätte Troja, doch lohnen auch Entdeckungsreisen in das kaum erschlossene Hügelland der Troas mit seinen einsamen Dörfern, Ruinenstätten und Sandstränden. Von Assos bis hinunter nach Dikili reihen sich am Golf von Edremit die Feriensiedlungen. Am schönsten ist die Küstenlinie beim alten Griechenstädtchen Ayvalık.

Çanakkale und die Dardanellen

Die türkische Westküste beginnt an den Dardanellen, jener 65 km langen Meerenge, die mit einer Breite zwischen 1,25 und 7,5 km die Erdteile zugleich verbindet und trennt. So ist es kein Wunder, daß die Geschichte der Dardanellen – in der Antike Hellespont, heute Çanakkale Boğazı geheißen – stets von Schiffsbrücken, Kampf und Tod bestimmt war. Die Heere der Perser, Alexanders d. Gr. und der Kreuzritter setzten über diesen Meeresarm. Zuletzt floß hier im Ersten Weltkrieg das Blut von Soldaten (s. S. 67). Auf der europäischen Seite der Meeresstraße reihen sich die Ehrenfriedhöfe der Gefallenen.

Auch **Çanakkale**, eine lebhafte Provinzhauptstadt mit ca. 80 000 Einwohnern, ist aus einer militärischen Anlage an der engsten Stelle

der Dardanellen hervorgegangen: Kale-i-Sultaniye (›Sultansburg‹) hieß die osmanische Festung, die 1452 unter Mehmet II., dem Eroberer von Konstantinopel, entstand. Im 16., 17. und 19. Jh. haben die jeweils herrschenden Sultane die Dardanellen-Burg, heute **Çimenlik Kalesi** (›Rasenplatz-Burg‹) geheißen, zu einer flachen, breitgelagerten Sperrfeste mit bis zu 8 m starken Kurtinen ausbauen lassen. Der Innenhof dient heute als Stadtpark, die Kernburg ist gesperrtes Militärgelände. Zugänglich ist jedoch der Minenleger ›Nusret‹, der den ersten Vorstoß der Alliierten in der Gallipoli-Schlacht stoppte und so den Erfolg der Offensive vereitelte. Im früheren Hafenamt zeichnet ein Museum (*Askeri Müsezi*) diese verlustreichen Kämpfe nach (außer Mo 9–12.30, 13.30–17.30 Uhr).

Das Gegenstück von Çimenlik Kalesi ist auf der europäischen Seite der Dardanellen die kleeblattförmige Anlage **Kilitbahir** (›Meerver-schluß‹). Nur 20 Minuten dauert die Überfahrt per Boot. Sie lohnt sich, denn im Gegensatz zur ge-duckten Osmanen-Feste auf der asiatischen Seite beeindruckt die europäische Burg durch ihre ge-schwungenen, bis 18 m hohen Mauern, die man bis zum Wehr-gang besteigen kann. Die Kurvung sollte auftreffende Kanonenkugeln seitlich ›wegspritzen‹ lassen.

Zurück über die Dardanellen nach Çanakkale! Die türkische Sprache liebt versteckte Anspielun-gen. Eine solche prägt auch den heutigen Stadtnamen, der soviel wie ›Topfburg‹ bedeutet. Im 18. Jh. etablierte sich hier eine große Ke-ramikmanufaktur, und die Bevölke-rung gab der wachsenden Siedlung mit Blick auf die angrenzende Sul-tansburg und ironischem Zungen-schlag den neuen Namen.

Über die beiden Sperrfesten hin-aus besitzt Çanakkale keine größe-ren Sehenswürdigkeiten. Sehr ver-steckt liegt in der Innenstadt eine

»Verdammte Dardanellen!«

Im Frühling des Jahres 334 v. Chr. näherte sich Alexander, den man später den Großen nennen sollte, mit seinem Heer den Dardanellen. In voller Rüstung bestieg er das Königsschiff, schlachtete in der Mitte der Meeresstraße einen Stier und opferte das Blut dem Poseidon. Noch bevor er asiatischen Boden betrat, schleuderte er seinen Speer in die Erde des anderen Kontinents, der damit als ›speererworben‹ galt. Der Eroberer wußte um die Bedeutung jeder einzelnen seiner Handlun-gen, verstand sich als weltgeschichtlicher Gegenspieler der Perser, die eineinhalb Jahrhunderte zuvor die Dardanellen in Richtung Griechen-land überquert hatten. Damals ließ ihr Großkönig Xerxes das unruhi-ge Wasser der Dardanellen von seinen Soldaten geißeln und fesselte die Fluten symbolisch mit Ketten.

Der Wasserweg zwischen zwei Erdteilen blieb auch später eine ganz besondere, eine tödliche Scheidelinie. Selbst der Mythos trägt dem Rechnung: Die berühmteste Liebesbeziehung, die an den Darda-nellen spielt, endet tragisch. Leander, der Geliebte der Priesterin Hero, versinkt, zum anderen Ufer unterwegs, wo die Begehrte lebt, in den Fluten, und Hero nimmt sich in ihrem Liebesschmerz das Leben.

Die jüngere Geschichte der Meerenge geizt nicht weniger mit Tod und Blut. Davon künden Festungsanlagen wie Kale-i-Sultaniye, Kilit-bahir, Kumkale und Seddülbahir, von den Osmanen in dieser Reihen-folge zwischen 1452 und 1657 errichtet: in jener Zeit also, als die

Hohe Pforte um die kommerzielle Vorherrschaft in der Levante stritt und die Dardanellen-Durchfahrt zu kontrollieren suchte.

Bald nach Beginn des Ersten Weltkriegs rückte die Wasserstraße als kürzester Verbindungsweg zur Versorgung der russischen Armee in den Brennpunkt. Als sich das Osmanen-Reich mit dem deutsch-österreichischen Lager verband und den Transit sperrte, lancierten die Alliierten, befürwortet von Winston Churchill, damals Lord der Admiralität, die sogenannte ›Gallipoli-Kampagne‹:

Am 18. März 1915 versuchte eine alliierte Flotteneinheit die Dardanellen-Durchfahrt zu erzwingen. Der Vorstoß kam jedoch im Sperrfeuer türkischer Küstenbatterien zum Erliegen und scheiterte endgültig, als drei der hochgerüsteten Schlachtschiffe auf Treibminen liefen, die ein osmanischer Minenleger, die ›Nusret‹, abgesetzt hatte.

Mit der Landung australischer und neuseeländischer Truppen (bekannt unter der Kürzel ANZAC) auf der europäischen Landzunge der Dardanellen traten die Alliierten am 25. April 1915 in eine zweite Aktionsphase ein – wiederum erfolglos, denn trotz allen Einsatzes an Menschenleben gelang es nicht, die zentrale Hügelkette der Halbinsel zu erobern und entscheidende Stellungen zur militärischen Kontrolle der Meerenge zu gewinnen. In dem Abwehrkampf tat sich ein junger türkischer Offizier namens Mustafa Kemal hervor; durch ebenso engagierte wie erbarmungslose Kriegsführung empfahl er sich für künftige Führungsaufgaben: Als Gründervater der Türkischen Republik (s. S. 35) erhielt er später den Ehrennamen Atatürk.

Mit weiteren Landungsoperationen der Verbündeten begann am 6. August 1915 die dritte Phase des ›Unternehmens Dardanellen‹. Nach Anfangserfolgen verfestigten sich die Fronten jedoch aufs neue, und nur folgerichtig zogen die Alliierten ihre Mannschaften – Phase vier – in den Nächten vom 19. auf den 20. Dezember 1915 und vom 8. auf den 9. Januar 1916 vom türkischen Todesgewässer zurück.

Erst nach dem Waffenstillstand Ende 1918 hatten britische Soldaten Gelegenheit, die bis dahin unbestatteten Kameraden auf den von Granaten zerwühlten Schlachtfeldern zu bergen. Nur 9000 der insgesamt 36 000 Gefallenen konnten noch identifiziert werden. Auf den 32 Soldatenfriedhöfen der europäischen Landzunge liegen insgesamt 22 000 Tote begraben. Mahnmale, alle überragend der Ehrenbau an der Morto-Bucht, erinnern an die Kriegsopfer.

»Verdammte Dardanellen! Sie werden unser Grab sein« – so schrieb schon am 5. April 1915 Admiral Fisher an seinen Vorgesetzten Winston Churchill.

schlichte Synagoge (*Havra*). Sie erinnert an die Vertreibung der spanischen Juden unter dem ›allerchristlichsten‹ Königspaar Ferdinand und Isabella Ende des 15. Jh. Einige der damaligen Asylanten fanden in Çanakkale eine neue Heimat.

Ebenfalls nur von kultur-, nicht aber von kunstgeschichtlichem Interesse ist der fünfgeschossige **Uhrturm** (*Saat Kulesi*) von Çanakkale. Anfang des 20. Jh. entstanden solche Bauten in beinahe jeder größeren türkischen Stadt (s. S. 118). Als Fortschrittssymbole signalisierten sie die Abkehr von der islamischen Zeitmessung, wie sie im Ruf des Muezzins ihren Ausdruck fand.

In den umliegenden Altstadtgassen geht das Leben noch seinen alten Gang, doch insgesamt ist Çanakkale eher durch die Studenten seiner Universität geprägt. Das merkt man vor allem am **Kordon,** der Meerpromenade zwischen Fähr- und Jachthafen, der mit seinen Teegärten und Imbißständen eine beliebte Flaniermeile für den Abendbummel darstellt.

Lohnend ist der Besuch des **Archäologischen Museums** an der südlichen Ausfallstraße, das erstklassige ionische Grabstelen und Terrakotten sowie Funde aus den jüngsten Troja-Grabungen zeigt. Besonders spektakulär eine Aphrodite-Statue (nackt mit aufgemaltem Geschmeide) und der Goldschmuck aus dem Dardanos-Tumulus, einem unversehrt entdeckten Grabhügel (4. Jh. v. Chr.) ca. 6 km südwestlich von Çanakkale.

İskele Meydanı 67 (am Hafen), ☎ 217 11 87. **Vorwahl:** ☎ 286.

Tagsüber etwa stündlich Busse nach İstanbul und İzmir (ca. 6 Std.), seltener auch nach Bursa; Minibusse nach Troja, Ezine, Ayvacık.

Etwa jede volle Stunde von 6 bis 24 Uhr große Autofähren zwischen Çanakkale und Eceabat. Alle 30 Minuten Fährboote von und nach Kilitbahir (Platz für ca. 10 Fahrzeuge). **Gökçeada:** Für die Überfahrt zu dieser kleinen, noch recht pastoralen Ägäis-Insel ist keine Sondererlaubnis mehr nötig. Fähren ab Çanakkale tägl. 17 Uhr (zurück 8 Uhr am nächsten Morgen), ab Kabatepe auf der europäischen Gelibolu-Halbinsel tägl. 11 Uhr (zurück 18 Uhr). Hotels im Hauptort Gökçe Merkez, aber auch in Fischerdörfern wie Kaleköy oder Aydıncık.

Die seit langem beste Adresse ist das *Akol*****, am Kordon 2 km nördlich vom Hafen (☎ 217 94 56, Fax 217 28 97) gefolgt vom *Büyük Truva**** (Kays. Ahmet Pasa Cad, ☎ 217 10 24, Fax 217 09 03). Zentraler in der Stadt logiert man im *Anzac*** beim Uhrturm (Saat Kulesi Meydanı 8, ☎ 217 77 77, Fax 217 20 18), das etwas gepflegter ist das *Anafartalar* direkt beim Fähranleger. **...in Güzelyalı:** Als gute Ausweichadresse zwischen der Stadt und Troja ist in diesem Badevorort (14 km südwestlich) das *Tusan Hotel**** (☎ 232 82 10, Fax 232 82 26; *www.tusanhotel.com*) zu empfehlen (am Strand).

Abendlicher Treffpunkt sind die Fischrestaurants an der Seefront beim Kilitbahir-Ableger (beliebt das *Entelektüel* oder das *Yalova Şehir*). Das Dachterrassenrestaurant im Hotel *Akol* bietet schönen Dardanellen-Blick.

Truva (Troja)

Die mythenumwobene Stätte liegt auf dem Hügel Hisarlık südwestlich vom Dorf Tevfikiye, 5 km von der Staatsstraße 550 entfernt. Der gesamte Hügelsporn über der Flußebene des Menderes Çayı ist eingezäunt (täglich 8–19 Uhr). Kurz vor der Stätte ist das rekonstruierte Holzhaus des Grabungspioniers Heinrich Schliemann zu sehen, der vor Troja jahrelang unter großen Entbehrungen lebte.

Die Bodenforschung eines internationalen Archäologenteams unter Leitung des Tübinger Frühgeschichtlers Manfred Korfmann dauert noch an; erschlossen wurde inzwischen auch eine ausgedehnte Unterstadt am Fuße des Siedlungshügels. Jedoch steht weiterhin der Beweis aus, daß Truva, wie es türkisch heißt, tatsächlich Troja ist, jene legendäre Stadt des Homer, die von Griechen unter Führung des Agamemnon zerstört wurde, nachdem der trojanische Prinz Paris die schöne Helena, Gemahlin des spartanischen Königs Menelaos, entführt hatte. Wir wissen ja nicht einmal, ob jener Homer eine geschichtliche Persönlichkeit ist. Die Wissenschaft geht heute davon aus, daß zwischen den beiden dem Manne zugeschriebenen Epen, der ›Ilias‹ und der ›Odyssee‹, mehr als eine Generation liegt und daß die ältesten Fassungen der Heldenlieder auf mündliche Traditionen zurückgehen, auf Vorträge von fahrenden Sängern.

Heinrich Schliemann dagegen hatte keinerlei Zweifel an Homer, als er 1870 seinen Spaten auf dem Boden von Hisarlık ansetzte. Ihn plagten andere Sorgen. Ein Hügel namens Balli Dağ, 20 km weiter südwärts, galt damals als die wahre Stätte des für wahr genommenen Troja, und Schliemann ging in seinem erbitterten Kampf mit der geltenden Meinung bis zur Fälschung von Indizien. Der ›Schatz des Priamos‹ besteht zwar aus authentischen Stücken des ausgehenden 2. Jahrtausends v. Chr., war aber sehr wahrscheinlich kein zusammengehöriger Fund, sondern wurde auf mehreren Plätzen der Stätte aufgelesen und von Schliemann zum ›Schatz‹ deklariert, um seiner Troja-These größere Überzeugungskraft zu verschaffen.

Seither liegen die schillernden Farben der Spekulation über der Stätte. Und diese Farben sind vielleicht attraktiver als die Ruinen selbst. Nein, Troja, dessen höchste ›Sehenswürdigkeit‹ das nachgebaute Trojanische Pferd des Odysseus ist, mit dem die Griechen nach zehnjährigem Kampf schließlich doch in die Stadt gelangten, hält einem Vergleich mit Pergamon oder Ephesos nicht stand. Allein, daß die Stätte in zehn Kulturstufen zwischen 3700 v. Chr. (Troja 0) und 400 n. Chr. (Troja IX), also von der frühen Bronzezeit bis hin zur spätrömischen Epoche, besiedelt war, wirkt vor Ort sehr verwirrend. Mal steht man vor bronzezeitlichen, mal vor hellenistischen, mal

Wahrheit oder Mythos?
Über die Troja-Spekulation

Heinrich Schliemann (1822–1890), ein deutschstämmiger Großkauf-
mann, nahm seinen Homer ganz wörtlich: Den topographischen
Andeutungen der »Ilias« ging er nach wie den Angaben einer Schatz-
karte. So verstanden mußte die stolze Stadt, die zehn Jahre lang von
achäischen Kriegern unter Führung des Agamemnon berannt und
schließlich durch eine List des Odysseus erobert worden sein soll, im
Nordwestwinkel Kleinasiens zu suchen sein. Dort hatten bereits Alexander der Große und Caesar einer Stätte Reverenz erwiesen, die sie für
den alten Platz jenes Geschehens hielten. Schliemann ließ 1870 die
Spaten auf einem Siedlungshügel namens Hisarlık (›Burgplatz‹) ansetz-
zen – und triumphierte über Ignoranz und Arroganz einer Fachwis-
senschaft, die den Autodidakten nicht hatte ernst nehmen wollen.
Dies jedenfalls war und ist populäre Meinung. Trifft sie aber zu?

Der ›Mythos Schliemann‹, der Mythos des grandios verwirklichten
Kindheitstraums verdunkelt das eigentliche Problem: die fragliche Ge-
schichtlichkeit der homerischen Heldensage. Denn solche Sagen können nicht wie ein Tatsachenbericht gelesen werden. Dies naiv getan
zu haben – daran mußte selbst ein Gründerzeit-Gigant wie Schliemann, bei allem, was seine *idée fixe* unzweifelhaft positiv bewirken
konnte, letztlich scheitern.

Eine Betrachtung des »Nibelun-
genlieds« mag die Problematik
verdeutlichen. Dort werden historische Abläufe des 5. Jh. n. Chr. in
ihr Gegenteil verkehrt: Aus dem
Sturm der Hunnen nach Westeuropa macht die Sage einen solchen
der Burgunder gegen das asiatische Steppenvolk. Zudem treten
neben historischen Persönlichkeiten wie Dietrich von Bern (= Theo-
derich) auch fiktive Gestalten wie

Troja-Pionier Heinrich Schliemann

Kriemhild und reale Persönlickeiten einer ganz anderen, Jahrhunderte späteren Zeit auf (etwa Bischof Pilgrim). Wenn Heldensagen geschichtliche Abläufe aber dermaßen verzeichnen können, läßt sich auch der homerische Mythos vom trojanischen Krieg und seinem Schauplatz nicht ohne historische Bestätigung aus anderen Quellen für bare Münze nehmen. Eben eine solche Bestätigung steht bis heute aus. Nicht eine einzige zeitgenössische Nachricht aus dem hethitischen Keilschriftenarchiv im zentralanatolischen Boğazköy bestätigt sie definitiv, und nicht ein einziger Fund von Troja-Ausgräbern wie Wilhelm Dörpfeld (bis 1894), C. W. Blegen (1932-38) oder Manfred Korfmann (seit 1988) erhärtet den Kriegsmythos.

Aber was tut's? Nach wie vor gilt die spöttische Äußerung des Altphilologen Wilamowitz-Moellendorf: »Die Leute werden nicht aussterben, welche den Todeslauf Hektors auf der Karte einzeichnen, und auch die, welche diesen Glauben in Hisarlik bewahren, unbeirrt um das Höhenprofil des Geländes.«

Damit ist nicht gesagt, daß jene Stätte, an der seit Schliemann der Name Troja haftet, ein bedeutungsloser Fleck Erde wäre. Ganz im Gegenteil. Die Archäologie bearbeitet hier einen Siedlungshügel, der seit den Anfängen der Metallzeit mehr oder minder kontinuierlich bewohnt wurde, der aufgrund seiner strategisch bedeutsamen Lage schon früh eine Rolle als Wachtstation an den Dardanellen wie auch als Handelsplatz spielte und mit zahlreichen Fundstücken Wesentliches zur Aufhellung der anatolischen Frühgeschichte beigetragen hat. Und vielleicht ist er ja sogar Troja... Wer weiß?

vor römischen Ruinen. Der homerische Mythos wird übrigens mit den Kulturstufen VI oder VII verbunden (13./12. Jh. v. Chr.); beide endeten in Brand und Zerstörung.

Der Rundgang durch Troja ist ausgeschildert und beginnt am **Ostwall von Troja VI** (1900–1300 v. Chr.), und zwar bei einem rechteckigen *Turm*, der noch meterhoch erhalten ist. Er verstärkte die *Stadtmauer*, die mit Recht als ein Meisterwerk spätbronzezeitlicher Mi-

litärarchitektur gilt. Sie ist abgeschrägt, damit Angreifer an ihrem Fuß für die Pfeile und Speere der Verteidiger erreichbar blieben. Über den Mauerschrägen, die bis 6 m hoch ansteigen, erhob sich ursprünglich noch eine Brustwehr aus Lehmziegeln.

Zur Rechten zieht eine hellere, lotrechte **Quaderstein-Mauer** auf den mehr als eineinhalb Jahrtausend älteren Stadtwall zu. Sie stammt aus römischer Zeit und gehört zu den aufwendigen Unterbauten des Athena-Tempels (s. u.), für dessen Bau die Hügelspitze eingeebnet wurde.

Wo der Besucherpfad nach links schwenkt, befand sich einst das **Osttor** von Troja VI, eine nur 2 m breite Pforte mit 5 m langem Torgang. Über eine **Rampe** ging es danach auf die Höhe des Siedlungshügels; den alten Aufgang ersetzt nun eine Stufenfolge. Auf der Höhe folgt rechts am Weg ein **Brunnenschacht**. Er stammt aus der Römerzeit und war ursprünglich durch einen marmornen Überbau vor Verunreinigung geschützt. Von hier

blickt man gen Osten hinunter zum sogenannten **Wasserturm** (nicht zugänglich), der mit seinem 6 m hohen gebößten Sockel Mitte des 2. vorchristlichen Jahrtausends einen weiteren Brunnen sicherte.

Der mit Steinplatten ausgelegte Korridor, in dem der römische Brunnenschacht sich auftut, gehört zum geheiligten Bezirk des **Athena-Tempels**, der unter Kaiser Augustus (27 v.–17 n. Chr.) entstand. Erhalten hat sich von diesem Tempel nur wenig: Spuren von Quaderunterbauten, einige Säulentrommeln, Fragmente dorischen Gebälks und einer marmornen Kasset-

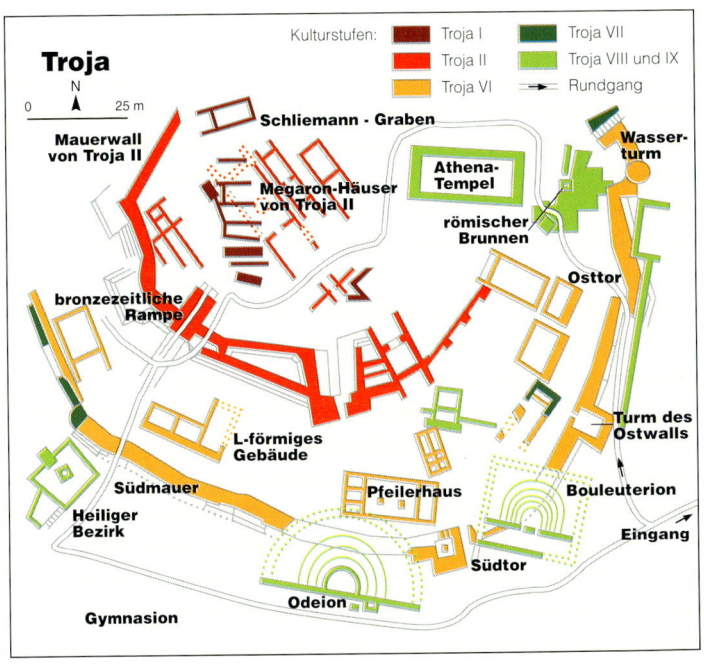

tendecke mit Rosettenschmuck. Immerhin weiß man, daß der Sakralbau etwa 35 x 16 m im Grundriß maß. Ein älterer Vorläuferbau, ebenfalls der Athena geweiht, wurde im 5. Jh. v. Chr. vom persischen Großkönig Xerxes besucht, der hier tausend Rinder geopfert haben soll.

Nun folgen Trojas älteste Siedlungsschichten, die dem 3. vorchristlichen Jahrtausend angehören, ja teilweise noch tiefer in die Vorgeschichte zurückreichen. Der dürftige Zustand der meisten Anlagen, vor allem der Lehmburg von Troja II (2500–2150 v. Chr.), vermittelt dem Besucher kein klares Bild, zumal Schliemanns Suchgräben zusammenhängende Bauhorizonte zerrissen haben. Die Erdstümpfe zwischen den Grabungsschnitten des Troja-Pioniers erscheinen heute wie hochragende Baureste, während die berühmten Megaron-Häuser der Akropolis von Troja II bis zur Unkenntlichkeit verfallen sind. Das Megaron war übrigens ein vorgriechischer Bautypus: ein rechteckiges Haus mit dem Hauptraum um eine Herdstelle und einem Vorraum mit säulengestütztem Eingang; es gilt als Vorstufe des griechischen Antentempels.

Vom ersten Troja (ab ca. 3000 v. Chr.) ist nur noch ein Stück Stadtmauer zu sehen, stark geböscht und aus auffällig kleinen Steinen aufgeschichtet; von Troja 0 (ab ca. 3700 v. Chr.) blieb nur eine Brandschicht, die im Jahre 1989 von den Archäologen aufgedeckt wurde.

Mehr fürs Auge des Besuchers

bietet die eindrucksvolle **Rampe von Troja II**; sie ist 21 m lang und 5,5 m breit. Man kann sich vorstellen, wie über ihr bronzezeitliches Pflaster Ochsengespanne mit knarzenden Scheibenrädern Güter zu den Vorratskammern der fürstlichen Residenz hinaufschafften, dabei die Lehmwälle der zweiten Stadt passierend.

Übrigens will Heinrich Schliemann etwa 20 m nordwestlich der Rampe den ›**Schatz des Priamos**‹ entdeckt haben. In seinen eigenen Worten löste er »den Schatz mit einem großen Messer aus seiner steinharten Umgebung, ein Unternehmen, das die größte Anstrengung erforderte und zugleich in höchstem Maße lebensgefährlich war, denn die große Befestigungsmauer, unter der ich graben mußte, drohte jeden Augenblick auf mich herabzustürzen. Aber der Anblick so zahlreicher Gegenstände, deren jeder einzelne für die Archäologie von unschätzbarem Wert sein mußte, machte mich tollkühn...«.

So kühn, daß er ihn illegal ins Ausland schaffte. Berlin schien ihm als sicherster Ort für seine Funde – Ironie des Schicksals, daß der Schatz in der Endphase des Zweiten Weltkriegs aus Berlin als Kriegsbeute in sowjetische Depots wanderte. Der sagenhafte Fund, der über 50 Jahre als verschollen galt und jetzt von Deutschland, der Türkei (und Griechenland) beansprucht wird, wurde jüngst in einer großen Wanderausaustellung präsentiert.

Am mächtigen Ostwall von Troja VI
beginnt der Rundgang

Das große, **L-förmige Gebäude**
südöstlich der Rampe mit 27 m langer Südfront dürfte das wichtigste
Warenlager des sechsten Troja gewesen sein. Aus dem Westraum des
Baus konnten jedenfalls noch sieben Ton-›Fässer‹ für Vorräte gebor-
gen werden.

Schon im 7. Jh. v. Chr. legten
griechische Einwanderer vor der
Stadtmauer von Troja VI einen **Heiligen Bezirk** an; ihre heutige Gestalt
mit mehreren Altären und Opfer-
brunnen erhielt die Stätte in hellenistischer Zeit und danach unter Kaiser Augustus.

Der Rückweg verläuft üblicherweise am Hügelfuß entlang. Dabei
kann man rechts noch einen Blick

auf die Reste eines römischen **Gymnasions** werfen, das mit einer **Thermenanlage** verbunden war. Am
Siedlungshügel schließen sich zwei
weitere römische Bauten an: ein
Odeion und ein **Bouleuterion**, beide einst nach Art antiker Theater mit
steinernen Sitzreihen versehen. Im
Odeion traten Musikanten und Vor-
tragskünstler auf; im Bouleuterion
berieten die Honoratioren über politische Fragen.

Darüber hinaus gibt es noch
zwei Bauten von Troja VI, der ›homerischen‹ Stadt, zu sehen, doch
nur aus der Ferne, da der Besucherpfad sie nicht direkt berührt: das
Pfeilerhaus besaß einen großen
Saal (15,5 x 8 m), dessen Flachdach
von zwei Stützen getragen wurde.
Das **Südtor** war der alte Haupteingang (wenn man will, also das
berühmte Skäische Tor); sein ge-
pflasterter Torweg führte in römi-

scher Zeit hinauf zum Athena-Tempel.

Der Rundgang endet dort, wo er begann, beim **Museum** von Troja. Der einfache Bau bietet neben einer sehr informativen Plandarstellung verschiedenen Troja-Kulturstufen lediglich eine bescheidene Kollektion von Keramiken und Kleinfunden.

Das Gelände südlich und östlich des Burghügels, die **Unterstadt,** ist nicht zugänglich. Die neuen Ausgrabungen haben dort für Troja VI eine weitläufige Besiedlung mit zusätzlichen Verteidigungsanlagen ergeben. Mit geschätzt bis zu 7000 Einwohnern gehörte Troja damals zu den Großstädten des ostmediterranen Kulturkreises.

🚌 Dolmuş-Verbindung von der Busstation in Çanakkale, in der Saison etwa stündlich. Auch am Truva/Troja-Abzweig, 26 km südlich von Çanakkale, nehmen Minibusse Passagiere auf.

🛏 Wer sich Zeit für Troja lassen will, kann im Hotel *Hisarlık* (☎ 286/283 10 26, untere Mittelklasse, mit Restaurant) direkt vor dem Eingang übernachten. Der Besitzer Mustafa Aşkın ist staatlicher Troja-Guide und übernimmt nach Voranmeldung auch Führungen.

Die Troas

Die lange noch unberührte Landschaft zwischen Troja und Assos (s. S. 77) hat in letzter Zeit stark unter (illegalem) Ferienhausbau zu leiden. Dennoch lohnt eine Rundtour – durch immer noch sehr traditionelle Dörfer. In den ›**Heldengräbern‹,** den Hügelgräbern in der Ebene von Troja, dürften die Großen der vor- und frühgeschichtlichen Handelsstadt ihre letzte Ruhe gefunden haben. Später verehrte man die Tumuli jedoch als Gräber der im Kampf um Troja gefallenen Helden. Achilles, Patroklos und der hünenhafte Ajax sollen hier bestattet liegen. Bei dem Dorf Üvecik ließ der römische Kaiser Caracalla (reg. 211–217 n. Chr.) über dem Sarkophag seines Favoriten Festus sogar einen neuen Totenhügel aufschütten, den höchsten (25 m) der Troas überhaupt.

Alexandreia Troas wurde um 310 v. Chr. von dem Diadochen Antigonos Monophthalmos gegründet. Als Hüterin der Dardanellen und als Handelszentrum wurde die Stadt ein wichtiges Ziel der christlichen Mission. Der Apostel Paulus hat sich hier zweimal aufgehalten. Bei archäologischen Pirschgängen durch die alte Stadt, in deren Boden bisher kein Archäologenspaten stach, bleibt mancherlei zu entdecken: neben den Resten der *Stadtmauer* Ruinen römischer *Thermen,* die Mulden des *Stadions* und des *Theaters,* dazu am antiken *Hafen* geborstene Säulen und der Torso einer spätrömischen Statue.

Die antike Stadt **Neandreia** auf dem 500 m hohen Ciğri Dağı wird heute noch von eindrucksvollen *Stadtmauern* (5.Jh. v. Chr.) umschlossen: sie begrenzten ein Terrain von knapp 1,5 km in ost-westli-

Pferdeweide in den Hügeln südlich von Neandreia

stand sind die stille Landschaft und der Fernblick von der Stadthöhe.

Wegweiser: Der **Ajax-Tumulus** (*İntepe*) liegt ca. 2 km vom Dorf Kumkale entfernt nahe den Dardanellen (s. Abb. S. 14; der durch Neubauten verdeckte **Zwillingstumulus** von Achilles und Patroklos zwischen den Dörfern Kumkale und Yeniköy, kurz nach der Südwendung der Landstraße; das **Grab des Festus** (Üvecik Tepe; auch: Sivritepe) ca. 1 km nördlich des Dorfe Üvecik. **Alexandreia Troas** erreicht man von der Kleinstadt Ezine an der Staatsstraße E 550 über das Dorf Geyikli und den Hafen von Odun İskelesi, wo sich die Landstraße südwärts wendet; insgesamt ca. 21 km bis zur Stadtmauer, dann auf Feldwegen nach rechts.

Auch der Besuch von **Neandreia** beginnt in Ezine und führt zunächst in Richtung Geyikli; nach 6 km aber links abbiegen und über die Weiler Kemallı, Firanlı und Uluköy hinauf nach Kayacık (auch: Ciğriköy) fahren; von dort über eine schlechte Schotterstraße noch 20 Min. Fußweg zum Westtor von Neandreia.

cher, knapp 0,5 km in nord-südlicher Richtung und waren von vier Toren und sieben Pforten durchbrochen. Der *Tempel* von Neandreia, nur noch in seinen Grundmauern erhalten, folgte der seltenen äolischen Ordnung, die im 7. Jh. v. Chr. unter nahöstlichem Einfluß entstand, dann aber vom ionischen Stil verdrängt wurde. Man erreicht ihn, wenn man vom Westtor (das uns vom Dorf Kayacık her in die Ruinenstätte eingelassen hat) einige Dutzend Meter halblinks geht. Faszinierender als der karge Baube-

Assos / Behramkale

Im Süden der Troas wird die Landschaft reizvoller, die Hügel tragen schöne Kiefernwälder. Etwas abseits der Fernstraße liegt **Ayvacık** (5600 Ew.). Bei einem Bummel durch den Ortskern sieht man noch viele (verfallende) Häuser im türkischen Traditionsstil (s. S. 131).

Buntes Treiben entfaltet sich um die Verkaufsstände westlich vom Busplatz am Markttag, dem Freitag. Dann setzt jeder Weiler der Umgebung seine Kleinbusse in Marsch nach Ayvacık.

Für die meisten Reisenden ist Ayvacık nur Durchgangstation auf der Fahrt nach Assos, 19 km südwestlich beim malerischen Dorf Behramkale (ca. 250 Ew.). Die Anfahrt erfolgt über eine enge, unübersichtliche Straße und berührt die Weiler Söğütlü und Paşaköy. Etwas länger, aber schöner (anfangs dichter Kiefernwald) ist die Südostroute über Sazlıköy; mit reizvollen Ausblicken führt sie zuletzt von Ost nach West über der Küste entlang. Knapp 1 km vor dem Dorf, das sich am Nordhang des alten Burgbergs staffelt, passiert die Straße von Paşaköy her eine osmanische **Buckelbrücke** (14. Jh.), die das Tuzla Çayı oder auch Behram genannte Flüßchen überspannt.

Möglicherweise haben vor Assos schon phönikische Schiffe geankert. Griechen, die von der Insel Lesbos kamen, bauten den altkleinasiatischen Stützpunkt im 9. oder 8. Jh. v. Chr. aus, die Perser wußten ihn als Kriegsbeute zu schätzen. Sie kamen 549 v. Chr. und zogen sich erst nach der Mitte des 4. Jh. v. Chr. zurück. Unter dem Philosophenfürsten Hermias entstand wenig später die assische Philosophenschule, an der auch Aristoteles lehrte.

Der Weizen, angebaut in der heute verwilderten Flußebene vor der Stadt, war in hellenistischer Zeit ein begehrtes Exportgut, und den pergamenischen Fürsten galten die Zuchtschweine von Assos als die besten. Der Aufstieg von Alexandreia Troas (s. S. 76) ließ den Stern von Assos indessen noch vor der Zeitenwende sinken.

Früh drang die christliche Erlösungsreligion in die Stadt ein; wir wissen vom Wirken der Apostel Paulus und Lukas in der Troas. Die Zeit im Zeichen des Kreuzes endete 1306, als sich Makrames, ein byzantinischer Grande, unter dem Druck türkischer Scharen mit der gesamten christlichen Bevölkerung nach der Insel Lesbos einschiffte. Der Mongole Timur hat Assos 1403 dann den letzten Schlag versetzt. Ein Jahrhundert später verzeichnete der berühmte Admiral Piri Reis (s. S. 66) die alte Stadt in seinem ›Segelhandbuch‹ nur noch als ein »verfallenes Häflein [...] unterhalb von Behram«.

235 m hoch ist der Hügel von Assos. Wer von Ayvacık über Paşaköy anfährt, lernt ihn nicht von seiner ›Schokoladenseite‹ kennen. Eher düster wirkt diese Nordansicht; zwischen den aus grünlichgrauem Vulkangestein errichteten Häusern des Dorfs Behramkale steigen hellenistische, im Hintergrund byzantinische Festungsmauern und -türme auf, dazu das Minarett der Dorfmoschee.

Auf gewundener Pflasterstraße gelangt man hinauf in das Örtchen, wo Bäuerinnen Stickereien anbieten. Die alte **Moschee**, erbaut mit antiken Quadern, stammt aus der Zeit Sultan Murats I. (reg. 1362–1389). An die 11 m Spannweite hat die Zentralkuppel, das Eingangs-

portal besteht aus Werkstücken aus dem Vorläuferbau, einer byzantinischen Kirche – man erkennt es am Christusmonogramm in der Oberschwelle.

Vom Kassenkiosk bei der Moschee geht man zur Höhe der **Akropolis**. Hier eröffnet sich eine bezaubernde Aussicht hinüber zur griechischen Insel Lesbos, die im Blau der Ägäis schwimmt. Auf dieser Höhe stand einst, weithin sichtbar, ein **Tempel** mit einer Ringhalle von weitgekehlten Säulen. Einige dieser Säulen wurden von türkischen Archäologen wiederaufgerichtet, leider unter Einsatz von Stahlbeton. Vermutlich war das

Heiligtum, das um 530 v. Chr. entstand, der Göttin Athena geweiht. Auf dem Rückweg lohnen noch zwei ca. 5 m tiefe überwölbte **Zisternen** zu Füßen der beiden hochragenden byzantinischen **Türme** einen Blick; im Osten erkennt man den Zug der Stadtmauer.

Diese **Wallmauer** aus mächtigen Quaderblöcken ist die zweite Hauptsehenswürdigkeit von Assos; besonders gut hat sie sich auf der Nordwestseite der Hügelsiedlung erhalten. Aus frühhellenistischer Zeit stammen die Außenwerke, z. B. der hufeisenförmige Turm im Norden des Burgbergs; etwa ein halbes Jahrhundert älter ist der ge-

79

Der dorische Tempel von Assos

winkelte Mauerzug am Fuß der westlichen Akropolis-Felsen.

Dort lag auch das **Westtor**, heute der Eingang zur Besichtigung der antiken Stadt, die sich auf der Meerseite des Burgbergs ausbreitete. Gleich beim Kassenkiosk bietet eine der beiden **Nekropolen** der Stadt sehenswerte Mausoleen und Sarkophage aus hellenistischer und römischer Zeit. Eine gepflasterte Straße führte durch diesen Friedhof zum Tor. Der antike Reisende erfuhr so bereits vor seiner Ankunft die Namen der herrschenden Familien, deren Grabbauten die ›Ehrenplätze‹ an der Straße besetzten.

Das steile Gefälle des Hangs zwang der Stadt eine Terrassenarchitektur auf, deren Ruinen dem 3./2. Jh. v. Chr. zuzuordnen sind.

Man erwarte aber nicht zuviel: Die erhaltenen Bauspuren des **Gymnasions**, das bis in byzantinische Zeit genutzt wurde, und der trapezförmigen **Agora** mit einem kleinen *Tempel* vor dem *Markttor* im Westen und einem *Bouleuterion* (Rathalle) im Osten wirken eher kärglich. Vor der wuchtigen Stützmauer im Norden verlief eine ca. 111 m lange und 12 m breite *Stoa*. Dieses Zentrum des alten Assos war von Gassengewirr mit Wohnhäusern und Handwerksstuben umgeben.

Zum **Theater**, das im 3. Jh. v. Chr. entstand und seit kurzem freigelegt wird, muß man nun halbwegs nach Assos-Hafen hinunterfahren. Da ein Großteil der Steinblöcke 1864 auf Geheiß der Hohen Pforte abgetragen und in İstanbuler Moscheen verbaut wurde, restauriert man auch hier mit Beton. Eindrucksvoll aber die unversehrte

antike Pflasterstraße mit Abwasser-
rinnen zu beiden Seiten.

Zum Hafen von Assos schraubt
sich nahe der Fahrstraße ein etwa
2 m breiter **Pflasterweg** hinunter,
auf dessen Serpentinen osmanische Karawanen zwischen dem 14.
und 19. Jh. Güter hinauf in die Troas und nach İstanbul beförderten.

Der **Hafenstreifen**, *İskele* genannt, mit schmalem Strand und
einer Mole, in der bunte Fischerboote und Jachten dümpeln, war
noch vor zwei Jahrzehnten fast
menschenleer; heute scharen sich
um die Küstenstation der türkischen Armee mehrere Hotels, Restaurants und Campingplätze. Alles
ist eng, gedrängt, dennoch hat sich
Assos-Hafen Flair und Ausstrah-
lung bewahrt – ein angenehmer
Platz vor allem in der Vor- und
Nachsaison, prachtvoll der Meerblick, nachts mit den fernen Lich-
tern der griechischen Insel Lesbos.

Viel weitläufiger, aber baum-
und schattenlos ist der Sand-Kiesel-
Strand von **Kadırga**, ca. 4 km wei-
ter östlich, mit mehreren Hotels,
Restaurants und Campingterrain.
Man kann ihn von Assos-Hafen auf
einem Fußpfad erreichen oder von
Behramkale her anfahren.

Auf den etwa 20 km zwischen
dem Kadırga-Strand und dem Örtchen Küçükkuyu haben sich in den
letzten Jahren an Buchten und
Stränden zahlreiche Hotels eta-
bliert. Olivenhaine, Strand, fangfri-
scher Fisch im Restaurant und der
Blick über die blaue See hinüber
nach Lesbos – nicht mehr, aber

›Menschenfresser‹

In Theophrasts Abhandlung
»Über das Feuer«, die um 346
v. Chr. in Assos entstand, findet
sich eine Passage über den ›as-
sischen Stein‹, die spätere antike Autoren zu phantasievollen
Spekulationen anregte. Theo-
phrast hatte berichtet, aus den
»ringsum vorkommenden« as-
sischen Felsen meißele man
Sarkophage, in denen nicht
nur das Fleisch, sondern auch
die Knochen der Bestatteten
binnen kurzem zu Asche zer-
fielen. Die natürliche »Wär-
me« des Gesteins sei verantwortlich für das Phänomen.

Die moderne Wissenschaft
weiß es besser. Offenbar ist
Alaunstein Bestandteil der vul-
kanischen Felsen, aus denen
sich der Burgberg von Assos
aufbaut. Das Doppelsalz
Alaun, das durch natürliche
Verwitterung aus Alaunstein
ausblühen kann, sondert bei
weiterer Zersetzung ätzende
Schwefelsäure ab. Deren Wirkung würde in der Tat erklären,
warum Leichname in assi-
schen, d. h. alaunsteinernen
Sarkophagen auffällig rasch
vergingen. Plinius behauptet in
seiner »Naturgeschichte«, in
nur 40 Tagen verzehre der assische Stein Leib und Gebein
eines Toten, nur die Zähne
blieben zurück.

auch nicht weniger! Für den, der damit zufrieden ist, ein Geheimtip.

🚌 In der Saison etwa stündlich von der Busstation in Ayvacık (wo die Fernbusse auf der Strecke İzmir–Çanakkale stoppen) eine Dolmuş-Verbindung nach Behramkale bzw. Assos-Hafen (İskele), gelegentlich auch zum Kadırga-Strand.

🛏 **Vorwahl:** ☎ 286
Assos-Hafen: Etliche Mittelklassehotels, die aus osmanischen Karawansereien hervorgegangen sind: Wohl die beste Adresse ist das *Kervansaray* *** mit schönem Innenhof und Terrasse (☎ 721 70 93, Fax 721 71 98), recht nobel präsentiert sich auch das *Nazlıhan*** (☎ 721 73 85, Fax 721 73 87). Nicht ganz so edel, aber ebenfalls in historischem Rahmen logiert man im ordentlichen Hotel *Assos*** (☎ 721 70 92, Fax 721 72 49, mit empfehlenswerter Halbpension). Wer's noch preiswerter möchte, steigt in einer der zahlreichen Pensionen hinter dem Hafen ab.
Behramkale: Auch die Unterkunft oben im Dorf hat ihren Reiz. Zwar fehlen Wogengeplätscher und Meeresbrise, dafür aber entschädigt die Urtümlichkeit des Dorfes. Wer das ländliche Idyll versuchen will, könnte z. B. in der *Pegasos Pansiyon* oder der *Sıdar Pansiyon* unterkommen. Im Dorf gibt es natürlich auch einfache Restaurants: Es muß ja nicht immer Fisch sein; Ziegenfleisch, -milch oder -käse lohnt in Behramkale die Kostprobe.
Kadırga-Strand: Der *old time*-Klassiker ist das *Eden Beach*** (☎ 721 70 39, Fax 721 70 54) mit Restaurant, etwas zurückgesetzt vom Meer. Aber Achtung: im Sommer heizt die Sonne den flachen Bau auf, und zur Schlafenszeit ›glühen‹ die Zimmerwände. Das gilt auch, da

Schatten fehlt, für neuere Häuser am Strand, z. B. das neuere *Troy*** (☎ 721 71 54, Fax 721 72 41), gegenwärtig wohl die komfortabelste Unterkunft .
Östlich von Kadırga: Nobel wohnen in der Einsamkeit? Das *Asos Eden Gardens*** (☎ 762 98 70, Fax 762 94 04), macht's möglich. Den gepflegten Sandstrand vor dem Hotelblock ergänzen Pools, Sauna, ›Fitness Center‹ und Tennisplätze. Anfahrt über das Dorf Sazlı, von dort hinab zum Meer (ca. 12 km).

Die Bucht von Edremit

Südwestlich von Ayvacık verläßt die Westküstenstraße in vielen Serpentinen die alte Kulturlandschaft Troas – und die moderne Provinz Çanakkale. Über mehr als 300 m Höhenunterschied geht es durch einsames Waldgebiet hinab in die Küstenebene. Eine andere Landschaft, eine andere Klimazone warten am Meer. Eigentlich beginnt erst hier die türkische Ägäis, wie man sie sich allgemein vorstellt: als ein sonnenreiches Badeparadies. Denn die bewaldeten Hügel des Zeybek Dağı mit der Hochpartie des Kaz Dağı (höchste Höhe: 1767 m) schirmen den Golf von Edremit im Norden gegen die kühlere Marmaris-Region ab.

Im engeren Sinne reicht die Bucht von Edremit (*Edremit Körfezi*) vom Dorf Küçükkuyu über die

Erntezeit an der Olivenriviera
am Golf von Edremit

Landstadt Burhaniye (30 000 Ew.) bis zum Ferienzentrum Ayvalık. Pfiffige Tourismusmanager haben für die Küstenlinie das griffige Wort ›Oliven-Riviera‹ ersonnen. Tatsächlich massieren sich die Ölbäume hier zu ganzen Wäldern.

Im Ostwinkel der Bucht, knapp 10 km vom Meer entfernt, breitet sich als regionales Zentrum die Mittelstadt **Edremit** (36 000 Ew.) aus. Der alte Name hallt deutlich genug im neuen nach, aber bis heute bleibt offen, ob das antike Adramytion, das von dem Lyder Adramy, einem Bruder des Kroisos, gegründet worden sein soll, unter dem Boden der türkischen Stadt liegt oder mehr zum Meer hin seinen Platz hatte. Auch wenn namhafte Denkmäler fehlen, lohnt es sich, durch das Städtchen mit seinen enggassigen Vierteln und traditionellen Holzhäusern (an denen der Zahn der Zeit allerdings bedenklich nagt) zu schlendern. Am besten wählt man den Mittwoch, den Markttag, wenn das bäuerliche Hinterland mobil macht und ganze Straßenzüge von Edremit am Vormittag zum Open-air-Basar werden. Auch die *Kurşunlu Cami* (14. Jh.) lohnt den Besuch. Die Arkaden der offenen Vorhalle werden von antiken Säulen getragen.

Eine kulturhistorische Merkwürdigkeit und an Sonntagen ein beliebtes Ausflugsziel ist der ›Zeus-Tempel‹, den man vom Badeörtchen Küçükkuyu aus erreicht. Über ca. 3 km geht es auf einer Erdstraße durch dichten Ölwald, dann steht man vor einem kolossalen Felsblock mit geglätteter Oberfläche. Ca. 13 x 15 m mißt dieses Plateau, das aber niemals ein Tempel oder ein Altar war, vielmehr wohl ein Militärposten zur Sicherung der römischen Straße von Assos nach Adramytion.

Andere Ausflugsmöglichkeiten? Lokale Reiseveranstalter an der Oliven-Riviera chauffieren Sie von Küçükkuyu hinauf zum **Kaz Dağı** (›Gans-Berg‹), dem Ida-Gebirge der Antike. In der Kühle der hohen Mischwälder mit Eichen, Kastanien, Kiefern und Tannen haben Hirsche und Rehe, Wildschweine, Wildkatzen und Dachse ihren Lebensraum. Bären und Schakale, noch vor zwei Jahrzehnten vereinzelt beobachtet, scheinen dagegen ganz verdrängt.

Was man an der Oliven-Riviera sonst so tut, folgt sommerlichen Freizeitregeln: Sonnenbäder am Sandstrand und Meeresbäder in den Ägäisfluten scheinen Urlaubsprogramm genug. **Küçükkuyu** ist der erste unter einer Reihe von hektisch aufstrebenden Badeorten an der Bucht von Edremit, die meist von türkischen Sommergästen besucht werden. In **Altınoluk**, einige Kilometer weiter östlich, sieht es nur wenig besser aus. Und der Strand, mal Sand-Kiesel, mal Feinsand, zieht und zieht sich. Die Hauptstraße verläuft nun direkt hinter einer fast ununterbrochenen Zeile von Hotels und Campingplätzen (*Siteler, Moteller*). Reizvoller, auch durch die landschaftliche

Rahmung mit Kiefernwald, sind die beiden Ferienorte **Akçay** und vor allem das baumgrüne **Ören** (5 km westlich von Burhaniye) mit seinem langen Sandstrand, einem der schönsten der Westküste.

ℹ️ **Burhaniye:** Hükümet Konağı, ☎/Fax 412 75 56; **Akçay:** Edremit Cad., ☎/Fax 384 11 13; **Ören:** Hauptplatz, ☎ 416 35 00. **Vorwahl:** ☎ 266

🚌 Gute Minibusverbindungen am Golf von Edremit; alle Küstenorte werden regelmäßig angefahren. Die Fernbusse halten in Edremit (Busstation im Westen des Ortes) und Burhaniye (kleiner Busplatz im Ort), dazu in Bostancı, 4 km südlich von Edremit (nahe dem Abzweig in Richtung Balıkesir). In der Saison auch Fähren zwischen Akçay und Ören.

🛏️ Selbst in der Hochsaison findet sich zwischen Küçükkuyu und Ören stets ein Zimmer: Relativ gute Adressen sind in **Altınoluk** das *Güneş**** (☎ 396 13 13, mit Pool) sowie das *Üçem**** (☎ 396 13 88, am Strand, Pool) und in **Akçay** das *Öge** (☎ 384 10 04, kein Pool, aber am Strand). In **Ören** gibt es Komforthotels wie das *Club Orient**** (☎ 416 34 45, Fax 416 40 26, *www.cluborient.de*), etwas außerhalb und mit großem Wassersportangebot, Empfehlung!), dazu auch sehr viele Mittelklassehäuser mit meist türkischer Kundschaft wie das *Urut 2**** (☎ 422 12 05, kurz vor dem Zentrum, Garten mit Pool, auch kleine Apartments).

🍴 Garküchen und Fischrestaurants in allen genannten Orten, empfehlenswert das *Yengec Balık Lokantası* in Küçükkuyu, das *Dost Restoran* in Akçay und das *Altay Restoran* in Ören.

Ayvalık

Das schöne Städtchen Ayvalık (ca. 33 000 Ew.) am Südwestrand der Oliven-Riviera ist ein Kapitel für sich. Der sonnigen Gesichtslosigkeit der Edremit-Region wachsen hier Tradition und Geschichte zu. Freilich zeichnet sich auch historische Tragik an den Griechenhäusern am Fischerhafen und in den engen Pflastergassen der Innenstadt ab, über die bis heute trappelnde Pferde altertümliche Fuhrwerke ziehen. Vor dem Bevölkerungsaustausch des Jahres 1923 (s. S. 156) war Ayvalık mehrheitlich von Griechen besiedelt. Das Stadtbild zeigt es bis heute: Die hohen Portale vieler Wohnhäuser (mit den charakteristisch vorkragenden Obergeschossen) entsprechen dem neugriechischen Klassizismus des späten 19. und frühen 20. Jh. ebenso wie Frontgiebel und Säulen. Vom damaligen Wohlstand der Stadt künden die **Taksiyarhis Kilise** im Ortszentrum, eine aufgelassene griechisch-orthodoxe Kirche des 19. Jh., aber auch die zeitgleiche **Nikolaus-Kirche** auf Alibey Adası, beide mit ostkirchlichen Freskenprogrammen, beide im Verfall und nicht zugänglich. Andere Kirchen hat man nach dem Bevölkerungsaustausch in Moscheen umgewandelt (**Saatlı Cami, Çınarlı Cami**).

Vor allem aber besucht man Ayvalık aufgrund seiner reizvollen Küstenlandschaft. Ein Schwarm von Inselchen, zu denen man mit Booten hinausfahren kann, auch

Auf der Alibey-Insel

nachts im Laternenschein, und der kilometerlange Sandstrand der Sarımsaklı-Halbinsel sind die Attraktionen. Zwischen Boot und Bad zieht es die Urlauber zum **Şeytan Sofrası** (›Teufelstisch‹), ein Felsplateau im Nordwesten des ›Knoblauchstrands‹ Sarımsaklı. Wer eine Münze in einen Felsspalt hinter dem kreisrunden Restaurantbau wirft, dem erfüllt der Teufel einen Wunsch. So jedenfalls will es der Volksglaube. Aber auch dem, der weniger glaubensselig ist, kann ein Besuch am ›Teufelstisch‹ empfohlen werden: Es lohnt die schöne Aussicht über die zerlappte Küste.

🛈 Yat Limanı Karşısı, am Kai der Alibey-Fähre, ✆/Fax 312 21 22. **Vorwahl:** ✆ 266

🚌 Ayvalık wird von den meisten Fernbuslinien zwischen Çanakkale (bzw. İstanbul oder Bursa) und İzmir nicht mehr direkt angefahren. An den drei Halteplätzen (von Nord nach Süd: BP Tankstelle; Ayvalık Plajlar; Sarımsaklı Plajlar) der als Umgehungsroute geführten Westküstenstraße warten in der Saison jedoch Kleinbusse und Taxis auf aussteigende Passagiere. Von Ayvalık-Zentrum Kleinbusverbindung mit Edremit und Bergama. Stadt- und Kleinbusse nach Alibey, Camlık, Küçükköy, Sarımsaklı und Badavut.

🚢 In der Sommersaison täglich ein Ausflugsboot zur griechischen Insel Lesbos. Tickets in den Reisebüros an der Uferpromenade.

🛏 Im alten **Ortszentrum** gibt es zwar ansprechende Fischrestaurants, aber nur eher bescheidene Hotels (*Ayvalık Palas*, ✆ 312 10 64 oder *Kaptan*, ✆ 312 88 34), beide im Viertel hinter dem Hafenamt. Luxus bieten die Strandhotels von **Sarımsaklı**: an erster

Stelle das *Grand Hotel Temizel****** (☎ 324 20 00, Fax 324 12 74) östlich abseits der Strandsiedlung; wenig schön ist hier die sumpfige Landschaft im Rückraum des Strandes. Eine schöne Adresse direkt im Ort am feinsandigen Strand sind das *Büyük Berk**** (☎ 324 10 45, Fax 324 11 94) mit bewährt gutem Restaurant. Und in zahlreichen weiteren Hotels oder Pensionen kommt man noch günstiger unter. In **Badavut**, westlich von Sarımsaklı, ist das *Özak*** (☎ 324 24 78) erwähnenswert.

... auf Alibey Adası: An der Dammstraße bietet das *Floryum Resort***** (☎ 312 96 28) viel Komfort auf großem Areal. Auf der Insel selbst, deren Meereskordon die beste Adresse für laue Sommerabende ist, können das schlichte, aber sauber geführte *Artur Motel** (☎ 327 10 14) am Kordon oder auch das etwas größere, 4 km außerhalb gelegene *Ortunç**** (☎ 327 11 20) empfohlen werden, das jetzt eine veritable Mittelklasseanlage geworden ist.

✗ ... in Ayvalık beim kleinen Fischerhafen behauptet das *Öz Canlı Balık* seinen guten Ruf als Fischrestaurant. Gleich nebenan das *Kanelo Café*, ein älterer Griechenbau mit schönem Meerblick (nur abends Küche).

... in Sarımsaklı müssen es nicht unbedingt Meeresfrüchte im teuren Hotelrestaurant *Büyük Berk* (s. o., So mit offenem Büffet) sein. Abseits der Hotels ist z. B. das *Yakomoz* zu nennen, und natürlich fehlt auch nicht ein *Spagetti Haus*.

... in Alibey reihen sich durchweg gute Open-air-Restaurants an der Uferpromenade: irgendwo findet sich immer ein freier Platz! Empfehlung aber für das *Nessos* und seine Ahtapot Böreği.

Auch heute noch rumpeln Pferdewagen durch die Altstadt von Ayvalık

Pergamon und Äolien

**Kaum bekannte Badeorte –
Dikili, Bademli, Çandarlı**

**Pergamon – Ein Gang über
den weltberühmten Burgberg**

**Ruinenstätten für Entdecker –
Elaia, Aigai, Myrina, Kyme**

**Die Foça-Halbinsel –
Götter und Genuesen,
die Strände nicht zu
vergessen**

Am Strand von Çandarlı, im Hintergund die
Türme des Genuesenkastells

Pergamon und Äolien

Das antike Pergamon, das heutige Bergama, glänzt mit den Denkmälern seiner großen Vergangenheit, bietet aber in seiner türkischen Altstadt auch den Charme lebendiger Basarviertel. Ausflüge führen zu hübschen Badeorten wie Bademli und Çandarlı. Die Fahrt durch die äolische Landschaft berührt Flußebenen, weite Olivenhaine und einsames Hügelland, durch das Schäfer mit ihren Herden ziehen. Einsame Ruinenstädte wie Aigai lohnen einen Abstecher, aber auch die Strände zwischen dem alten und dem neuen Foça.

Dikili, Bademli, Çandarlı

Zwischen Ayvalık und Dikili erstreckt sich flaches, baumloses Schwemmland. Sand- oder Sand-Kiesel-Strand, sehr flach abfallend, zieht sich über Kilometer an der Küstenlinie hin. **Altınova** ist die einzige ältere landwirtschaftliche Siedlung in der Küstenebene, nieder bebaut und sommerheiß.

Der nächste größere Ort ist **Dikili** (ca. 8000 Ew.); von hier führt eine Straße über die hüglige Halbinsel nach Çandarlı im Süden. In spätosmanischer Zeit war Dikili der Ausfuhrhafen von Bergama; auch die berühmten Reliefs des Pergamon-Altars (s. S. 102) gingen hier auf die große Reise Richtung Berlin. Heute hat Dikili einen gut ausgebauten Hafen, durch Bäume beschattete Gassen – und ist eine Hochburg des türkischen Tourismus. Der Ort wirkt daher relativ modern, ebenso wie die zahlreichen Hotels, die inzwischen an den langen Stränden im Norden, gebaut worden sind.

Intimer als Dikili ist das Örtchen **Bademli**, 10 km weiter südwestlich. Noch schwankt das Dorf mit seinen 1600 Einwohnern zwischen den bäuerlichen Traditionen der Olivenwirtschaft und den Lockungen des schnellen touristischen Geldes. Das macht seinen fragilen Reiz aus; der Sieger ist jedoch abzusehen, den bescheidenen Pensionen und Campingplätzen gesellen sich Hotelneubauten zu. Dennoch kann, wer gut zu Fuß ist, in Strandbuchten im Süden noch Einsamkeit finden; immer mit Blick hinüber zur nahen Insel Lesbos.

Der ruhige, angenehme Küstenort **Çandarlı** (ca. 3500 Ew.) im Mündungsdelta des Bakır Çayı besetzt auf einer 1,5 km langen Landzunge die Stätte des antiken Pitane, das sich um das 7. Jh. v. Chr. gegen den Widerstand der kleinasiatischen Altbevölkerung als nördlicher Vorposten der äolischen Immigration entwickelte. Die Stadt hatte es nicht leicht, und es wurde zum geflügelten Wort, »ein echter Mensch von Pitane« zu sein: ein Mensch nämlich, der dem Auf und Ab des Schicksals unterworfen ist.

Von der antiken Bebauung ist im Osten der Landzunge nur noch die Mulde des *Theaters* zu sehen. Ein *genuesisches Kastell*, entstanden um die Wende vom 13. zum 14. Jh., dient türkischen Filmemachern heute als Kulisse ihrer Historienstreifen.

Der schöne Sandstrand im Nordwesten von Çandarlı ist in der Sommersaison mit einheimischen Badegästen dicht belegt; im Oktober, wenn hier die Regionalausscheidungen der *Yağlı Güreş*, der Ölringkämpfe, stattfinden, verwandelt sich der Ort in ein orientalisches Festlager.

🚌 Minibusverbindungen zwischen Bergama, Dikili und Ayvalık; im Sommer etwa halbstündlich ein Dolmuş zwischen Dikili und Bademli.

🛏 **Vorwahl:** ✆ 232. Am südlichen Ortsende von Dikili das *Perla**, ✆ 671 41 45. Das *Mysia**** (✆ 671 70 10), 3 km nördlich von Dikili, bietet viel Komfort und einen großen Pool.

Bergama / Pergamon

Bergama (ca. 60 000 Ew.), liegt 8 km östlich der Westküstenstraße am Bakır Çayı (Kaikos), einem der großen Ströme, die das anatolische Hinterland zur Ägäis entwässern; Nebenflüsse erhöhen die Fruchtbarkeit der Ebene. Ließ sich also ein besserer Verteidigungsplatz für die griechischen Aussiedler denken als die steile Höhe des Burgbergs über den Feldern der Ebene?

Auf diesem Burgberg hatte ab dem 3. Jh. v. Chr. die hellenistische Dynastie der Attaliden ihre Residenz. Könige mit Namen Eumenes oder Attalos geboten von hier über ein unabhängiges Reich, das in seiner Blütezeit weite Teile der Ägäis und des näheren Hinterlandes umfaßte. Unter den kunstsinnigen Herrschern entwickelten sich bedeutende Kulturtraditionen. Baumeister, Bildhauer, Philosophen und Poeten schätzten die großzügige Patronage der Attaliden, die sich in Athen, Delphi und anderen griechischen Städten durch Weihegaben einen Namen machten. Denn reich waren und blieben sie, die Attaliden, seit sie sich in der Morgenröte ihrer Dynastie einen Schatz von 9000 Talenten (über 180 000 kg) Silber aneigneten, den sie für den Seleukidenfürsten Lysimachos hatten verwahren sollen.

Viel Geld floß in die berühmte Bibliothek von Pergamon, die im 2. Jh. v. Chr. an die 200 000 Schriftrollen umfaßte. Als Alexandria, das mit Pergamon um die Kulturhoheit

Blick über die Heilige Straße auf den Burgberg von Pergamon

in der hellenistischen Welt rivalisierte, die Lieferung seiner Papyri einstellte, erfand man in Pergamon eine neue Schreibgrundlage aus hachdünner Tierhaut – eben das Pergament. Letzter Sieger im langen Widerstreit war jedoch die Stadt im Nil-Delta: Durch Antonius, der damals mit der Ägypterin Kleopatra verbunden war, gelangte Pergamons Bibliothek als Geschenk nach Alexandria.

Unter den Römern, vom letzten Attaliden 133 v. Chr. testamentarisch zum Erben bestimmt, fanden

teneinfällen des 3. Jh. n. Chr. endeten die guten Zeiten für Pergamon. Neue Mauern wurden um den Burgberg gezogen. Der Vorgang wiederholte sich während der Arabereinfälle des 8. Jh. und um 1100 n. Chr. unter dem Druck der türkischen Völkerwanderung. Als die Osmanen Pergamon 1345 einnahmen, wechselte mit dem Ortsnamen – nun Bergama – auch das Siedlungsmuster. Unter der *Pax Osmana* benötigte man keine Burg mehr, benutzte die antike Stadt als Steinbruch und ließ sich in der Flußebene nieder.

Im heutigen Bergama fallen im Gassengewirr immer wieder antike

Türkisch-orientalisches Volksleben im Basar von Bergama

die hellenistischen Kulturtraditionen noch monumentaleren Ausdruck. Die Bevölkerung genoß den Frieden der *Pax Romana*, und die Stadt dehnte sich nun vom Burgberg in die Ebene aus. Mit den Go-

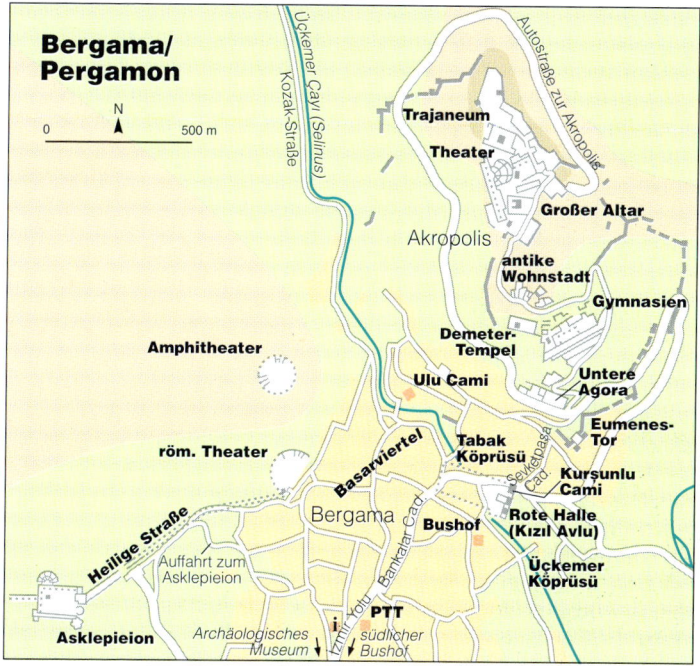

Bergama/Pergamon

N
0   500 m

Üçkemer Çavı (Selinus)
Kozak-Straße

Autostraße zur Akropolis

Trajaneum

Theater

Großer Altar

Akropolis

antike
Wohnstadt

Gymnasien

Demeter-
Tempel

Amphitheater

Untere
Agora

Ulu Cami

Eumenes-
Tor

röm. Theater

Basarviertel

Tabak
Köprüsü

Kurşunlu
Cami

Bergama

Heilige Straße

Bushof

Rote Halle
(Kızıl Avlu)

Auffahrt zum
Asklepieion

Üçkemer
Köprüsü

Asklepieion

Archäologisches
Museum

PTT

südlicher
Bushof

Quader auf, und manchmal erhascht man durch eine offene Hoftür den Blick auf einen römischen Sarkophag. Doch ist Bergama mehr als nur ein Futteral antiker Ruinen, nämlich eine sehr reizvolle, sehr traditionelle türkische Stadt, in der es am montäglichen Markttag besonders lebhaft zugeht. Zu den Uhrmachern und Schustern, Teppich- und Gemüsehändlern gesellen sich dann die Bauern aus den armen Bergdörfern des Kozak oder des Yunt Daği ebenso wie die wohlhabenden Landwirte der Flußebene nach Soma hin. In den Teestuben und Garküchen werden Nachrichten ausgetauscht und Geschäfte abgewickelt, und hochbepackt fahren die dörflichen Kleinbusse und Lastwagen um die Mittagszeit wieder von dannen.

Vom Asklepieion zur Roten Halle
Unser großer Rundgang führt uns zunächst zum **Asklepieion**. Man erreicht es in etwa 10 Min. vom Platz vor dem Postamt (Cumhuriyet Meydanı) über eine nach Westen hin ansteigende Serpentinenstraße (ausgeschildert). Der alte Heil- und Kultbezirk liegt heute innerhalb der

Militärzone von Bergama; Kasernen und Armeelastwagen bestimmen das Bild: Also auf keinen Fall Fotografieren! Der Kassenkiosk (8.30–18 Uhr) steht am Rande der *Heiligen Straße*, die einst vom Burgberg zum Asklepieion führte. Sie besaß gedeckte Säulenfluchten, in deren Handelskammern Devotionalien und Andenken verkauft wurden. Ein *Straßenbrunnen* bot erfrischendes Wasser. Wer in dem *Rundgrab* augusteischer Zeit begraben liegt, ist unbekannt.

Über Treppen gelangt man in den ursprünglich säulengesäumten *Vorhof* des Asklepieions und (früher erhob sich hier ein *Torbau)* in den 92 x 120 m messenden *Haupthof.* Von der *Bibliothek* rechts des Tores mit Nischen für Manuskripte führte ein *Säulengang* mit Pultdach nach Westen vor die Front eines kleinen *Theaters* mit annähernd 3500 Sitzplätzen. Wie die Bibliothek stammt auch das Theater aus der Zeit Kaiser Hadrians, also aus der ersten Hälfte des 2. Jh. n. Chr. Das Bühnengebäude ragte ursprünglich drei Stockwerke hoch und schloß das Auditorium gegen den Platz ab.

Vorbei an der *dorischen Stoa,* die sich vom Platz nach Westen hinzieht und noch zum hellenistischen Baubestand gehört, gelangt man zur *Latrine* im Südwestwinkel des Platzes. Sie war räumlich nach den Geschlechtern gegliedert und mit Reihen von Steinsitzen ausgestattet. Die den Platz südlich abschließende *Säulenhalle* läßt den

heutigen Besucher in ihren Unterbau blicken, der über abschüssigem Terrain den eigentlichen Wandelgang trug. Bei dem Rundbau im Südwestwinkel des Asklepieions, eindrucksvoll erhalten in konzentrischen Grundmauern mit Tonnengewölben, handelt es sich um das ursprünglich zweistöckige *Kurhaus,* im ›Souterrain‹, ausgestattet mit Badeanlagen und Brunnenbecken. Von hier führt ein vorzüglich erhaltener, etwa 80 m langer *Tunnel* auf die Platzmitte hinaus, wo – heute abgetragene – Inkubationsräume dazu dienten, den Kranken in Heilschlaf zu versetzen.

Attraktion des Asklepieions war der *heilige Brunnen,* der über eine Rohrleitung von einer nahen Quelle gespeist wurde und einst unter einem kleinen, schlichten Bau lag. Man trank das Wasser oder benetzte damit kranke Körperteile; als wirkkräftig galt es insbesondere bei Augen- und asthmatischen Leiden.

Die letzte Sehenswürdigkeit vor dem Verlassen des Asklepieions ist unmittelbar neben dem Kurhaus der *Rundtempel* des Heilgottes. Der Gläubige erreichte das Heiligtum über eine Freitreppe und durch einen Säulenvorbau.

Entlang der Heiligen Straße zurück bis zur Fahrstraße. Man überquert sie und kommt über einen Karrenweg in eine Pflastergasse mit niederen, zumeist blau und weiß gestrichenen Häusern. Nach rechts abbiegend, gelangt man bald zum **römischen Theater**. Viel ist freilich nicht geblieben von dem

Der heilige Kurort

Das Asklepieion war gleichermaßen ein heiliger Platz und ein Kurort. Ihren sakralen Charakter gewann die Stätte durch den Bezug auf Asklepios, den hellenischen Gott der Gesundung; ihren medizinisch-praktischen durch vielgerühmte Kuren mit Hilfe von Heilschlaf, Diät und Bädern. Prominentester Arzt am Asklepieion war im 2. Jh. n. Chr. Galen, der nach Hippokrates wohl bekannteste Mediziner der Antike; prominentester Kurgast wiederum der aus Smyrna stammende und Galens Jahrhundert angehörende Redner Aelius Aristides, eine der gebildetsten Persönlichkeiten seiner Zeit – und zugleich ein eingebildeter Kranker. Auch ohne nennenswerten medizinischen Befund betrachtete er sich als schweren, vielleicht hoffnungslosen Fall, und kein Heilbad Kleinasiens mußte lange auf des Aelius Besuch warten.

Natürlich kam der Redner auch nach Pergamon – wo er freilich in rauhe Hände geriet. Die Priester, die den Kurbetrieb leiteten, verordneten ihren Schützlingen eigentümliche Therapien. Auf ihre Order hin mußte Aelius Aristides – es war im Winter – inmitten von Frost und Eis splitternackt dreimal den Tempel des Asklepios umrunden, um sich danach am eiskalten Wasser der Heiligen Quelle zu reinigen. Zwei seiner Leidensgefährten ließ bei diesem nächtlichen Tun sei es die Gesundheit, sei es der Mut im Stich.

Der eingebildete Kranke Aelius hingegen blieb solchen ›Therapien‹ zum Trotz munter und kräftig. Als in späteren Jahren die Pest seinen Körper zeichnete, gehörte er zu den wenigen, die die Krankheit überlebten. Der klagesame Redner dürfte in Wahrheit eine Pferdenatur besessen haben. Denn was den Patienten im Asklepieion zugemutet wurde, erforderte Standhaftigkeit. Verstopfung kurierte man z.B. durch Fastenkuren (von deren Schaden in solchen Fällen man heute weiß), dazu verordneten die Ärzte ›Heilwässerchen‹, die es in sich hatten: Kreidewasser oder Schierlingssaft etwa. Wohl bekomm's!

Die Frage der Bettenbelegung, vieldiskutiert in unseren Krankenhäusern, löste die antike Verwaltung des Asklepieions entschieden zu ihren Gunsten: Die durchschnittliche Aufenthaltsdauer betrug, wie der Altertumswissenschaftler George E. Bean ermittelte, ein volles Jahr.

Man stelle sich vor: 365 Tage lang die beschriebenen Roßkuren und nackt-nächtliches Geläuf um den Gottestempel! Kein Zweifel: Asklepios muß ein großer Gott gewesen sein, der seine Gläubigen mit überirdischer Macht am Leben erhielt!

einst so stolzen Bau für 30 000 Zu-schauer. Das Auditorium, als Halb-rund an den Hang gelegt, ist seiner Steinsitze beraubt, und nur massive Reste der südlichen Abschlußmau-er, im Volksmund *Viran Kapı* ge-nannt, künden von alter Größe.

Sehr viel eindrucksvoller ist un-ser nächstes Ziel: das **Amphithea-ter** von Pergamon. Es liegt in den Slums von Bergama, in denen oft ganze Trupps von Kindern um Bon-bons, Kugelschreiber oder Geld betteln. Man geht vom Theater weiter nach Norden und hält sich dann links. Steile Pfade führen ab-wärts in die antike Anlage, die sich zwischen zwei Hügel schmiegt. Stützbauten überspannten die Di-stanz zwischen diesen Hügeln und formten mit radial angelegten Zu-schauerbänken das geschlossene Rund des Amphitheaters aus, in dem Gladiatorenspiele und Tier-hetzen stattfanden. In der römi-schen Kaiserzeit, welcher der mo-numentale Bau entstammt, liebte man solche blutigen Spektakel. Das Wasser eines kleinen Bachs in der Senke des Amphitheaters konn-te vermutlich gestaut werden und ermöglichte dann zusätzlich die Inszenierung von ›Seeschlachten‹.

Man verläßt das Amphitheater auf einem Pfad, der jenseits der nordöstlichen Stützmauer in einen Feldweg übergeht. Bei einer Weg-gabel links abwärts, vorbei an Bau-ernhäusern und Gärten, zur Auto-straße am Üçkemer Çayı, einem Flüßchen – sommers eher ein Rinn-sal –, das dem Altstadtbereich von Bergama zuströmt. *Selinus* hieß der Wasserlauf in der Antike.

Die erste Möglichkeit, ihn nach links zu überqueren, bietet eine **os-manische Brücke** auf römischen Fundamenten. Mit ihr hinüber zur **Ulu Cami**. Diese Große Moschee der Stadt wurde 1398/99 vornehm-lich mit antiken Quadern errichtet. Die Innenarchitektur mit drei Kup-peln zur Mihrab-Wand hin und zwei tonnengewölbten Seitenschif-fen bezeugt den Einfluß byzantini-scher Kirchenbauten. Von der Ulu Cami geht es durch Altstadtgassen nach Osten zur **Tabak Köprüsü**, ei-ner römischen Brücke, die seit fast

Die Rote Halle von Bergama, Rest eines antiken Tempels

2000 Jahren den Verkehr über den Üçkemer Çayı führt.

Wer auf der Brücke steht und flußabwärts blickt, sieht den Wasserlauf in einem römischen *Doppeltunnel* verschwinden. Er gehört zu den Substruktionen im Vorfeld der **Roten Halle** (*Kızıl Avlu*), eines monumentalen Tempels aus der ersten Hälfte des 2. Jh. n. Chr., der drei ägyptischen Göttern, Isis, Serapis und Harpokrates, geweiht war. Seit der hellenistischen Eroberung des Pharaonenreiches wurden die religiösen Vorstellungen und kultischen Praktiken Altägyptens ja zunehmend populär in der mediterranen Welt. Vor der Roten Halle, deren – ursprünglich marmorverkleidete – Ziegelmauern noch an die 19 m hoch stehen, breitete sich ein Vorhof von ca. 200 x 100 m aus. In frühbyzantinischer Zeit setzte man eine dreischiffige Kirche in den Tempel, geweiht dem Apostel Johannes.

Flußabwärts kann man nach Verlassen des eingezäunten Tempelareals noch einen Blick auf die **Üçkemer Köprüsü** (›Dreibogen-Brücke‹) werfen, die dem Selinus seinen heutigen türkischen Namen eintrug. Sie spannt sich über römischen Fundamenten.

Zu Fuß auf die Akropolis

Der Fußweg hinauf zum Burgberg von Pergamon, der als Wahrzeichen der Stadt auch in den Basargassen immer wieder über die Häuserdächer lugt, beginnt jenseits des Nord-›Turms‹ der Roten Halle,

der seit Mitte des 20. Jh. eine Moschee, die **Kurşunlu Cami,** beherbergt. Von der Hauptstraße, die Bergamas Innenstadt durchwindet, zweigt kurz hinter der Kurşunlu links die Sevketpaşa Caddesi ab. Mit ihr aufwärts, bei einem Kinderspielplatz – von hier vorzüglicher Blick auf die Rote Halle – nach links, dann rechts über eine Treppengasse weiter aufwärts, bis wieder die Zufahrt zur Akropolis erreicht ist. Auf der anderen Straßenseite setzt ein mit blauen Punkten markierter Aufstiegspfad ein, der Terrasse für Terrasse die antike Stadt und die Denkmäler am Akropolis-Hang erschließt.

Er beginnt an der **Unteren Agora**. Ein Abstecher nach rechts führt zu einem restaurierten hellenistischen *Brunnenhaus* mit dorischen Säulen. Man folgt der *byzantinischen Pflasterstraße* den Hang hinauf; am Hang liegen zur Linken die Ruinen des hellenistischen *Attalos-Hauses*, wo unter dem Schutzbau Mosaiken und Wandmalereien erhalten sind. Am Ende der Straße geht es nach links über einen wohlerhaltenen Treppenaufgang hellenistischer Zeit, der die byzantinische *Stadtmauer* durchstößt, auf die Ebene des weithin zerstörten **Unteren Gymnasions**.

Vorbei am sogenannten ›Kellerstadion‹ zum **Mittleren Gymnasion** und mit den blauen Punkten weiter hinauf zum **Oberen Gymnasion** mit einem *Odeion*, dem sogenannten *Kaisersaal* und zwei *Thermen*. Auf der untersten Terrasse ertüchtigten sich die Knaben des hellenistischen Pergamon, auf der mittleren die Jünglinge, auf der obersten die arrivierten jungen Bürger, die nach ihren Ringkämpfen auf den Luxus von Bad und Musiktheater nicht verzichten mochten. Das am Steilhang über dem Ehrensaal des Oberen Gymnasions erbaute **Hera-Heiligtum** bietet zwar nur geringe Bauspuren; um so beachtenswerter ist dagegen das **Demeter-Heiligtum** einige Dutzend Schritte weiter nach Westen. Diese Kultstätte entstand im 3. Jh. v. Chr. und umfaßte einen Tempel, einen Altar, Säulenhallen und theaterartig gestufte Sitzbänke, auf denen die Frauen von Pergamon im Fackelschein den nächtlichen Mysterienspielen zu Ehren der Fruchtbarkeitsgöttin zuschauten.

Alltagsleben in Pergamon

Wissensdurst, auch akademischer, ist bekanntlich stets zeitgebunden. Eine ältere Archäologie interessierten allein versunkene Prachtbauten, Kult und Macht. So war denn auch in Pergamon in mehr als einem Jahrhundert Forschung nur wenig bekannt geworden über das Alltagsleben der ›einfachen Leute‹. Insofern bedeutete Wolfgang Radts sogenannte ›Stadtgrabung‹ einen Durchbruch. Endlich gerieten Wohnhäuser, Läden, Schenken und Werkstätten an den Hängen der antiken Stadt um ihrer selbst willen einmal in den Blick.

Die ›einfachen‹ Pergamener bauten – wir folgen und zitieren den Ausgräber – mit »ziemlich kleinen, bruchroh belassenen Steinen«, verputzten die Innenwände ihrer Wohnräume und gaben ihnen durch Ritzlinierung gelegentlich den Anschein von Quadermauerwerk. Die wunderliche Welt der Statussymbolik ist eben kein modernes Phänomen. Wasserzuleitungen erhielten die gewöhnlichen Bürgerhäuser erst spät (in Einzelfällen nie). Die grandiose Versorgung des Burgbergs mittels weitreichender Aqädukte und ausgeklügelter Druckleitungen darf also nicht darüber hinwegtäuschen, daß die plebejischen Haushalte viele Jahrhunderte lang auf Zisternenwasser angewiesen waren, sorgsam abgeleitet von den Dächern und über die Innenhofschrägen.

Interesse verdient ferner die orientalische Abgeschlossenheit der Wohnhäuser – nur ausnahmsweise war ein pergamenisches Heim von der Hauptstraße her zugänglich, in der Regel betrat man es über eine Nebengasse. Dies entspricht der in arabischen Ländern bis heute üblichen Trennung von *scharia* (Straße) und *hara* (Gasse), wobei letztere strikt als Privatterrain gilt (s. S. 132). Ähnlich dürfte man es schon im

Das Terrain der neueren **Stadtgrabung** (s. unten) zwischen dem unteren Südhang und der Akropolis-Burg auf dem Hügel ist durch Zäune abgesperrt. Ohne blaue Markierungen steigt man daher den Hang empor, bis die antike Burgstraße erreicht ist. Auf ihrem Pflaster dann wieder nach links mitten in die Wohnstadt von Pergamon hinein. Die bedeutendste Sehenswürdigkeit in diesem Alltagsviertel ist das **Heroon des Diodoros Pasparos**, ein um 70 v. Chr. entstandener Ehrensaal für diesen verdienten pergamenischen Bürger, geschmückt mit ursprünglich 18 Reliefs. Eine gemeinsame Vorhalle verband die Gedenkstätte mit einem keilförmigen Odeion, also einem Musiktheater; angrenzend schloß sich ein Bad an.

---

alten Pergamon begriffen haben. Im Gegensatz zu den abgeschirmten Privathäusern öffneten sich die pergamenischen Ladengeschäfte nach der Straße hin: »Eine Breite von 5–6 m und eine kaum größere Tiefe waren das Übliche. Bei manchen Läden gab es eine Theke, die den Verkauf direkt auf die Straße ermöglichte…«.

Eine Raumfolge nördlich des Heroons (s. oben) deutet Wolfgang Radt als kleines Restaurant: »Im hinteren Raum befand sich eine Küche mit stark benutzter Feuerstelle, vielleicht eine Art Grill, die Gasträume waren mit Wandmalerei ausgestattet, an der sich noch die Spuren der immer wieder gegen die Wände gestoßenen Stühle abzeichneten.« Hier also haben die häuslich Unversorgten von Pergamon gespeist und gezecht – wobei eine Weinhandlung neben dem Speiselokal den Durstigen Reserven bot, entweder aus großen, in den Boden eingelassenen Tongefäßen oder aus Amphoren, die sich in Holzregalen reihten.

Nun wurde in Pergamon nicht nur gegessen und getrunken, sondern auch gearbeitet. Auffällig ist, daß größere Manufakturen bislang nicht aufgefunden wurden: hier eine kleine Werkstätte, in der Knochen gedrechselt wurden, dort eine bescheidene Färberei oder Tuchwalkerei. Dominierend indessen das Töpferhandwerk, für das Pergamon in seiner Zeit wohlbekannt war.

Vieles bleibt archäologisch und philologisch noch aufzuklären: das Verhältnis von Burgberg und Ebene, von Städtern und Bauern etwa; oder auch die konkreten Beziehungen zwischen dem attalidischen Herrscherhaus und seinen Untertanen; die Zusammensetzung und Finanzierung der aktiven Streitmacht. Die Ausgrabungen dauern an. Nicht alles wird freilich aus ihren Befunden zu klären sein.

Auf der Akropolis

Ein Pflasterweg führt von der Burgstraße bald nach dem Heroon nach
rechts hinauf, vorbei an den Ruinen eines Bades und der Oberen
Agora, zum **Großen Altar**, dem
berühmten ›Pergamon-Altar‹. Allerdings: Pergamons bekanntestes
Denkmal steht nicht auf dem Burgberg, sondern in Rekonstruktion
auf der Museumsinsel in Berlin.
Der deutsche Ingenieur Carl Hu-
mann, der seit 1878 zahlreiche
Bruchstücke von Relieffriesen bergen konnte, überführte die Kunstwerke mit Genehmigung des Sultans in die deutsche Hauptstadt.

Am Platz ist nur das fünfstufige
Fundamentgeviert von 36 x 34 m
verblieben, über das sich malerisch
Kiefern erheben. Entstanden zwischen 185 und 160. v. Chr., vielleicht als Denkmal des pergamenischen Sieges über die Galater (190
v. Chr.), gehört der Altar, der dem
Zeus und der Athena geweiht war,
zu den künstlerischen Höhepunk-
ten des Hellenismus. Hufeisenför-
mig erhob sich auf dem Unterbau
ein Sockel, der mit einem 120 m
langen und 2,3 m hohen Relief-
band geschmückt war; darüber die
von Säulenhallen umringte Hoch-
plattform mit dem Opfertisch.

Der Nachruhm des Pergamon-
Altars ergibt sich aus der Qualität
des Außenfrieses, der in bewegter,
plastischer Komposition den Triumph der olympischen Götter über
Giganten und unterirdische Mächte darstellt. Ein kleinerer Fries bil-
dete im Hof um den Opfertisch die

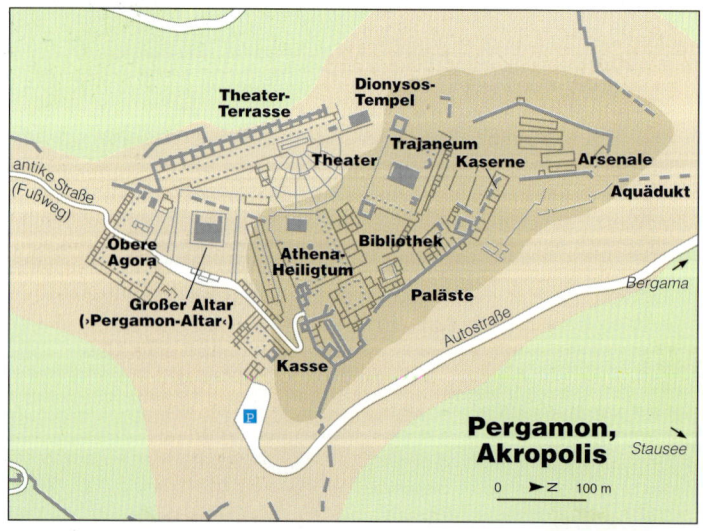

Pergamon, Akropolis

0 ➤ Z 100 m

Das Trajaneum auf der Akropolis
von Pergamon wurde von deutschen
Archäologen rekonstruiert

Sage von Telephos ab, der als Ahnherr des pergamenischen Herrscherhauses gefeiert wurde.

Der Weg führt nun nach rechts
zum Parkplatz des Burghügels (hier
auch der Kassenkiosk) und von
dort wieder nach links zu einer Terrasse, die nur noch spärliche Reste
ehemals bedeutender Bauten trägt.

Im Nordwesten des Platzes lag die
berühmte **Bibliothek**, im Westen
das **Heiligtum der Athena**, entstanden Ende des 4. Jh. v. Chr. Dorische Säulenhallen umschlossen die
Terrasse, deren Raumbild sehr eindrucksvoll gewesen sein muß.

Das gilt auch heute noch für das
berühmte **Akropolis-Theater** von
Pergamon am steilen Südwesthang
des Burgbergs. Man erreicht es
durch einen engen Treppengang,
eingelassen in einen byzantinischen Turm, von der Athena-Terrasse her. Mehr als 10 000 Zu-

Das Theater von Pergamon ist das steilste in ganz Kleinasien

schauer fanden auf 80 Steinbänken Platz. Sie hatten nicht nur das Bühnengeschehen auf der schmalen, über 200 m langen Theater-Terrasse mit hölzerner Spielbühne und Abschlußwand vor Augen, sondern genossen zusätzlich einen weiten Blick in die Ebene. Die Holzbauten wurden am Ende der Theatersaison abgebaut, um den Zugang zum **Dionysos-Tempel** frei zu machen, einem Bau des 2. Jh. v. Chr., der sich über einer hohen Freitreppe am Nordende der Terrasse erhob.

Zurück auf die Athena-Terrasse und weiter aufwärts in den Bereich der Königsburg. Wenig genug ist von den **Herrscherpalästen** geblieben, die sich jeweils um einen Säulenhof entfalteten und eine eigene Zisterne besaßen. Gleich angrenzend, im Nordwesten der Burghöhe, ließen die Könige von Pergamon im 3. und 2. Jh. v. Chr. fünf **Arsenale** errichten – Militärdepots, in denen die Ausgräber u. a. 900 Steinkugeln fanden, die mit Katapulten gegen anziehende Gegner geschleudert werden konnten. Eine **Kaserne** für die Truppen der königlichen Leibwache besetzte den Raum zwischen den Palästen und den Arsenalen.

Im eindrucksvollen Fernblick vom Nordwestende der 335 m hohen Burgspitze liegt der Stausee, der seit den 80er Jahren Bergamas Wasserversorgung garantiert, aber auch die Linie eines antiken **Aquädukts**. Seit dem 2. Jh. v. Chr. führte dieser über 45 km Trinkwasser aus den Bergen im Norden auf die Burghöhe in ein Depot, von dem aus die Paläste versorgt und Unrat durch Abwässerkanäle hinunter zum Fluß Kaikos gespült wurde.

Größte Sehenswürdigkeit auf der Akropolis ist das **Trajaneum**, ein monumentaler Tempel, der von deutschen Archäologen rekonstruiert wurde. Trajan (reg. 98–117 n. Chr.) war jener römische Kaiser, der seine Aufmerksamkeit besonders dem Osten widmete. Pergamon dankte es dem Herrscher mit dem Bau eines Kaiserheiligtums, das freilich erst 129 n. Chr. unter Trajans Nachfolger Hadrian vollendet wurde. Denn das Projekt war aufwendig: Allein die Planierung des Bauplatzes erforderte massive Unterbauten zur Talseite hin. Der Tempel, auf hohem Podium errichtet, folgte der korinthischen Ordnung und war von Säulenhallen umgeben. So wie die Ebene einst das strahlende Weiß des Tempelmarmors als Blickfang genoß, so schön ist für den heutigen Besucher die Sicht hinunter auf Bergama, das seine roten Ziegeldächer 300 m tiefer ausbreitet.

Ein letztes historisches Atemholen nach dem großen Gang durch Bergama/Pergamon ermöglicht das **Archäologische Museum** an der Hauptstraße (Cumhuriyet Cad., tägl. 9–12, 13–17.30 Uhr) der modernen Stadt. In seinen Beständen konzentrieren sich bedeutende Kunstwerke des Burgbergs, aber auch erstrangige Fundstücke der nordägäischen Umgebung, darunter ein archaischer Kouros aus Pitane/Çandarlı (s. S. 90) und hellenistische Terrakotten aus der Nekropole von Myrina (s. S. 106).

🛈 İzmir Cad. 54, in einem Regierungsbau (Hükümet Konağı), etwas zurückgesetzt von der Straße, ✆/Fax 633 18 62; **Vorwahl:** ✆ 232

🚌 Tagsüber stündlich Busverbindung mit İzmir (ca. 70 Min.). Die Fernbusse auf der Westküstenhauptstraße fahren nicht in die Stadt ein. Minibusse nach Dikili und Ayvalık von der Busstation im Südwesten der Stadt; ein zweiter Busplatz nahe der Roten Halle bedient die Dörfer östlich im Tal des Bakır Çayı bis hin nach Soma.

🛏 **Außerhalb:** Das *Tusan Motel*** (✆ 633 11 73, Fax 633 19 38, mit passablem Restaurant), ca. 7 km vor der Stadt am Abzweig der Bergama-Straße von der Westküstenstraße, ist eine gute Adresse für Autotouristen. An der Zufahrt nach Bergama (İzmir Yolu) reihen sich mehrere Hotels, hübsch z.B. das *Motel Berksoy*** (✆ 633 25 95, Fax 633 53 46, mit Pool).

Im Ortszentrum wird es heikel: Das *Yildir Oteli* (✆ 632 64 82) nahe Cumhuriyet Meydanı (bei der Post) und das *Pergamon Pansiyon*, Bankalar Cad. 3 (✆ 633 23 95), deren Zimmer sich im traditionellen Stil um einen Innenhof (mit Restaurant) gruppieren, bieten nicht allzuviel Qualität. Ein Tip für Nostalgiker ist die Pension *Athena* (✆ 633 34 20) in einem spätosmanischen Haus nahe dem Üçkemer Çayı.

🍴 Das nahe beim Museum an der Hauptstraße gelegene *Bergama Restoran* ist die beste Speiseadresse (nur im Sommer auch abends geöffnet). Gut auch das *Kardeşler etwas* weiter stadtauswärts. Atmosphärereicher sind die einfachen Garküchen im Basarviertel.

Elaia, Aigai, Myrina und Kyme

Nur wenige Reisende zieht es von Bergama weiter östlich. Die fruchtbare Ebene des Bakır Çayı ist wenig fruchtbar an Denkmälern. Naturfreunden sei aber das **Kozak** genannte Pinienrevier in einem Hochtal nördlich von Bergama (ca. 12 km) empfohlen, dessen Granitgrund durch wilde Felsbildung überrascht und das mit den ansehnlichen Ruinen von **Perperene** (bei dem Dorf Aşağı Beyköy) auch kulturhistorische Akzente setzt.

Elaia, die nächste äolische Stätte nach Süden hin, ist leicht zu verfehlen. Wenige Kilometer nach dem Çandarlı-Abzweig passiert die Küstenstraße eine Tankstelle. Ihr gegenüber führt ein Feldweg durch den Weiler Kazıkbağları (kein Ortsschild) zum Hafen der antiken Stadt. Die pergamenischen Könige benutzten ihn ab etwa 250 v. Chr. als Reede für die königlichen Schiffe und sicherten ihn durch eine *Mole*. Der ca. 150 m lange und ca. 3,5 m breite Wellenbrecher ist gut erhalten. In römischer Zeit sank Elaias Stern, der Hafen verlandete, so daß die Mole sich heute durch eine Schlammlagune zieht. Zum Vermächtnis der antiken Stadt gehört ein *Tumulus* direkt an der Westküstenstraße (ca. 1,5 km südlich von Kazıkbağları, gleich nach dem Abzweig zum Motel Afacan).

Eine antike Stadt ganz eigener Art war **Aigai** (*Nemrut Kalesi*). Auch wenn die Anfahrt über Erdpi-sten führt, sei der Besuch empfohlen. In Yenişakran (Taxis vorhanden) biegt man noch vor dem Postamt (PTT) nach rechts ab und fährt durch karge Hügellandschaft über die Dörfer Kapıkaya (mit großem Zisternenfeld) und Karaahmetli ostwärts zum 15 km entfernten Dorf Köseler. Vom südlichen Ortsausgang wandert man dann auf Pfaden in ca. 40 Min. nach Süden zum völlig mit Kiefern überwucherten Stadthügel (in der Saison hilft der Ruinenwächter). Der Reichtum von Aigai, den eine ca. 80 m lange dreigeschossige *Markthalle*, ein *Theater* wie auch *Stadtmauerzüge* und *Tempelruinen* dokumentieren, erklärt sich aus der Schafzucht und dem Wollhandel. Das Wollkleid war das Gewand des ›armen Mannes‹ und Wolle der wichtigste Ausfuhrartikel des westlichen Kleinasien zur römischen Kaiserzeit.

Ca. 2,5 km nach dem Dorf Çaltıdere an der Westküstenstraße und ca. 6 km vor dem Ölhafen Aliağa zweigt rechts (links der Straße ein zerstörter *Tumulus* mit Gewölberesten) ein Feldweg in das einsame Gelände der antiken Stadt **Myrina** ab, auf dem Hirten heute ihre Schafherden weiden. Eine *Mauerpartie* byzantinischer Zeit läßt sich schon von weitem auf dem Beriki Tepe genannten Hügel erkennen, und wer in der Einsamkeit einen Führer findet, sollte sich das heute İntaş genannte antike Felsgrab mit seinen Totengruben zeigen lassen. In einer Strandbucht nördlich zwischen dem Beriki und dem Öteki

Idyllische Einsamkeit: Gewölbebauten des Theaters von Aigai

Tepe (›der eine und der andere Hügel‹) sieht man zahlreiche Quader mit Rundlöchern, die zur Vertäuung von Booten dienten. Aus etwa 5000 Gräbern der Nekropole von Myrina bargen französische Archäologen 1881/82 kleinformatige Terrakotten, die seit dem 3. Jh. v. Chr. und bis zur Zeitenwende entstanden. Schöne Stücke bietet vor allem der Louvre in Paris, doch läßt sich die hellenistische Lebensfreude der Darstellungen von Eroten und Tänzer(inne)n auch in den Museen von İzmir und Bergama nachvollziehen. Stets sind Leichtigkeit und Beschwingtheit Trumpf.

Kyme ist die nächste antike Stadt, deren Besuch zu erwägen ist. Im Altertum galt sie als »größte und beste unter den äolischen Städten«, aber auch als eine recht einfältige Gemeinde, deren Einwohner es versäumten, die üblichen Hafenzölle zu erheben. Der alte Stadthügel erhebt sich heute in den Zwingen der modernen Ölindustrie südlich von Aliağa. Man erreicht ihn, wenn man ca. 1,5 km südlich des Abzweigs zum Klinikum von Aliağa rechts von der Westküstenstraße abbiegt zum Dorf Çakmaklı. Nach etwa 250 m wird ein Bach passiert, wenig später führt rechts eine Fahrspur um den nur 50 m hohen Nordhügel von Kyme herum. Nahe dem Parkplatz an den Ruinen eines *Hafenbaus* aus dem Mittelalter liegt das jüngst freigelegte *Theater,* auf dem von Oliven, Feigen und Mandeln überwucherten Hügel darüber erkennt man weitere antike Bauspuren, in der Ebene zudem den Grundriß einer *Säulen-*

halle. Auf dem Südhügel sind noch Teile der *Stadtmauer* mit monumentalem *Torbau* erhalten.

 Etwa stündlich Busse zwischen İzmir und Bergama; für Elaia, Myrina und Kyme kann man vom Fahrer am jeweiligen Abzweig absetzten lassen und dann wandern. Für Aigai steigt man in Yenişakran aus und muss sich in den Teehäusern dort ein Taxi oder eine Mitfahrgelegenheit organisieren.

Foça und Umgebung

Von der Küstenstraße fährt man 26 km durch niedere Hügellandschaft zum Badeort **Foça**, der zur Unterscheidung vom nördlichen Yenifoça (›Neues Foça‹) auch Eski Foça (›Altes Foça‹) genannt wird. Bei Foça (ca. 15 000 Ew.) lag **Phokaia**, die nördlichste Stadt Ioniens, deren Seefahrer legendären Ruhm erwarben. Sie gründeten mehr als 20 Kolonien an den Küsten des Schwarzen und des Mittelmeers. Bis nach Massalia (Marseille) und ins ägyptische Naukratis trug es sie auf ihren kühnen Fahrten. In byzantinischer Zeit verfiel Phokaia, und das Kaiserhaus überließ den Küstenort im 13. Jh. den Genuesen, die hier ein Kastell errichteten. Als Oststation ihres Mittelmeerhandels blühte die Stadt wieder auf. 1455, zwei Jahre nach der Einnahme

İstanbuls, fiel Foça, wie man es nun nannte, an die Osmanen. Bis zur Umsiedlung des Jahres 1923 dominierte allerdings der griechische Bevölkerungsanteil im Verhältnis 3 : 1.

Man besucht (Eski) Foça, das sich in einer schmalen Küstenebene über zwei gute Hafenbuchten im Norden (Küçük Deniz) und im Süden (Büyük Deniz) des Kastell-

Die schönsten Buchten bei Foça sind von Hotels besetzt: hier der Club Med

hügels erstreckt, heute vornehmlich wegen der Strände im Norden Richtung Yenifoça. Der Club Mediterranée war touristischer Wegbereiter; ihm haben sich inzwischen Hotels und Feriendörfer an den meist kleinen Sand-Kiesel-Buchten zugesellt.

Aber natürlich hat die lange Stadtgeschichte auch historische Spuren hinterlassen. Der **Taşkule** (›Felsturm‹), ein 6 m hohes, aus einem Felssolitär geschlagenes Grabmonument, ca. 7 km vor Eski Foça rechts der Zufahrtstraße gelegen, mag aus der Perserzeit stammen. Sehenswert auch ein zweites Grab, **Şeytan Hamamı** (›Teufelsbad‹) genannt, dessen zwei Kammern sich nach Passage eines ca. 7 m langen Ganges öffnen. Es liegt am Hang über dem Neubauviertel im Süden

der größeren Hafenbucht Büyük Deniz.

Wo die neue Zufahrtstraße den Ort (und die Umgehungsstraße) erreicht, haben Ausgrabungen zur Linken einige Sitzreihen des antiken **Theaters** erschlossen, das als eines der ältesten Kleinasiens (Ende 4. Jh. v. Chr.) gilt. Wer sich die Mühe macht, den Hügel über dem Theater zu ersteigen, findet nicht nur die Fundamente dreier Windmühlen, sondern auch über 100 Kultnischen eines **Kybele-Heiligtums**, zu dem Prozessionstreppen hinaufführten.

Die Kybele genoß in Phokaia überhaupt große Wertschätzung. An der Meerpromenade, die vom Küçük Deniz entlang des Kastellhügels zum Südhafen führt, sieht man die Nischen eines **Seeheiligtums** dieser Göttin, errichtet im 6. Jh. v. Chr. Auf dem Plateau über diesem Kap sind die Reste eines **Athena-Tempels** dokumentiert. Unentschieden bleibt, ob die massiv restaurierten **Stadtmauern** (*Beşkapılar*) am Ufer des Südhafens noch als eine byzantinische oder schon als moderne Bauleistung im Zeichen türkischer Tourismusförderung zu bewerten sind.

Unter den islamischen Denkmälern seien die mit antiken Quadern erbaute **Fatih Camii** (15. Jh.), die **Kayarlar Camii** (1457) und der alte **Friedhof** genannt, der von der Zeit Mehmets II., des Eroberers von Konstantinopel, bis ins frühe 20. Jh. belegt wurde. Das niedere **Aquädukt**, das sich vom Bushof 200 m

weit nach Osten verfolgen läßt, führte dem osmanischen Foça Wasser aus den Bergen zu. Kulturgeschichtlich bemerkenswert sind auch die **Griechenhäuser** an der Seefront des Nordhafens; sie tragen maßgeblich zum ägäischen Flair des Ortes bei, in dessen Hafenrestaurants man entspannt und angenehm sitzt.

Noch stärker als Foça war **Yenifoça** (ca. 1200 Ew.) an der Nordküste der Halbinsel bis 1923 von Griechen dominiert, doch besitzt der kleine, dicht von Ferienhäusern ›umzingelte‹ Ort mit Sand-Kiesel-Strand auch einige turmartige Steinhäuser italienischer Tradition. Historischer Hintergrund ist das kommerzielle Engagement der Genuesen, die ab dem 13. Jh. hier den begehrten Alaun (ein Gerbsalz) abbauten und eine Faktorei errichteten.

In der Umgebung, schon wieder Richtung İzmir, kann man die antike Stadt **Larisa** besuchen, deren spärliche Ruinen auf einem Hügelsporn über dem Dörfchen Buruncuk, ca. 200 m *vor* der Gediz-Brücke der Westküstenstraße, liegen. Wer von Buruncuk her über einen archaischen *Pflasterweg* am Nordhang hinauf zur Höhe gestiegen ist, entdeckt auf Streifgängen turmbewehrte *Wallmauern*, zwei Gruppen von *Brunnen* sowie ein *Gräberfeld*.

Neonteichos heißt eine antike Siedlung über dem Dorf Yanıkköy (ca. 250 Ew.), dessen Häuser mit ihren Feldsteinsockeln und Lehmziegelwänden türkischen Bautraditionen folgen. Man erreicht Yanıkköy durch Pfirsichplantagen über eine Straße unmittelbar südlich des Larisa-Hügels (ca. 6 km). Vom Südostende des Dorfes führt ein antiker *Plattenweg* zur Akropolis mit sehenswertem *Hangpflaster*, das die Verteidigungstechnik mittelalterlicher Burgen vorwegnimmt. Eine *Felstreppe* und *polygonale Mauerpartien* komplettieren den alten Baubestand.

Das Städtchen **Menemen** (ca. 35 000 Ew.), bekannt für seine handbemalte Keramik, aber auch für guten *Ayran* (s. S. 60), mutet wie eine Vorstadt von Groß-İzmir an. Entlang der Hauptstraße werden Ton- und Korbwaren verkauft. Das auf einem Hügel im Westen des Ortes weithin sichtbare *Denkmal* für den jungen Offizier Kubilây, der im Mai des Jahres 1930 Opfer religiöser Eiferer wurde, läßt sich angesichts islamischer Radikalisierung (s. S. 44) auch als zeitgenössisches Mahnmal deuten.

🛈 **in Foça:** Atatürk Bulv., Foça Girisi 1 (gegenüber dem Busstation), ✆/Fax 812 12 22; **Vorwahl:** ✆ 232

🚌 Etwa halbstündlich Busverbindung von İzmir nach Foça; der Bus stoppt am Foça-Abzweig von der Westküstenstraße. Von Foça nach Yenifoça Dolmuş-Verbindung, ebenso von Menemen nach İzmir-Zentrum. Für Larisa läßt man sich an der Westküstenstraße bei Buruncuk absetzen. Nach Yanıkköy/Neonteichos fährt man am besten mit dem Taxi von Menemen her an.

🛏 In Foça selbst gibt es nur Hotels der unteren Mittelklasse und einfache Pensionen. Stilvoller als in den Neubauvierteln am Südhafen logiert man an der nördlichen Bucht (*Küçük Deniz*), am besten wohl direkt an der Meerpromenade im Hotel *Karaçam** (✆ 812 14 16, Fax 812 20 42), einem alten, romantischen Griechenhaus: Empfehlung! Ein Genuß, in der Abendbrise auf der Dachterrasse zu sitzen. In den Gassen östlich vom Karaçam, also in der Stadt und nicht mit Meerblick, weitere einfache Hotels (z. B. das *Sempatik Güneş**, ✆ 812 21 95) und Pensionen (z. B. *Siren*, ✆ 812 26 60), beide ruhig gelegen. Im Ortszentrum zwischen den beiden Buchten bietet das *Menendi Otel*** (✆ 812 24 20, Fax 812 12 50) familiäre Atmosphäre in einem Neubau im alten Stil. Ruhig und zentral gelegen nahe den Beşkapılar ist das *Mimoza** (✆ 812 11 66).

Sand und Strand bieten die Stadtbuchten allerdings nicht. Strandurlaub pur findet an den Buchten nördlich von Foça statt. Den *Club Mediterranée* umgeben türkische Feriendörfer wie *Pollen Tatil Köyü* und *Club Mackerel*. Als Mittelklassehotel in Stadtnähe bietet sich das *Leon**** (✆ 812 29 60) an.

🍴 Am Kücük Deniz Hafen unterhalb der Akropolis gute Fischrestaurants, zu empfehlen sind z. B. das *Sahil* (beim Hotel *Palmiye*), aber auch das *Celep:* hier sitzt man unter Einheimischen. Daneben gibt es auch einige ganz hübschen Bars wie *Marine Bar* oder *Classic Cafe Bar*. Im *Ali Baba* nahe der Busstation erhält man bei 70er-Jahre-Oldies türkische Küche in großer Auswahl. Fisch wird wiederum auch in den Open-air-Restaurants an den *Beşkapılar*, etwa im *Ayos Café,* bevorzugt aufgetafelt; dort kann man den schönsten Sonnenuntergang erleben.

İzmir und die zentrale Ägäisküste

İzmir – Metropole der türki-schen Ägäis

Manisa – Stadt der Moscheen

Sardis – Ein Ausflug in die Residenz des Königs Krösus

Die Çeşme-Halbinsel – Urlaubsparadiese und alte Städte

Die am Hang der Kadifekale-Burg gelegene Altstadt von İzmir

İzmir und die zentrale Ägäisküste

Die alte Griechenstadt Smyrna, das heutige İzmir, besitzt bedeutende Museen und Sehenswürdigkeiten, lockt aber mehr noch durch ihr mediterranes Flair. Während die Metropole alle Wünsche des Gaumens und der Unterhaltung erfüllt, begeistert die Umgebung mit ihrem kulturellen Reichtum: mit Felsskulpturen aus der Hethiter-Zeit und antiken Stätten wie Sardis oder Teos. In Manisa zeugen herrliche Moscheen, in Birgi traditionelle Häuser von türkischer Baukunst. Feine Sandstrände bietet die Çeşme-Halbinsel im Westen.

İzmir

Die drittgrößte Stadt der Türkei (ca. 3–4 Mio. Ew.) ist sicherlich nicht die drittschönste. Wie alle türkischen Metropolen kämpft sie mit sozialen und ökologischen Problemen. Das Stadtzentrum ist eingeschnürt von endlosen Vorstädten, und trotz immer neuer Entlastungsstraßen bleibt in der Rush-hour der Verkehrsstau programmiert. Schon vormittags ziehen die Smogschleier über der Stadt auf, und von einem Meeresleben in der Bucht von İzmir ist längst keine Rede mehr. Durch die Parks und Grünanlagen, die den stolzen Beinamen *Yeşil İzmir* (›Grünes İzmir‹) rechtfertigen sollen, dringt das stete Brausen der Autokolonnen, und im lebhaften Basar gehen unter dem Modernisierungsdruck der Großstadt zuse-

hends jene Traditionslinien verloren, die man in Städten wie Bergama oder Milas zu schätzen weiß. İzmir bleibt jedoch ein Ort mit bemerkenswerter Geschichte – die im Archäologischen Museum auch ansehnlich genug wird.

Diese Geschichte beginnt im nördlichen Außenviertel Bayraklı (s. S. 115), wo um 1000 v. Chr. ein erstes Smyrna entstand. İzmir (umgangssprachlich: ›Ssmir‹) ist nur die türkische Kurzform des griechischen Stadtnamens. Ab etwa 800 v. Chr. gehörte die Stadt zum ionischen Städtebund, damals soll der legendäre Homer (s. S. 70) in ihren Mauern gelebt haben. Diese Wälle gelten übrigens als die ältesten einer griechischen Stadt. Das 6. Jh. v. Chr. war eine schlechte Zeit: Erst fielen die Lyder, dann die Meder, dann die Perser über Smyrna her.

Nach dem Siegeszug des großen Alexander (334 v. Chr.) rückte die Stadt südwärts. Ein Orakelspruch des Apollon von Klaros (s. S. 140) hatte die Verlagerung empfohlen: »Drei oder viermal so glücklich werden die Menschen sein, die sich auf dem Pagos am heiligen Fluß Meles anbauen.«

Der damals Pagos, heute Kadifekale genannte Hügel wurde nun zur Akropolis, und am Nordwestfuß der Zitadelle blühte die neue hellenistische Siedlung auf zur schönsten ionischen Stadt. An die 100 000 Einwohner besaß das römisch-kaiserzeitliche Smyrna, dazu einen berühmten Handelsmarkt am Meer, eine Agora mit großzügigen Säulenhallen und weitreichende Aquädukte, die Wasser aus den Bergen im Osten heranführten.

Das byzantinische Smyrna, das als eine der Gemeinden der ›Apokalypse‹ in die Geschichte des Christentums einging, litt unter der arabischen Küstenplünderung des 7. Jh., mußte sich Ende des 11. Jh. der türkischen Völkerwanderung beugen, fiel später unter die Kontrolle genuesischer Händler, wurde von den Seldschuken, im frühen 14. Jh. von den Aydın-Emiren genommen und kam 1344 nochmals in christlichen Beşitz (Johanniter-Orden), ehe 1403 der schreckliche Mongole Timur auch am Hafen von Smyrna aus den Häuptern der Erschlagenen seine berüchtigten Schädelpyramiden errichten ließ.

Seit dem 15. Jh., als die Stadt osmanisch wurde, floß das Leben wieder friedlicher dahin: Smyrna bewahrte eine im wesentlichen griechische Bevölkerung, die im 19. Jh. durch Handel mit Europa zu erheblichem Wohlstand kam. Dann aber der schlimme September 1922. Das im Ersten Weltkrieg besiegte Osmanen-Reich hatte das Gebiet um Smyrna an den neugriechischen Staat abtreten müssen, der von diesem Brückenkopf aus seine Truppen in Marsch setzte. Aber die Griechen verloren gegen Atatürks türkische Bauernarmee. Als die Schiffe der geschlagenen Invasionstruppen Smyrnas Hafen verließen, blieb eine brennende Stadt zurück. Wer das Feuer entfachte, ob die fliehenden Griechen oder die einrückenden Türken, ist bis heute umstritten. Jedenfalls fielen um die 30 000 Häuser im Bereich des heutigen *Kültürpark* (s. S. 119) in Asche. Und mehr noch, die Griechen Smyrnas wie der Türkei überhaupt wurden in der Folge expatriiert (s. S. 157). Tiefe Narben trennen das alte Smyrna und das heutige İzmir.

Die Ruinen der ältesten Vorläufersiedlung von İzmir liegen in **Bayraklı**, einer Vorortsteinwüste ca. 8 km nördlich vom Zentrum, die sich aber eine grüne Hügeloase (*Tepekule*) bewahrt hat, schiedlich-friedlich aufgeteilt auf ein staatliches Weingut und eine archäologische Schutzzone. Der Hügel war vor einem Jahrtausend eine Halbinsel, bekanntlich der bevorzugte Ansiedlungstyp bei der Landnahme der Griechen in Kleinasien. Die

İzmir

N

0   500 m

Feribot
İskelesi   Hafen

Bushof

ALSANCAK

Alsancak
İskelesi   Alsancak-
Bahnhof

Atatürk-Museum

MIMAR
SINAN

Kordon

KÜLTÜR

Yasef Çınar Lozan
Bulvarı   Meydanı   Kültürpark

Cumhuriyet
Meydanı   Şehit Nevresbey   Montrö   II. KÜLTÜR
Bulvarı   Meydanı

Hotel Büyük
Efes   See
Fernsehturm

Jacht-
hafen   Zentraler Bushof
Ankara / Manisa

Mürselpaşa Bulvarı

Dokuz (9.)   BASMANE
Eylül Meydanı
Fevzipaşa   Gazler Caddesi

Hisar Camii   Basmane-
Bahnhof
GÜZELYURT   Şadırvan
Camii
Kızlarağası
Hanı

Konak   NAMAZGAH

Agora

Konak   Kemeraltı
İskelesi   Camii

ALİREİS

ÜLKÜ

Archäologisches &
Ethnographisches
Museum   Kadifekale
(Zitadelle)

YEŞILTEPE

Çeşme   IMARIYE

Mithatpaşa   Kızılcullu-Aquädukte
Şehit Nihatbey Cad   Muğla / Selçuk
ESREFPAŞA

Asansör

Straßenzüge und Hausgrundrisse, die man bei einem Gang über den flachen Hügel wahrnimmt, und vor allem die in polygonalem Steinwerk aufgeführte Stützmauer eines Tempels sind griechische Relikte. Bedeutende Kleinfunde, darunter auch mit Blättern verzierte Kapitelle einer eigenwilligen, der äolischen verwandten Architekturordnung, sind im Archäologischen Museum von İzmir zu besichtigen.

So wie Bayraklı die frühgriechische Siedlungsphase repräsentiert, so der 160 m hohe Pagos, heute **Kadifekale** (›Samtburg‹) genannt, die Zeit des Hellenismus, als hier die Akropolis lag. Die verbliebenen Wälle, die bis auf einige wiederverwendete Quader byzantinisch sind, bergen eine Parkanlage, die als abendliche Schlenderzone junger Liebespaare bekannt ist. Der Blick von der Höhe ist – nein, nicht schön, aber beeindruckend: Der dunstverhangene Stadtmoloch mit seinem grünen Herzen, dem Kültürpark, ist wahrhaft atemraubend.

Auch die **Agora** am Fuß des Hügels ist in ihrem Ursprung hellenistisch. Die Säulenhallen um den antiken Marktplatz, deren Reste heute inmitten des lebhaften Volksviertels Namazgah liegen, entstammen mitsamt ihrer korinthischen Ordnung jedoch dem späten 2. Jh. n. Chr. Wo heute nur noch einige einsame, wiederaufgerichtete Säulen stehen, erhoben sich damals zweistöckige Kaufmannshallen. Unvermeidlich wohl, daß das Christentum aus einer dieser basilika-len Hallen ein Gotteshaus machte, und ebenso unvermeidlich, daß der Kirchplatz später zum osmanischen Friedhof wurde, wovon Grabsteine zeugen.

Ansonsten ist von römischer Baukunst in İzmir wenig zu sehen. Auf der Westseite der Eşrefpaşa Caddesi, oberhalb des Basarviertels, kann man über etwa 100 m den Lauf einer **römischen Straße** mit großen Pflasterplatten verfolgen (Altın Yol). Das dreistöckige **Doppelaquädukt** (Kızılçulluk Su Kemeri) über den Meles-Fluß im Süden nahe dem Schnittpunkt der neuen Ausfallstraßen dürfte eine frühbyzantinische Anlage sein, war aber noch bis in spätosmanische Zeit in Gebrauch. Ca. 1 km nördlich schneidet die Yeşildere Caddesi ein weiteres byzantinisch-osmanisches Aquädukt, das seine Bögen ebenfalls über den Meles Çayı spannte – einst stolzer Stadtfluß von Smyrna, heute ein Schmuddelrinnsal, an dem die Gerber ihrem anrüchigen Gewerbe nachgehen.

Im **Basarviertel**, das jenseits der Anafartalar Caddesi beginnt, finden sich die drei ältesten Moscheen von İzmir, die Hisar Camii aus dem späten 16. Jh. sowie die Kemeraltı Camii und die Şadırvan Cami aus dem 17. Jh., dazu einige Karawansereien aus dem 18. Jh. (Çakaloğlu Hanı und Kızlarağazı Hanı). Sonderlich eindrucksvoll sind all diese Bauten zwar nicht, jedenfalls im Vergleich zu dem, was Manisa an osmanischer Architektur zu bieten hat (s. S. 122),

Small talk im Basar

doch lohnt es sich, durch die engen Basargassen zu schlendern – gerade die, in denen sich nicht Geschäfte reihen, sondern die Handwerke ihren Platz haben. Ein Blick in die gepflasterten Innenhöfe zeigt Tradition im malerischen Verfall.

Nach Westen hin öffnet sich das Basarviertel auf den **Konak Meydanı**, einst großzügiger Freiraum zwischen Altstadt und Hafen, nach mißglückter ›Stadtsanierung‹ heute eine Platzwüste. Die farbenfroh geflieste *Konak Camii* von 1754 etwa duckt sich nieder vor modernen Hochhausfronten. Nur in den Grünanlagen um den *Uhrturm* (*Saat Kulesi*), wo alte Männer die Tauben zählen, bietet der Konak, wie er kurz genannt wird, etwas

Geruhsamkeit. Der im maurisch-islamischen Stil gehaltene Turm, fast ein Wahrzeichen der Stadt, wurde 1901 unter Sultan Abdülhamit II. (reg. 1876–1909) zum 25. Jahrestag seiner Herrschaft errichtet (s. S. 69). Das Geld dafür kam aus Berlin; Kaiser Wilhelm II. öffnete für den ›kranken Mann am Bosporus‹ die Staatsschatulle.

So kurios wie der maurisch-preußisch-türkische Uhrturm mutet noch ein zweites Baudenkmal an, das erst vor wenigen Jahren instand gesetzt wurde: der **Asansör** im alten Judenviertel von İzmir, wo die Hügelfront aus der Meeresebene besonders steil aufsteigt. Ende des 19. Jh. sucht man sich den mühsamen Treppenanstieg durch den Bau eines Fahrstuhls (*asansör*) zu ersparen, der sich seit 1993 wieder über annähernd 70 m emporhebt zu einer Terrasse mit schickem Aussichtscafé; hier schlürfen die Yuppies von İzmir ihren Tee. Man erreicht den Asansör über die Mithatpaşa Caddesi; von ihr ca. 1 km südwestlich des Konak links in die Dario Moreno Sokağı abzweigen.

Näher am Konak liegen die beiden großen Museen von İzmir am Hang des Yeşiltepe in einer kleinen Parkzone. Das **Ethnographische Museum,** untergebracht in einem türkischen Traditionshaus, bietet neben ägäischen Volkstrachten eine schöne Teppichkollektion (Stücke aus Bergama, Gördes); auch die alten kunsthandwerklichen Techniken (Knüpferei, Stoffdruck, Glasschmelze etc.) werden anschaulich dargestellt. Direkt nebenan der moderne Bau des **Archäologischen Museums** (beide: tägl. außer Mo 9–12, 13–17 Uhr) mit einer vorzüglichen Kollektion von Antiken vor allem der Griechen- und der Römerzeit. Bemerkenswert im Erdgeschoß neben den archaischen Statuen (Koren und Kouroi, 5. Jh. v. Chr.) die lebensechte Darstellung des schönen Antinoos (er war Favorit des Kaisers Hadrian); im Untergeschoß beeindrucken die Liegefigur des Flußgotts Kaystros mit dem Füllhorn und die Reliefs der Kentaurenschlacht vom Belevi-Grabmal (um 250 v. Chr.; s. S. 130).

Im Norden des Basarviertels beginnt das moderne İzmir, das seinen Ausdruck in einer grünen Oase gefunden hat: Der **Kültürpark**, eine Art *Central Park* der Ägäis-Metropole, ist mit seinen schattigen Palmenalleen und einem See, auf dem

Grüne Oase Kültürpark

Der Kordon in Alsancak, İzmirs
berühmte Seepromenade

man Bötchen fahren kann, *das* Aus-
flugsziel der Stadtbevölkerung (24
Std. geöffnet, Eintritt umgerech. 0,5
€). Doch nicht Planung schuf dieses
Idyll, vielmehr der große Brand von
1922 (s. S. 115). In den Hallen des
Parks findet Anfang September die
›Fuar‹ statt, eine Industriemesse, be-
gleitet von zahlreichen Kulturveran-
staltungen.

Nördlich vom Kültürpark, in **Alsancak**, liegen die ›besseren Viertel‹
von İzmir. An der *Kordon* genannten Seepromenade (Atatürk Caddesi) reihen sich nördlich des Cumhuriyet Meydanı die Restaurants und
Cafés, dahinter am Cumhuriyet Bulvarı *(İkinci Kordon)* die Luxusbou-
tiquen, und wer es sich in İzmir lei-

sten kann, wohnt in den Apartment-
blocks von Alsancak. Das **Atatürk-
Museum**, Kordon Nr. 248, ein Stadt-
haus von 1862, bewahrt Andenken
an den türkischen Staatsgründer,
der dort bei İzmir-Aufenthalten zu
logieren pflegte.

Wie es hier früher einmal ausgesehen hat, zeigen die sorgfältig restaurierten Gassen 1453 Sokak und
1482 Sokak, die von der Fußgängerzone Kıbrıs Şehitler Caddesi abzweigen. Deren Straßenrestaurants
sind in lauen Nächten ein beliebter
Treffpunkt der İzmir-Schickeria.

> ℹ Touristenbüro im Hotel Büyük
> Efes am Gazi Osmanpaşa Bulv.,
> ☎ 484 21 47, Fax 489 92 78; am Flug-
> hafen, ☎ 274 22 10
> **Vorwahl:** ☎ 232
> **Konsulate:** Deutschland: Atatürk Cad.
> 260, ☎ 421 69 95; Österreich: Şehit
> Fethibey Cad. 41, ☎ 441 58 56

✈ *Adnan Menderes Havaalanı,* ca. 25 km südlich vom Zentrum an der Westküstenautobahn; mehrmals täglich Flüge nach İstanbul und Ankara, seltener auch nach Antalya. Internationale Verbindungen u. a. mit Düsseldorf, Frankfurt (tägl.), Hamburg, Köln, München, Wien und Zürich. Vom Flughafen mit dem Bummelzug im Halbstundentakt tagsüber zum Alsancak-Bahnhof. Buszubringer nur in Verbindung mit THY-Flügen; Taxis ins Zentrum für ca. 15 €.

🚆 Züge ab *Basmane İstasyonu* bzw. ab *Alsancak İstasyonu* nordwärts nach Manisa, Balıkesir, Bandırma; südwärts (über den Flughafen) nach Selçuk, Aydın, Denizli; ostwärts nach Afyon, Eskişehir, Ankara.

🚌 Vom zentralen Bushof (*Yeni Garaj* oder einfach *Otogar*) im Norden der Stadt beste Verbindungen in alle Regionen der Türkei, aber auch zu den Dörfern und Kleinstädten in İzmirs näherer Umgebung. Es gibt Speiselokale und Teestuben, auch eine Gepäckaufbewahrung. Der zweite Bushof (*Karabağlar Garaj*) liegt im Süden von İzmir an der Ausfallstraße Richtung Selçuk. Alle Busse von der Yeni Garaj stoppen hier, man kann zusteigen. Ein dritter Bushof im Stadtteil Üçkuyular bedient die Orte der Çeşme-Halbinsel. Man erreicht ihn von Karabağlar mit Stadtbus 250.

🏨 Luxuriösestes Hotel der Stadt ist das *Hilton******, der höchste Turm von İzmir am Gazi Osmanpaşa Bulv. 7 (✆ 441 60 60, Fax 441 22 77). Auch das *Büyük Efes* (GOB 1, ✆ 484 43 00, Fax 441 56 95, *www.grandhotele-fes.com*), ein älteres, sehr charmantes Luxushotel mit großem Pool in schönem Gartenareal darf sich mit fünf Sternen zieren (DZ jeweils 150–200 US-$).
Wer Meerblick und direkte Lage am Kordon wünscht, sei auf das *İzmir Pala-*

*ce*** (Ecke Kordon/Vasıf Çınar Bulv., ☎ 421 55 83, Fax 422 68 70) verwiesen, ein Hotel der oberen Mittelklasse (DZ um 70 US-$). Etwas teurer (ca. 80 US-$), dafür besonders ruhig und intim in einer Seitengasse zwischen Büyük Efes und Hilton gelegen, ist das *Karaca*** (Necatibey Bulv., 1379 Sok. 55; ☎ 489 19 40, Fax 483 14 98) mit Palmen vor der Tür. Empfehlung!

Einfaches Mittelklasseniveau bieten die Hotels *Yumukoğlu*** (Sair Eşref Bulv. 10, ☎ 483 65 65, Fax 482 02 30) nahe dem Kültürpark und *Kabaçam*** (Gazi Bulv., 1364 Sok. 2, ☎ 482 33 53, Fax 484 05 49) nahe dem Basmane-Bahnhof. Einigermaßen preiswert (DZ um 30 US-$) logiert man auch im ganz ordentlich geführten *Üstün*** (Fevzipaşa Bulv., 1361 Sok. 14, ☎ 441 68 42, Fax 484 88 14).

🍴 Über die gesamte Länge des Kordon (Atatürk Cad.), vom Konak bis hinauf zur Alsancak İskelesi, wo die Fährschiffe zum Vorort Karşıyaka übersetzen, reiht sich Restaurant an Restaurant, Café an Café; eingestreut auch einige Bars und Blaulicht-Bistros. Abends, wenn der Kordon für Autos gesperrt ist, sitzt man hier am ›längsten Tisch‹ von İzmir, am schönsten vielleicht auf der ins Meer gebauten Terrasse des *Palet* am Nordende des Kordon. Vor allem Fisch und Meeresfrüchte sind die Spezialitäten im *Deniz* (gediegenes Restaurant im Hotel İzmir Palace) und im *Denizati* (nahe dem Atatürk-Museum).

Wahr aber ist, daß einige Kellner der ›guten Adressen‹ mit ihrem snobistischen Gehabe auf die Nerven gehen. Etwas legerer geht es da in den Straßenlokalen von Alsancak zu, die sich entlang der Kıbrıs Şehitler Cad. reihen, einen besonders guten Ruf hat etwa das *Kemal'in Yeri* (1453 Sokak). In den Gassen von hier zur Cumhuriyet Cad. fin-

den sich etliche Bars, Discos und Nightclubs, z. B. das *Mask* in einem hübschen historischen Bau (1453 Sok. 18). Echtes Rotlichtmilieu bietet dagegen das *Santana* an der Kazım Direk Cad.

Ganz anders das ›plebejische‹ Stadtviertel Basmane, wo man in zahlreichen volkstümlichen Garküchen (zu empfehlen die Restaurants in den Gassen südlich des Dokuz Eylül Meydanı) gute Traditionsküche bekommt und dafür nicht einmal die Hälfte zahlt. Ein echt türkisches Restaurantviertel liegt auch an der unteren Kazım Dirik Cad., wo z. B. *İbrahim Simsek* gegenüber dem Hotel *Marla* ausgezeichneten Döner vom Drehspieß säbelt.

Manisa

Nur 42 km sind es von İzmir nach Manisa, eine Stunde ist der Bus unterwegs, der sich dabei über einen 675 m hohen Paß, den Sabuncubeli, quälen muß. Zwar kehrt man der Westküste den Rücken, doch der Inlandausflug lohnt.

Manisa ist eine vom Tourismus nahezu unberührte Provinzhauptstadt von ca. 150 000 Einwohnern. Großindustrie gibt es dort nicht, nur vor dem Paß, also auf der İzmir-Seite, wölkt der Staub der industriellen Moderne, in Manisa dagegen weiterhin der Staub der Bauernkarren und Melonen-Lastwagen, denn vor der Stadt breitet sich eine der fruchtbarsten Ebenen Kleinasiens aus.

Die Muradiye, die schönste Moschee an der Westküste

Die Gunst solcher Lage begründete früh die historische Bedeutung von Magnesia, wie Manisa damals hieß. An den Gebirgsfuß des bis 1513 m aufsteigenden Sipylos (heute: Manisa Dağı) gelehnt, hielt die alte Siedlung sich militärisch den Rücken frei. Im dunkeln liegt ihre Frühgeschichte, von der das *Taş Suret* oder *Kabartma* genannte Steinbild eines hethitischen Berggotts ca. 7 km südöstlich an der Straße nach Turgutlu über dem Wasserwerk von Akpınar (steiler, rutschiger Aufstiegspfad) zeugt.

Berühmt wurde Magnesia am Sipylos durch eine Epochenschlacht. In der Ebene vor der Stadt maßen sich Ende 190 v. Chr. der seleukidische König Antiochos III., der 80 000 Soldaten aufgeboten hatte, darunter 12 000 Berittene, und Roms durch Pergamener verstärkte Truppen, kaum mehr als 30 000 Mann. Rom siegte dennoch und bestimmte in der Folge die Politik in Kleinasien.

Im 15. und 16. Jh., avancierte Manisa zur ›Prinzenstadt‹ des Osmanen-Reiches, und weder der Mongoleneinfall noch ein agrarkommunistischer Aufstand unter dem Derwisch Bürklüğe Mustafa (1416) verhinderte die *Pax Osmana*, die 500 Jahre währen sollte. Auch Süleyman der Prächtige verdiente sich als Gouverneur in Manisa vor seiner Thronbesteigung erste politische Sporen.

Antike Relikte bietet Manisa heute nur in seinem ausgezeichneten **Archäologischen Museum**, das im religiösen Komplex (Medrese und İmaret) neben der Muradiye Cami untergebracht ist (außer Mo 8.30–17 Uhr). Vor allem Werke des lydischen Kulturraums (Sardis, Philadelphia) wurden hier zusammengetragen, darunter ein mit Reliefs zwischen ionischen Säulen geschmückter marmorner Kybele-Schrein aus Sardis (540 v. Chr.). Die ethnographische Sektion zeigt neben einer Teppichkollektion u. a. osmanische Waffen, Manuskripte und Kupferware.

Die hochberühmte **Muradiye** gilt trotz ihrer eher bescheidenen Dimensionen mit Recht als die schönste Moschee der türkischen Westküste. Eine fünfjochige Vorhalle und ein Portal mit Stalaktitenbaldachin geleiten in das Gebetshaus, dessen zentrales Kuppelquadrat durch tiefe Seitentrakte zum Quersaal wird. Doch ist die Farbenpracht der Qibla-Wand mit ihren Buntscheiben und ihrem Fliesen-Dekor im İznik-Stil des 16. Jh. optisch so dominierend (s. Abb. S. 33), daß die kürzere Längsachse des Baus dem Besucher maßgebend erscheint. Der Meisterarchitekt der Osmanen, Mimar Sinan, damals schon über 90 Jahre alt, hat die Muradiye 1583 entworfen, ihren 1586 vollendeten Bau selbst aber nicht mehr leiten können.

Wer Manisa besucht, sollte unbedingt noch eine zweite Moschee sehen: die **Ulu Cami** (›Große Moschee‹), das älteste islamische Bauwerk der Stadt, errichtet 1376/77 n. Chr., als Manisa noch nicht osma-

Das Mesir-Fest

Einmal im Jahr, Ende März, Anfang April, strömen Tausende von Bürgern und Bauern aus Manisa auf den Vorplatz der Sultan Camii. Auch aus İzmir rollen die Busse an, und aus den Dörfern im Gediz-Tal die Kleinbusse.

Sultan Camii ist nicht mit Sultansmoschee, sondern mit Moschee der ›Sultanin‹ zu übersetzen. Denn der Bau wurde von einer Frau gestiftet. Ayşe Hafsa hieß sie. Sie war die schöne Tochter eines Krimtataren-Khans, avancierte im Harem Selims I. zur Hauptfrau und gebar dem Sultan jenen Knaben, der als Süleyman der Prächtige sein Nachfolger auf dem Thron werden sollte.

Nach der Legende war die ›Sultanin‹, als sie sich wieder in der Hauptstadt aufhielt, einmal schwer erkrankt. Stambuls Mediziner wußten keinen Rat. Da schickte man eine Liste der Krankheitssymptome nach Manisa, und zwar an Merkez Efendi, wie er tituliert wurde, den Leiter des Hospitals (*darüşşifa*) bei der Sultan Camii. Dieser bereitete aus 41 Ingredienzen, darunter vielen Gewürzen, eine Gallerte oder Paste (*mesir*), die tatsächlich Genesung brachte.

Der Ruf der heilkräftigen Arznei verbreitete sich rasch, und es wurde üblich, die wohldosierte Paste, Stück für Stück nach Art eines Bonbons in Papier gehüllt, am Jahrestag von den Minaretten der Sultan Camii in die wartende Menge zu werfen. Wer vom Mesir kostet, wird – so der Volksglauben – das ganze folgende Jahr über von Leiden und Beschwerden frei bleiben und ist auch gegen Schlangenbisse gefeit.

nisch war, sondern von den Emiren der Saruhan-Dynastie beherrscht wurde. Zum ersten Mal finden wir hier die später ›klassische‹ osmanische Moscheegliederung in einen offenen Hof und einen gedeckten Betsaal. Den Hof umschließen Arkadengänge, und in der dämmrigen Gebetshalle mit großer Kuppel zieht als eines der schönsten Beispiele türkischer Holzschnitzkunst des 14. Jh. die Predigtkanzel den

Blick auf feingliedrige Paneele. Kühl und schattig ist es auf dem Vorplatz der Moschee – vielleicht verweilt man in Manisa nirgendwo annehmlicher als hier.

Und noch eine Moschee! Die **Sultan Camii** (1522), bekannt als Ort des Mesir-Fests, entspricht mit ihrer charakteristischen Bausilhouette ganz dem typischen Muster İstanbuler Moscheen. Anfang des 16. Jh. war eben auch in der Provinz die Entscheidung für den hauptstädtischen Baustil gefallen. Ein großer Stiftungskomplex mit Koranschulen, einer Armenküche, einer Sternwarte und einem Hospital kündet vom Prestigebewußtsein des osmanischen Herrscherhauses.

ℹ️ Doğu Cad. 14/3, ✆ 231 25 41, Fax 232 74 23, **Vorwahl:** ✆ 236

🚌 Im Halbstundentakt Busverbindung mit İzmir (ca. 1 Std.); seltener nach Turgutlu/Salihli und Menemen.

🛏️ Obwohl Manisa Provinzhauptstadt ist, besitzt es nur zwei akzeptable Hotels, das *Arma*** (Doğu Cad. 14, ✆ 231 19 80, untere Mittelklasse) und das neue *Büyük Saruhan**** (Nusret Köklü Cad., ✆ 233 23 80).

Kemalpaşa und Eti Baba

Die Mittelstadt **Kemalpaşa** liegt 29 km von İzmir etwas abseits der Fernstraße nach Ankara (E 96). Ihr antiker Name war Nymphaion; zu Nimphi oder Nif verschliffen hielt die Bezeichnung sich bis in das 20. Jh. Die Ebene vor dem Städtchen ist für ihre Kirschen bekannt, der Ort selbst durch ein historisches Ehebündnis: 1244 feierte Konstanze, die Tochter des großen Staufers Friedrich II., hier Hochzeit mit dem byzantinischen Kaiser Johannes III., der seine prekäre politische Situation nach der Errichtung des Lateinischen Kaiserreichs (s. S. 30) durch Heiratspolitik zu verbessern suchte. Der Bau, in dem der

Ehebund geschlossen wurde, steht noch (links, bald nach der Stadteinfahrt) und ist im Wechsel weißlicher und rötlicher Steinlagen aufgeführt; er wird heute *Kız Kalesi* (›Mädchenburg‹) genannt.

Von Kemalpaşa Richtung Torbalı, zwischen den Höhen des Olympos (Nif Dağı; rechts, also westlich) und des Tmolos (Boz Dağları; links, also östlich) hindurch. Nach ca. 7 km ein Torbogen, dahinter ein Parkstreifen; dort beginnt links ein teilweise getreppter Pfad, der ca. 40 m Höhenunterschied zum **Eti Baba** (›Hethitervater‹) überwindet.

Die Entdecker des 2 m hohen Felsreliefs hielten es 1839 für ein Bild des ägyptischen Pharao Sesostris (19. Jh. v. Chr.), denn sie wußten noch nichts vom kleinasiatischen Reich der Hethiter. Heute ordnet man das Werk einer westkleinasiatischen Regionaldynastie des 13. Jh. v. Chr. zu, die – kulturell beeinflußt von den Hethitern – am Waldpaß von Karabel ihre Herrschaftszone durch das Abbild des Regenten markierte. Hapalla mag das Land, Targasnalli der dargestellte Kleinkönig geheißen haben. Das Relief zeigt das Bild eines schreitenden Mannes, gerüstet mit Lanze, Bogen und Kurzschwert. Schnabelschuhe bekleiden die Füße, das Haupt ist von einer hohen, kegelförmigen Mütze bedeckt. Eine zwei- oder dreizeilige Inschrift über dem ausgestreckten Arm des Fürsten läßt sich nicht mehr verläßlich lesen.

Keine Busverbindung von Torbalı her; Kleinbusse von İzmir nach Kemalpaşa (von dort per Taxi zum ›Eti Baba‹). Wer mit dem Wagen von Süden her anfährt, biegt am nördlichen Ortsausgang von Torbalı rechts ab auf die Landstraße 35-26, die am Karabel-Paß mit dem ›Eti Baba‹ vorbei nach Kemalpaşa führt.

Sardis

Wer kennt heute noch Lydien? Vor über zweitausendfünfhundert Jahren, im 7. Jh. v. Chr., kannte dagegen die ganze zivilisierte Welt den Namen. Unter dem Königshaus der Mermnaden gewann dieser fruchtbare Landstrich im westlichen Kleinasien stolze politische Gestalt. Gyges hieß der erste Dynast, Kroisos war der vierte und letzte König. Sprichwörtlich die Schätze (›reich wie Krösus‹), die er in seiner Königsstadt Sardis hortete. Die Lyder bargen Schwemmgold aus dem Sand des Flusses Paktolos und gruben Minen zu den Edelerzadern in den bizarr geformten Bergen des Tmolos (heute: Boz Dağları), dem der Paktolos entströmt. Vor allem aber wurde Lydien als Handelsmacht reich. Profitorientiert vermittelte das Land zwischen den altorientalischen Imperien (Persien, Mesopotamien) im Osten und dem seefahrenden Küstengriechentum im Westen. Da aber stach den reichen Kroisos der Hafer politischer Begehrlichkeit. Ein berühmter Orakelspruch ermunterte ihn, den Halys, Lydiens östlichen Grenzfluß,

zu überschreiten. Kroisos werde, wenn er Persien angreife, ein großes Reich zerstören, so hatte Delphis Pythia geweissagt. Und die griechische Priesterin sprach die Wahrheit. Nur zerstörte der lydische König nicht Persien, sondern sein *eigenes* Reich: Im Jahre 547 wurde er von den Truppen des Persers Kyros geschlagen und Sardis erobert. Glanzvoll funkelte die Königsstadt aber auch danach. Unter den siegreichen Persern war Sardis Endpunkt der berühmten, 2500 km langen Königsstraße von Susa her und Sitz eines Satrapen, eines persischen Provinzgouverneurs.

Wir entfernen uns weit von der Westküste, wenn wir Lydiens alter Königsstadt unsere Aufwartung machen, knapp 100 km nämlich, doch ist die Tour den Aufwand wert. Schon bei den unübersehbaren Ruinen eines römischen **Gymnasions** links der Fernstraße (s. Abb. S. 28) wird klar, daß man nicht in anatolischer Ödnis, sondern in einem der Zentren der Alten Welt angelangt ist. Auf den ersten Blick wirkt jenes Gymnasion allerdings wie die Attraktion eines archäologischen Disneyland, so klotzig steht es in der flachen Landschaft. Für diesen Effekt darf man aber nicht die amerikanischen Ausgräber verantwortlich machen, die seit Mitte der 70er Jahre an der Wiedererrichtung arbeiten. Der kaiserzeitliche Monumentalbau, vollendet 211 n. Chr. unter Caracalla und Geta, entspricht vielmehr ganz der römischen Prunkarchitektur, die in kantiger Symmetrie den Triumph der (römischen) Zivilisation über die ungestaltete Natur zu demonstrieren suchte. Im Westen seines säulengesäumten Sporthofs gewinnt das Gymnasion von Sardis die größte Pracht. In zwei Geschossen steigt hier über Marmorpflaster eine reich gegliederte, ca. 25 m hohe Fassade auf. Dekorativ markierte sie den Eingang zum Badetrakt.

Ein kulturhistorisches Denkmal ersten Ranges ist die **Synagoge** von Sardis, eine der ältesten erhaltenen der jüdischen Diaspora. Nach der Eroberung Jerusalems durch Titus entstanden Gemeinden

nicht nur in Ephesos, Pergamon und Milet, sondern auch im römischen Sardis. Die Juden der Stadt erbauten ihr Bethaus an der Südseite des Sporthofs im 3. Jh. unserer Zeitrechnung. Reich geworden durch den Orienthandel, verfügten sie über die nötigen Mittel, den langgestreckten Bau opulent auszustatten mit Säulen, Mosaiken und Plastiken (Originale im Museum von Manisa, s. S. 124). Hervorzuheben sind die Adlerreliefs am Opfertisch.

Eine **Ladenstraße**, die ost-westlich an Gymnasion und Synagoge vorbeistrich, ist in ihrer heute sichtbaren Form byzantinisch; doch markiert sie exakt den Verlauf der über tausend Jahre älteren Königsroute (s. o.), über die im asiatisch-kleinasiatischen Handel die Karawanen der Lyder und Perser zogen.

2500 Jahre alt: der Artemis-Tempel von Sardis

Unter den Hügeln von Bintepe liegen
die Großen Lydiens begraben

Heute braust wenige Meter weiter
südlich der Fernverkehr zwischen
İzmir und Ankara dahin.

Das berühmteste Baudenkmal
von Sardis ist der **Artemis-Tempel,**
das Heiligtum der griechischen
Nachfolgerin der altkleinasiatischen Muttergottheit Kybele, etwa
1 km jenseits der Fernstraße im Süden. Der Bau enstand Ende des
4. Jh. v. Chr. und löste eine ältere
Kybele-Kultstatt ab. Fast 400 Jahre
baute man ehrgeizig an dem Denkmal, zuletzt unter dem römischen
Kaiser Antoninus Pius (reg. 138–
161 n. Chr.). Wie der Tempel von
Didyma (s. S. 175) wurde aber
auch der zu Sardis nie vollendet.
Nach Art der Artemis-Heiligtümer

ist die ungeheure Bauruine nach
Westen gewendet, wo sich auch
der ältere rechteckige Altar (5. Jh.
v. Chr.) befindet. Vom Tempel
selbst stehen noch Partien der Cel-
la-Wände und etliche Säulen-
stümpfe, aber auch zwei Säulen in
voller Höhe (17,3 m), ungebrochen
durch alle anatolischen Erdbeben
und Kriegshändel. An die Tempelreste lehnt sich ein Ziegelbau, die
Ruine einer byzantinischen Kirche.

Eindrucksvoll ist die Lage des
Tempels vor der Silhouette der
Akropolis. Dreifach ummauert,
galt der Burghügel von Sardis als
uneinnehmbar, und wo auch immer in der Antike eine nicht für
möglich gehaltene Tat geschah,
kommentierte der Volksmund: »Da
hat einer die Akropolis von Sardis
eingenommen.« Heute lohnen die
spärlichen Baureste kaum die
Mühen des steilen Aufstiegs.

129

Hingegen sollte, wer mit dem Leihwagen nach Sardis gekommen ist, eine andere Sehenswürdigkeit nicht versäumen: die lydischen Königs- und Herrengräber. **Bintepe** (›Tausend Hügel‹) wird der alte Friedhof mit seinen – nein, nicht tausend, aber doch zwei oder drei Dutzend – Erdtumuli genannt. Das höchste Hügelgrab, das des Königs Alyattes, ragt immerhin 69 m hoch. Man erreicht das weite Terrain, heute fruchtbares Ackerland, wenn man von Salihli her nordwestlich Richtung Gölmarmara fährt.

Etwa stündlich Busverbindung von İzmir her. Man bucht bis Salihli, dem nächsten Städtchen im Osten von Sardis, läßt sich aber bereits 10 km vor Sahlili beim Dorf Sartmustafa (oder Mustafasart) absetzen.

Achtung: Salihli als die Sardis nächstgelegene Mittelstadt besitzt weder eine Touristeninformation noch ein annehmbares Hotel.

Im Tal des Küçük Menderes

Zwischen Sardis und Salihli zweigt eine ausgebaute Straße nach Süden ab, die über das einsame Bergland der Boz Dağları ins Talbecken des Küçük Menderes führt, des ›Kleinen Mäander‹, der in der Antike Kaystros hieß. Kurz vor Ödemiş ist die Kleinstadt **Birgi** erreicht (ca. 30 km; 5000 Ew.), wo eine der ältesten Moscheen der Westküste zu sehen ist: die *Ulu Cami* (1312/13),

errichtet unter Benutzung antiker Marmorblöcke und Säulen. Bauherr war der Emir Mehmet Bey aus dem Geschlecht der Aydınoğulları, die vor den Osmanen bis 1425 in der Region herrschten, übrigens auch in Tire und Selçuk. In einer *Türbe* neben dieser Moschee liegt Mehmet Bey bestattet. »Das Stadtbild von Birgi ist von stattlichen Wohnhäusern des 18. und 19. Jh. mit flachgeneigten Ziegelwalmdächern geprägt, die durch grüne, ummauerte Gärten an kleinen Gassen voneinander getrennt sind. Es ist das Bild der türkischen Landstädte, wie es auf alten Stichen gezeigt wird . . .« (W. Koenigs). Museal hergerichtet ist ein besonders reiches, dreistöckiges Wohnhaus, der *Çakırağa Konağı* (ca. 1760/70), mit schöner Holztäfelung und Blumen- wie auch Landschaftsmalereien (s. Abb. rechts).

Bei der Weiterfahrt sollte man den ›Kleinen Mäander‹ bei İlkkurşunköy nach Süden überschreiten und noch ein zweites, wie Birgi in seine Traditionen versunkenes türkisches Marktstädtchen besuchen: **Tire** (37 km; 35 000 Ew.) mit einer stimmungsvollen Altstadt am Hügelhang. Interessantestes Baudenkmal ist die *Yahsi Bey-Moschee* (14. Jh.) mit überkuppeltem Hauptraum und einer eigentümlichen Halbkuppel über der Mihrab-Wand.

Von Tire fährt man am Südsaum des Tales Richtung Selçuk (noch 38 km). 3 km vor dem Dorf **Belevi**, wo die Trasse der neuen Westküstenautobahn nach links in die Berge

Das türkische Haus

Als die ersten Turkmenenverbände im 11. Jh. Anatolien erreichten, schlugen sie auf den Hochebenen Zelte auf. Der türkische Name für diesen zentralasiatischen Zelttypus ist *yurt*, was zugleich Heimat und Heim bedeutet, denn in den Steppen, welche die türkischen Nomaden mit ihren Herden durchzogen, war die Jurte beides.

Bestimmte Eigentümlichkeiten des Zeltlagers sind noch im klassischen Typus des türkischen Hauses nachzuweisen, das sich entsprechend den regionalen klimatischen Verhältnissen in unterschiedlichen Typen ausbildete. Im türkischen Westen baut man mit Stein und Holz und legt besonderen Wert auf sommerkühle Räume. Hohe Zimmerdecken, Erker, Außenlage und eine gute Ventilation sind die architektonischen Mittel.

Auch wenn in den Armenvierteln von Bergama oder İzmir, aber auch auf dem Dorf einstöckige Katen und Häuschen dominieren, gilt eine solche Bauweise nach den Traditionsmaßstäben des renommierlichen Bürgerhauses als soziales Armutszeugnis. Zu einem Repräsentationshaus gehört unabdingbar ein Obergeschoß (*bir kat*), das über die mit Wirtschaftsräumen ausgestattete oder auch gänzlich ungenutzte Parterre vorkragt, meist abgestützt durch Balken oder Konsolen. Das an der türkischen Westküste stets steinerne Erdgeschoß (von teilweise erstaunlicher Höhe) hat die Aufgabe, eine etwaige Hanglage des Hauses keilförmig auszugleichen. Diese Bauweise ersetzt ausgeschachtete Fundamente, und folgerichtig besitzen türkische Häuser keinen Keller – so wie einst ja auch die Jurte auf dem Boden aufgepflanzt wurde.

Das Çakırağa-Haus von Birgi: ein prachtvoller Konak mit Wandmalereien

Zu den Eigentümlichkeiten des türkischen – wie überhaupt des islamischen – Hauses gehört seine Insichgekehrtheit. Dem dörflichen oder städtischen Zusammenhang entzieht sich das Hausleben. Uneingeschränkt öffentlich ist allein die Durchgangsstraße (*cadde*). Intimen Charakter besitzt schon die Gasse (*sokak*), die von einer *cadde* oder einer anderen Gasse abzweigt. Hier erwarten Sie als Fremden fragende, wenn nicht scheele Blicke. Vollends ein Fremdkörper sind Sie in einer *cikmaz*, einer Sackgasse, von der sich Tore in Höfe und Häuser öffnen. Solche Gäßchen rechnen ganz zur Privatsphäre der Anrainer, die sich hier entsprechend ungezwungen, z.B. im Schlafanzug oder Nachthemd bewegen.

In das Innere eines türkischen Heims gelangt man als Ausländer nur auf ausdrückliche Einladung. Entsprechend dem Wink des Hausherrn, der Sie an der Tür empfangen wird – der Hausfrau steht dieses Vorrecht nicht zu –, werden Sie Ihre Schuhe gleich dort, spätestens aber am oberen Ende der Stiege ablegen, die ins Wohngeschoß hinaufführt. Auch dies entspricht alttürkischer Tradition. Es galt als grobe Unhöflichkeit, ein Zelt mit Schuhen zu betreten oder etwa mit den Füßen die Zeltseile zu berühren. Im Wohngeschoß erwartet Sie zunächst die *sofa* genannte Diele, die als Durchgang zu den Zimmern fungiert. Der türkische Bauforscher Küçükerman vergleicht die *sofa* mit einem gemeinsamen Zeltplatz, um den sich mehrere Jurten gruppieren. Traditionell ist dieser Treffpunkt der Familie und, wenn überhaupt, nur mit Sitzgelegenheiten ausgestattet, sonst aber ohne Einrichtung.

Die einzelnen Zimmer wären nach Küçükermans Bild sozusagen die Zelte der lagernden Sippe. Anders als in unserer Wohnkultur fehlt dabei die Scheidung von Schlaf- und Wohnzimmer, vielmehr ist jeder traditionelle türkische Raum multifunktional. In ihm wird gleicherweise gesessen und gegessen, gearbeitet und geschlafen. Der Grundaufbau mit einer freien, meist teppichbedeckten Zentralfläche, erhöhten Sitzborden, auf denen kleinere Teppiche und Kelims sowie Kissen der Bequemlichkeit dienen, einem Kamin und schließlich, zur Hausinnenseite hin, einer Schrankwand entspricht wiederum ganz der alten Jurtenausstattung. Allerdings ist die Feuerstelle nun nicht mehr im Raumzentrum plaziert, verschließen Holztüren und nicht mehr Textilien den Stauraum mit den Lebensutensilien. Das Grundgefüge alttürkischer Lebenshaltung erscheint aber darin bewahrt, daß alle Gegenstände eines Raums tragbar, also transportierbar sind.

Wie schrieb Marco Polo vor 700 Jahren so treffend über die Jurten: »Man kann diese Häuser überallhin mitnehmen…«

Keci Kalesi, eine byzantinische Burg

schwingt, verbirgt sich am Hügelfuß der Felskern eines hellenististischen *Mausoleums,* das die Gestalt des berühmten Grabmals von Halikarnassos (s. S. 203) nachahmte. Ursprünglich erhob sich auf dem ca. 12 m hohen Felsklotz eine Stufenpyramide; ein Kranz korinthischer Säulen war dem Steinkubus vorgestellt. Einer der großen Seleukiden lag hier begraben, wahrscheinlich Antiochos II., der 246

v. Chr. in Ephesos starb. Sein Sarkophag ist heute im Museum von Selçuk (s. S. 161) zu sehen.

Höher am Hügelhang, in ca. 15 Min. Aufstieg zu erreichen, wölbt sich ein älterer *Tumulus*, vielleicht über dem Grab des Hirten Pixadoros, der Ephesos einen Marmorsteinbruch erschloß und von der Stadt als Heros geehrt wurde. Ein Gang führt über ca. 20 m ins Innere des Hügelgrabs (starke Taschenlampe erforderlich).

Wo die Tire-Straße in die alte Westküstenstraße mündet, bekrönt eine **Keci Kalesi** (›Ziegenburg‹) genannte byzantinische Feste weithin sichtbar eine Höhe auf der Nordwestseite des Tals. So wie sie ist auch die Zitadelle, die man, von Norden kommend, als erstes Bauwerk des Städtchens Selçuk (s. S. 144 ff.) wahrnimmt, errichtet worden, als im 11. Jh. die Türkengefahr für die byzantinischen Griechen immer bedrohlicher wurde.

Die alte griechische Kirche von Çeşme

 Von Salihli keine Busverbindung nach Birgi oder Ödemiş; wer nicht mit dem Auto unterwegs ist, muß zunächst zurück nach İzmir. Von İzmir Busse im Stundentakt nach Ödemiş; von dort weiter mit dem Kleinbus nach Birgi. Zwischen Ödemiş und Tire etwa stündlich ein Kleinbus, ebenso von Tire nach Selçuk. Wer die Belevi-Gräber besuchen will, läßt sich dort absetzen und wandert vom Tumulus auf Feldwegen nach Westen hinunter ins Dorf Belevi (ca. 2,5 km, 30 Min.); von dort reger Kleinbusverkehr nach Selçuk.

Çeşme

Seit der Fertigstellung der vielspurigen Autobahn benötigt man für die knapp 80 km von İzmir nach Çeşme (›Brunnen‹) nicht einmal mehr eine Stunde. Die moderne Verkehrsanbindung schließt eine Entwicklung seit Mitte der 60er Jahre ab, welche die Fischerorte um Çeşme zu Sommerresidenzen der Oberschicht aus İzmir machte. Wer es sich leisten konnte, baute sich dort an, wo der Sand am feinsten rieselte und zudem heiße (im Durchschnitt 41° C) Thermalquellen mit schweflichem Wasser spru-

delten: in den Weilern **Ilıca** und **Şifne**, 3 oder 4 km vor Çeşme. Doch um diese Sommervillen sind im Zuge des Massentourismus der 90er Jahre Ferienkolonien entstanden, die mit der Anmut Potemkinscher Dörfer über die Realität irreparabler Landschaftszerstörung hinwegtäuschen, so bei **Alaçatı**.

Die Hafenstadt **Çeşme** ist das Zentrum dieses Sommerbooms, doch da die Hotels die Strände suchen, noch durchaus ansehnlich. Aber: Ganze Brigaden von Teppich- und Lederhändlern aus İstanbul quartieren sich in der Saison hier ein, und die Hauptstraße, die vom modernen Befreiungsdenkmal hinunter zum Hafenplatz führt, wird dann zur Basarzeile. Weder fehlt es dem Ort an Bars und Pubs, ob *Café Müller* oder *Bistro Royal*, noch der Halbinsel an Hotels, vom Hochluxus des *Altınyunus* bis hin zu einfachen Pensionen.

Die historischen Sehenswürdigkeiten von Çeşme kann man dagegen an einer Hand abzählen. Die günstige Lage gegenüber der Insel Chios veranlaßte die Handelsstadt Genua, den Hafen Ende des 14. Jh. mit einem *Kastell* zur Kontrolle der Meerenge zu bewehren. Von der Seefront her steigen die Festungsmauern den Hang hinauf. 1508 übernahmen die Osmanen unter Sultan Beyazıd II. (reg. 1481–1512) die italienische Anlage und bauten sie weiter aus (außer Mo 8.30–12; 13–17.30 Uhr; in der Burg ein kleines *Museum* mit Funden aus dem antiken Erythrai, s. S. 137).

Wehr und Waffen halfen freilich nicht, als am 5. Juli 1770 eine russische Flotte unter dem Oberbefehl des Grafen Orlow die osmanische Kriegsmarine im Golf vor Çeşme zusammenschoß. Damals trug ein gewisser Hasan Paşa den Befehl über einen Teil des osmanischen Aufgebots. Hasans gutem Ruf, erworben durch Seesiege, Sultanstreue und sprichwörtliche Grausamkeit, tat die Niederlage (in der türkischen Geschichtsschreibung bis heute als ›Unentschieden‹ schöngeredet) offenbar keinen Abbruch. Im Parkstreifen vor dem Kastell hat man dem bärtigen und pluderhosigen Admiral mitsamt seinem ›Haustier‹, einem Löwen, ein *Denkmal* errichtet. Aus dem 18. und 19. Jh. stammen verschiedene *osmanische Brunnen* in den Gassen hinter der Burg.

Weniger deutlich als in Ayvalık (s. S. 85) oder Foça (s. S. 108) sind die architektonischen Spuren des kleinasiatischen Griechentums in Çeşme. Aber natürlich fehlt es auch hier nicht an den typischen klassizistischen Hausfassaden. Die *griechisch-ortho-*

›Löwenadmiral‹
Hasan Paşa

Am Altınkum-Strand
südlich von Çeşme

doxe Kirche an der Hauptstraße, eine hochgebaute Basilika, wird für kulturelle Veranstaltungen genutzt, z. B. bei den *Musik-Festspielen* Ende Juni/Anfang Juli.

ℹ İskele Meydanı 8, am Hafen, ✆/Fax 712 66 53; **Vorwahl:** ✆ 232

🚌 In der Saison, zwischen Juni und September, im Halbstundentakt Verbindung mit İzmir (ca. 60 Min.). Kleinbusse von der Busstation am Hafen zu den Sandstränden von Ilıca, Pirlanta, Güvercinlik, Altınkum.

🛏 Top-Adresse ist das luxuriöse *Altınyunus***** (✆ 723 12 50, Fax 723 22 52) am Strand von **Boyalık** mit allen touristischen Annehmlichkeiten, sogar einem eigenen Jachthafen. Den feineren Strand besitzt aber das altgediente *Turban Çeşme**** , eine Bungalow-Anlage mit viel Flair in einer Villenzone von **Ilıca** (✆ 723 12 40, Fax 723 13 88, nicht mit *Turban Ilıca* verwechseln). Die anderen Hotels von Ilıca liegen dagegen nicht direkt am berühmten Sandstrand.

Unter den Stadthotels in **Çeşme** können das *Rıdvan*** (✆ 712 63 36) und das *Ertan*** (✆ 712 67 95) am Hafenplatz empfohlen werden. Eine stilvolle Adresse für Individualisten mit Mut zum spartanischen Lager ist das *Kanuni Kervansaray*** (✆ 712 71 77) am Hafen neben dem Kastell, das aus einer Karawanserei des 16. Jh. hervorging.

Nördlich von Çeşme liegt in Ayasaranda das *Kerasus**** (✆ 712 05 06, Fax 712 79 38, *www.kerasus.com*), ein hochgebautes Ferienhotel mit eigenem Strand. Beim Fischerort Dalyan besetzt das *Ladin**** (✆ 724 83 27, Fax 724 70 39), ebenfalls ein Großhotel des Pauschaltourismus, einen kleinen Küstenvorsprung.

✗ Großes Angebot. Am feinsten tafelt man im *Kale Restoran* auf den Burgmauern: bei klassischer Musik sehr gute türkische Küche. Eine empfehlenswerte Adresse ist auch das auf Fisch und Meeresfrüchte spezialisierte *Körfez* an der Seepromenade zwischen Zollhafen und Stadtstrand. Und als Lesertip: das *Orangen Garten* in der Uzun Sok. im ruhigen Altstadt-Viertel 5 Min. von

der İnkilap Cad. wurde als rustikale Gartenidylle mit einem Meer von Blumen empfohlen.

Alexander d. Gr. plante angeblich, im Süden der Bucht von Erythrai einen Kanal durch die Halbinsel zu stoßen und auf diese Weise Smyrna mit Teos (s. u.) zu verbinden.

Wer die Ruinen sehen will, fährt über Ilıca zum malerischen Dörfchen **Ildır** (ca. 20 km von Çeşme) und fragt dort nach dem Aufseher (*bekçi*). Noch vor dem Dorf, das bis 1923 von Griechen bewohnt wurde, überschreitet die Straße den Fluß Aleon. Weil sein Wasser bitter und ungenießbar ist, mußte sich die antike Stadt am Hügel über Ildır über *Aquädukte* aus dem gebirgigen Hinterland versorgen. Sehenswerte Reste von **Erythrai** sind erhaltene Partien der in rot-weißem Steinwechsel errichteten, bis 5 m starken *Stadtmauer* (4./3. Jh. v. Chr.), ein steiles, nach Norden gewendetes *Theater* (ca. 3. Jh. v. Chr.) am Hang der Akropolis sowie die Fundamente von *Wohnhäusern*, dazu die Grundmauern eines *Mausoleums*. Nicht versäumen sollte man auch das ›inoffizielle Museum‹ des Aufsehers.

Ildır und Erythrai

Als Çeşme noch nicht einmal ein Fischerdorf war, fungierte es als Chios-Hafen für Erythrai, einer antiken Stadt, die damals in Blüte stand, seit dem osmanischen Steinraub des 19. Jh. aber in kärglichen Ruinen liegt. Kreter sollen Erythrai gegründet haben, das später zum ionischen Städtebund gehörte.

Sığacık und Teos

Teos ist eine weitere antike Stätte der Çeşme-Halbinsel, die man sehen sollte, denn zu sehen gibt es hier manches, nicht nur Ruinen. Das Panorama umfaßt eine sanft schwingende Hügellandschaft mit Olivenhainen, über die meerwärts die blauen Buchten der Ägäis blitzen. Freilich beginnen die

türkischen Ferienhauskolonien sich auch dieser Küstenlinie zu bemächtigen. Jedenfalls war die Lage von Teos einst so vorzüglich, daß Thales von Milet die Stadt Anfang des 6. Jh. v. Chr. als zentralen Verwaltungssitz der gesamten ionischen Städte vorschlug

Man fährt Teos von Seferihisar über den Fischerort **Sığacık** an. Sığacık ist dabei nicht bloß Durchgangsstation, sondern eine Sehenswürdigkeit für sich: Am Hafen laden Restaurants zur Rast, und niedere Fischerhäuser ducken sich hinter einen fast vollständig erhaltenen genuesischen Schutzwall aus dem 15. Jh. Die italienische Handelsmacht, die sich u. a. in Çandarlı (s. S. 91) und Foça (s. S.108) engagierte, umgab ihre Warenlager mit diesen starken Mauern. Daß darin zahlreiche antike Quader verbaut sind, hat guten Grund: Der Genuesenhafen ist identisch mit dem 2000 Jahre älteren *Nordhafen* von Teos.

wie Hollywood-Akteure unserer Tage einen gleichermaßen hohen wie zweifelhaften Ruf genossen und als Wanderschauspieler von einem religiösen Festspiel zum nächsten zogen.

Das *Theater* von Teos wurde im 2. Jh. v. Chr. am Hang der Akropolis errichtet. Seit osmanische ›Quaderjäger‹ es im 19. Jh. ausplünderten – in irgendeiner Moschee von Istanbul sind die Steine verbaut – beeindruckt es weniger durch den Baubestand als durch den Ausblick über die Küste.

Besser erhalten hat sich mit elf oder zwölf Sitzreihen das *Odeion*, ein römischer Bau einige hundert Meter östlich vom Theater. Auf Spaziergängen durch das weitläufige Gelände kann man ferner Reste eines *Gymnasions* und Partien der hellenistischen *Stadtmauer* entdecken, und am Meer sind Fischerboote am *antiken Kai* vertäut.

🚌 In der Saison Kleinbusse von Seferihisar nach Sığacık. Nach Seferihisar von Çeşme und İzmir Busverbindung über Güzelbahçe.

🛏 Mit dem *Çakırağa*** (✆ 0232/ 745 75 75, Fax 745 70 23) besitzt Sığacık ein angehmes Mittelklassehotel, daneben auch einfache Pensionen (z. B. *Liman*). An einer Sandbucht hinter dem Ort das idyllische *Teos Holiday Village* (✆ 0232/745 74 67, Fax 745 74 75).

Eine halbe Stunde zu Fuß über den Hügel im Süden, und man ist im Stadtgebiet des antiken **Teos**. Die Straße zieht sich dagegen, teils durch Kiefernwald mit Picknickplätzen, um die Halbinsel, ehe als erstes Denkmal der *Tempel des Dionysos* erreicht ist. Das Heiligtum in ionischer Ordnung, das an den Athena-Tempel von Priene (s. S. 167) erinnert, stammt aus dem 2. Jh. v. Chr. Es war Zentrum der Techniten, einer Vereinigung von Schauspielern und Tänzern, die

Klaros und Notion

Die Küstenlinie von Teos hinunter nach Kuşadası ist im letzten Jahrzehnt touristisch in großem Maßstab erschlossen worden. Dörfer wie **Ürkmez**, **Özdere** oder **Gümüldür**, deren alte Ortskerne am Hügelfuß liegen, breiten sich heute mit Feriensiedlungen entlang der langen Strände aus, und an den Sommerwochenenden rollen die Blechlawinen von İzmir an.

Östlich dieser ›Ferienparadiese‹ liegen die beiden antiken Stätten Klaros und Notion. Von Seferihisar oder Kuşadası aus kommend, biegt man beim *Notion Restoran* an der

Küste nach Ahmetbeyli ab (Richtung Menderes).

Das berühmte Orakelheiligtum von **Klaros** stand unter dem Schutz des Gottes Apollon und hat alte Tradition. Erwähnt schon im 7. Jh. v. Chr., stammen die verbliebenen Ruinen indes zumeist aus frühhellenistischer Zeit, als Klaros mit Didyma konkurrierte (s. S. 175). Durch den römischen Historiker Tacitus (spätes 1. Jh. n. Chr.) wissen wir von der Art der ›Wahrheitsfindung‹ im Heiligtum. Anders als in Delphi besaß in Klaros nicht eine Frau (die Pythia), sondern ein Priester die Gabe der Weissagung. Nachdem die Besucher ihre Fragen vorgetragen hatten, stieg er in eine ›Höhle‹ hinunter, um dort aus einer Quelle zu trinken. Wunderbar inspiriert durch diesen Trunk, skandierte er sodann in Versen die nach Art aller antiken Orakel vieldeuti-

Die Orakelkammer von Klaros; nur die Stützbögen ragen aus dem sumpfigen Gelände heraus

gen, rätselhaften Antworten. Übrigens sollen die Priester, die vom heiligen Wasser kosteten, stets einen frühen Tod gefunden haben. Übermenschliche Weisheit hat offenbar ihren Preis.

Schon die französischen Ausgrabungen 1950/51 wurden durch den seit der Antike angestiegenen Grundwasserspiegel erschwert. Im Frühjahr steht man vor Tümpeln, in deren Wasser sich zwischen Schilf enttäuschend wenige Mauerzüge abzeichnen. Nur am Ende eines heißen Sommers kann man in die von Gewölbebogen überspannte *Orakelkammer* vordringen. Der Grundriß des *Apollon-Tempels* (4. Jh. v. Chr.) und eines *Propylons* (2. Jh. v. Chr.), dazu die Fragmente einer *monumentalen Kultbildgruppe* (Apollon, Artemis, Leto) über den Kellerräumen des Orakels treten dagegen schon am Sommeranfang aus der feuchten Niederung hervor, ebenso der *Doppelaltar* vor der Tempelfront, zu der ein schöner *Steinsessel* und eine *Sonnenuhr* gehören.

Wer mit dem Bus nach Ahmetbeyli gefahren ist, kann nun von Klaros über den an der Stätte entlangstreichenden Feldweg stracks nach Süden zum Meer wandern (ca. 1,5 km). Man folgt dabei der versunkenen Trasse der *Heiligen Straße*, auf der die Besucher des Orakels vom Kai der Stadt Notion zum Tempel pilgerten. Ansonsten fährt man über die Landstraße zur Küste mit Sandstrand und einfachen Restaurants.

Links der Bucht, Richtung Kuşadası, erhebt sich der Doppelhügel von **Notion**. Man weiß wenig von der antiken Stadt, die von äolischen Siedlern gegründet wurde. Rechts der Kuşadası-Straße zeichnen sich am Hang Partien der *Stadtmauer* ab. Wer zu Fuß von Klaros her kommt, erreicht zunächst die *Nekropole* von Notion (mit Felsgräbern) links der Straße. Der kurze Aufstieg zur Hügelstadt über dem Meer lohnt allein wegen der anmutigen Landschaft. Oben kann man – von West nach Ost – Fundamente eines *Athena-Tempels*, der *Agora* mit *Ratshalle* und (im Sattel zum zweiten Hügel) das Rund eines *Theaters* entdecken. Südlich vom Theater führt ein Pfad zu einer kleinen, in der Nebensaison ganz einsamen Sandbucht.

Kleinbusse von İzmir nach Özdere und Ürkmez, in der Saison halbstündlich oder stündlich; sie fahren über Menderes (früher Cumaovası) an. Wer Klaros und Notion sehen will, bucht bis Ahmetbeyli İskelesi und steigt 2 oder 3 km südlich des Ortskerns beim Klaros-Schild aus. Von Ahmetbeyli İskelesi in der Saison (nur dann!) etwa im Stundentakt Kleinbusse nach Seferihisar im Osten und nach Kuşadası.

Das Angebot zwischen Ahmetbeyli und Doğanbey ist kaum noch zu überblicken; die besseren Hotels lassen aber bis Özdere auf sich warten. Die wohl beste Adresse ist zur Zeit der *Sun Club Biltur***** (☎ 232/ 797 66 90) mit eigener kleiner Sandbucht und Pool. Ca. 700 m von der Straße zurückgesetzt, genießt man hier ruhige Exklusivität.

Durch das alte Ionien

**Ephesos – Die schönste
Ruinenstadt der Ägäis**

**Stolze Zeugen großer
Vergangenheit – Milet,
Priene, Didyma**

**Landschaftliche Höhepunkte –
Der Samsun Dağı und das
Mäander-Delta**

**Lebhafte Badeorte – Kuşadası
und Altınkum**

Der Athena-Tempel von Priene

Durch das alte Ionien

Südlich von İzmir öffnet sich Ionien, die bedeutendste altgriechische Landschaft der türkischen Ägäis. Hier blühten – prachtvoll noch in ihren Ruinen – antike Weltstädte wie Ephesos und Milet. Sanft ist das Hügelland Ioniens, fruchtbar entfalten sich die großen Schwemmebenen der beiden ›Mäander‹-Flüsse, lang und sandig sind die Strandbuchten westlich von Selçuk. Natur pur bietet der Samsun Dağı und die Lagunen des Menderes-Deltas mit ihren Vogelkolonien.

Selçuk / Ephesos

Als ionische Griechen um 1100 v. Chr. in die breite Ebene des Flusses vorstießen, der heute Küçük Menderes (›Kleiner Mäander‹) heißt, fanden sie, nahe dem heutigen Selçuk, eine Siedlung der kleinasiatischen Karer vor. Deren Mutterkult beeindruckte die Einwanderer, wodurch sich die eigentümlichen, nicht-griechischen Züge in der religiösen Verehrung der ephesischen Artemis erklären. Bereits im 6. Jh. v. Chr. stand dieses *erste Ephesos*, das über Flußtäler mit dem anatolischen Hinterland verbunden war und zugleich über einen sicheren Hafen verfügte, in solcher Blüte, daß man ein allseits bewundertes Bauwerk in Angriff nahm: den großen Artemis-Tempel (s. S. 159).

Die zunehmende Verschlammung des Hafens durch die Ablagerungen des Küçük Menderes (antiker Name: Kaystros) zwang um 560 v. Chr. zur Ortsverlagerung. Damals stand die Stadt unter der Kuratel des Lyder-Königs Kroisos, dem 547 v. Chr. die Perser als Oberherren folgten. Das *zweite Ephesos* wurde weiter östlich erbaut; es liegt heute unter dem Grundwasserspiegel. Drei Jahrhunderte später, unter dem hellenistischen Herrscher Lysimachos, entstand das *dritte Ephesos* zwischen den Hügeln Koressos und Pion, also auf dem jetzigen Ruinengelände. Aber auch der dort geschaffene neue Hafen sollte versanden, die Stadt abermals in Bedrängnis geraten. Bis dahin aber verstrich mehr als ein halbes Jahrtausend, in dem Ephesos höchste Blüte erreichte.

Kurz vor der Zeitenwende avancierte die Stadt zur Metropole des römischen Kleinasien, der auch die

Missionare der neuen nahöstlichen Erlösungsreligion besondere Beachtung schenkten: Zwischen 55 und 58 predigte der Apostel Paulus den Ephesiern das Christentum. Nicht aber zur Freude aller. Die um ihre Einnahmen fürchtenden Devotionalienhändler der ›großen alten Dame‹ Artemis wollten den Apostel abgeurteilt und ausgewiesen sehen. Auch Jesu Lieblingsjünger Johannes soll mit Maria, der Mutter des Gekreuzigten, in Ephesos gelebt haben (s. S. 155).

Der Stern der glanzvollen Stadt mit ihren Palästen und Villen, ihren Gymnasien, Bädern und Theatern sank im 3. Jh. n. Chr., als Gotenscharen über Ephesos herfielen und der Hafen erneut für Fernfrachter untauglich wurde. Über dem Sumpfdelta schwirrten die Mücken; in der Stadt ging die Malaria um. Das christianisierte Ephesos beherbergte zwar noch zwei Konzilien, verkam aber immer mehr. Daran änderte auch eine letzte Initiative nichts. Man schuf ein *viertes, byzantinisches Ephesos* ganz in der Nähe des ersten, auf jenem Hügel nämlich, der die Johannes-Basilika trägt (s. Abb. S. 161).

Im 7. und 8. Jh. plünderten arabische Flotten die Stadt, die Türken rückten 1090 und 1097 ein. Die letzten Christen von Ephesos sollen 1304 aus der Stadt in den abgelegenen Weiler Şirinçe geflohen

Ephesos-Pioniere

Schon früh pilgerten Christen nach Ephesos. Nicht die antiken Ruinen, sondern die Heiligkeit des Ortes zog sie an. Nach einer frommen Legende hatte der Evangelist Johannes hier seine letzten Lebensjahre in einer Höhle zugebracht. Über dieser Grotte erbaute man später eine Basilika, die zu einem Lourdes des Byzantinischen Reiches wurde. Am 27. Dezember, dem Jahrestag des Heiligen, sammelte sich jeweils eine fromme Menge an der unterirdischen Klause, aus der dann angeblich Staub (›Manna‹ genannt) emporwölbte, dem man Heilkraft zuschrieb.

Auch die Grotten der ›Siebenschläfer‹ gehörten zu den vielbesuchten christlichen Sehenswürdigkeiten. Nach der ersten türkischen Eroberung (1090) der kosmopolitischen Stadt, in der damals neben byzantinischen Griechen auch Juden, Bulgaren und zum Christentum konvertierte Araber lebten, wurden die christlichen Besuche spärlicher. Berühmtheit erlangten die Reisen zweier deutscher Pilger in den seit Oktober 1304 türkisch beherrschten Ort: Im Jahre 1335 kam Wilhelm von Boldensele (eigentlich: Otto von Nygenhusen), ein entsprungener und damit exkommunizierter Dominikaner-Mönch aus

Minden in Westfalen, und 1336 oder 1341 besuchte ein zweiter Westfale, Ludolf von Suchem (Sudheim) aus der Diözese Paderborn, den altehrwürdigen Ort. Beider Erfahrungsberichte wurden im Westen sehr populär; Palästina-Pilger benutzten sie als Reiseführer. Auf den Wänden der Johannes-Kirche wie auf denen des Siebenschläfer-Bezirks haben zwischen 1347 und 1381 lateinischsprachige Besucher Graffiti hinterlassen, darunter venezianische und genuesische Kaufleute, die mit dem von ihnen Altoluogo genannten Ort Seehandel trieben.

Der moderne Ephesos-Tourismus setzte im 17. Jh. ein. Beeinflußt und geschult durch die Renaissance und ihre Wiederentdeckung der Antike, zog es die Reisenden der frühen Neuzeit nun weniger zu den christlichen Stätten als zu den monumentalen Ruinen der alten Stadt. Neben Bestandsaufnahmen antiker Bauten entstanden erste Ephesos-Pläne und -Ansichten. Wie beschwerlich das Reisen damals war, läßt sich in den Berichten dieser Pioniere mit Händen greifen. In der versumpften Hafenbucht brüteten Myriaden von Stechmücken, und Graf Forbin schreibt über seinen Ephesos-Besuch im Jahre 1817: »Die Luft ist ungesund, und die Einwohner sind kränklich und bleich. Ein Ağa, nicht weniger elend ausschauend als seine Untertanen, siecht wie sie am Fieber dahin.« Der Engländer Cockerell wiederum fand 1811, untergebracht in einem schäbigen Kaffeehaus, keine Nachtruhe »wegen der Flöhe drinnen und der heulenden Schakale draußen«. Zudem waren die Straßen durch Räuber unsicher. Covel klagt 1670: »Viele Menschen liegen hier begraben, die erschlagen und gemordet wurden, und viele menschliche Gebeine sind über den Erdboden verstreut.«

Wer heute mit dem Kleinbus zu den Ruinen fährt, mag es kaum glauben, aber noch vor einem halben Jahrhundert galt ein Ephesos-Besuch als ein Abenteuer. Die Stätte, schreibt H.V. Morton 1936, bietet »keine Spur von Leben außer einem Schafhirten, der an einem geborstenen Sarkophag lehnt, oder einem Bauern, der sich gegen die Tristesse eines Sonnenuntergangs abzeichnet.«

Um so höher ist der Mut jener ersten Forscher einzuschätzen, die sich in Ayasoluk, dem heutigen Selçuk, einquartierten. Als der Entdecker des Artemis-Tempels, der Engländer J.T. Wood, im Jahre 1863 hier eintraf, fand er gerade 20 Einwohner in erbärmlichen Hütten vor. Elf Jahre lang setzte er, von Mücken und Flöhen ebenso wie von osmanischen Bürokraten gepeinigt, seine »Discoveries at Ephesus« unermüdlich fort. Er war der einsame Vorläufer der österreichischen Ausgrabungen, die 1896 aufgenommen wurden und Ephesos seither in die wohl anziehendste antike Stätte Westkleinasiens verwandelten.

In den Hafenthermen von Ephesos ist man meistens allein

(s. S. 156). Erst im 14. Jh., unter dem Emiren von Aydın (s. S. 130), begann sich der Ayasoluk genannte Ort (nach Agios Theologos = Johannes der Evangelist) zu stabilisieren – Bauten wie die İsa Bey-Moschee bezeugen es.

Die antike Stadt

Unser großer Rundgang durch Ephesos bis hin zu den alten Bauten in Selçuk beginnt am unteren Eingang der Ruinenstätte. Da der Tag lang wird, sollte man frühmorgens kommen, wenn Ephesos seine Tore öffnet (tägl. 8.30–18.30 Uhr). Dann nämlich ist die Stätte noch fast menschenleer; erst gegen 9.30 Uhr treffen die Ausflugsbusse ein. Wer vom nahen Kuşadası mit dem Minibus anreist, läßt sich am Abzweig zu den Ruinen absetzen (kurz vor dem Tusan Motel). Von dort führt die Stichstraße zum Parkplatz an mehreren antiken Bauten vorbei, die aber alle nicht zur Besichtigung offenstehen: Auf das Vedius-Gymnasion (Mitte des 2. Jh. n. Chr.) folgt das Stadion, danach ein Palastbau byzantinischer Zeit.

Statt hinter der **Kassenpforte** geradeaus durch die Allee Richtung Theater zu gehen, kann man gleich rechts abbiegen und den Pfad zu den Ruinen der ca. 150 m entfernten **Marienkirche** nehmen. In ihren Mauern fanden 431 und 449 große Ökumenische Konzile statt. Der ca. 260 m lange Bau entstand im 2. Jh. n. Chr. als Marktbasilika; hier zuerst feilschten Händler und Wechsler. Zu dieser Zeit galt Ephesos als das ›Bankhaus Kleinasiens‹. Im 3.

Ephesos / Selçuk

0   250 m

Kuşadası (19 km)
Pamucak (6 km)

✈ **Flugplatz**

Ephesos

byzantinische Mauer

unterer
Eingang

Dol
Hal

Hafenfeste
(›**Paulus-Gefängnis**‹)

**antiker
Hafen**

Hafenthermen

Marienkirche

**Vediu
Gymn**

Hafentor

Arkadiane

Stadion

byz. Palast

Eingang / Kasse

Theatergymnasion

hellenistische Mauer

**Serapis-
Tempel**   **Agora**

Mazaeus-Mithridates-Tor

Celsus-Bibliothek

Kuretenstraße

Hanghäuser

Trajan-Nymphaion

**Großes
Theater**   Panayir D.
(Pion)

Marmorstraße

›**Bordell**‹

**Scholastikia-
Thermen**

**Hadrian-
Tempel**

Pollio-Nymphaion

Prytaneion

Odeion

**Domitian-
Tempel**

Staatsagora

Bülbül Dağ ▲
(Koressos)

**Varius-
Bad**

Ostgymnasion

hellenistische Mauer

**Magnesisch
Tor**

Marienhaus (7 km) ↓

İzmir (70 km)

Kastell

Ayasoluk-Hügel

Dolmuş nach Şirinçe

Johannes-Basilika

›Tor der Verfolgung‹

Aquädukt

İsa Bey Camii

Bahnhof

Eukalyptus-Allee

PTT

Fußgänger-brücke

Artemision

Archäologisches Museum

İstasyon Cad.

moderner Friedhof

Atatürk Caddesi

Kuşadası Caddesi

i

Bushof

Sahabettin Dede Cad.

Siebenschläfer-Bezirk

Kubilay-Sok.

Selçuk

oberer Eingang

Söke (42 km)
Aydın (52 km)

und 4. Jh. gestaltete die Christengemeinde von Ephesos den Kom-
merzbau um.

Nun nicht zurück zum Kassen-
haus, sondern auf einer Erdpiste,
die an der Marienkirche entlang-
streicht, nach Südwesten. Nach ca.
150 m führt ein schmaler, fast zu-
gewachsener Pfad nach links zu
den **Hafenthermen** aus dem 2. Jh.
n. Chr. mit großem Pflasterhof.
Selbst in der Hochsaison ist man in
diesem in Gestrüpp versunkenen
Teil der antiken Stadt fast immer allein. An den mächtigen Stümpfen
von ursprünglich quaderverkleide-
ten Ziegelpfeilern vorbei geht es
oberhalb versumpften Terrains
durch einen marmorgeschmückten
Thermensaal und ein geborstenes
Tor, ehe nach etwa 200 m die **Arkadiane** erreicht ist.

Diese gut 500 m lange und 11 m
breite säulengesäumte Pracht-
straße, die ihren Namen nach Ar-
cadius, einem römischen ›Kinder-
kaiser‹ an der Wende vom 4. zum
5. Jh. trägt, sollte zwischen Hafen
und Stadtzentrum vermitteln (Abb.
Innenklappe). Der Aufwand – 50
Laternen beleuchteten nächtens
den von Säulengängen begleiteten
Pflasterweg – erscheint bizarr,
denn um diese Zeit war die Hafenbucht schon kaum mehr als ein
Schlammbecken.

Mit schönem Stadtblick schlen-
dert man über das Pflaster des
spätantiken Boulevards und passiert eine Prunksäule des längst
zerstörten **Hafentors** wie auch die
Mündung des offiziellen Anwegs

(von links her). Gleich darauf geht
es am **Theater-Gymnasion** vorbei,
einem der vielen kaiserzeitlichen
Gymnasien von Ephesos, direkt auf
das **Große Theater** zu.

Hier machte der Silberschmied
Demetrios, der durch die Mission
des Paulus Einbußen beim Handel
mit den Artemis-Devotionalien be-
fürchtete, Stimmung gegen den
Apostel. Groß sei die Artemis der
Ephesier – und christliche Propa-
ganda unerwünscht. Erbaut im
3. Jh. v. Chr., wurde der Zuschauerraum im 1. und 2. Jh. n. Chr. auf
ein Fassungsvermögen von mehr
als 25 000 Plätzen erweitert. In der
obersten Steinbankreihe saß man
mit Panoramablick 30 m über der
Orchestra, und auch heute noch
hat man hier den besten Blick über
das freigelegte Stadtgelände. Von
der reichgegliederten, einst dreige-
schossigen Fassade des Bühnenhauses sind nur Reste geblieben.
Am **Brunnenhaus** vor der äußeren
Theaterfront konnten die Passanten
ihren Durst stillen.

Über die sogenannte **Marmorstraße** führt unser Weg nun auf ca.
200 m an der **Agora** zur Rechten
vorbei. Sie entstand in hellenistischer Zeit, wurde aber unter Kaiser
Caracalla (reg. 211–217) stark re-
noviert. Auf dem quadratischen
Platz mit 110 m Seitenlänge, den
einst Säulenhallen umgaben, han-
delten die alten Ephesier. Staatsangelegenheiten wurden dagegen auf
der oberen Agora besprochen.

Zugang zur Handelsagora bot
u. a. das eindrucksvolle **Tor des**

Die Celsus-Bibliothek wurde fast ganz aus originalen Werkstücken wiederaufgebaut; rechts das Tor zur Agora

Mazaeus und Mithridates, das kurz vor der Zeitenwende mit dem Geld dieser beiden freigelassenen Sklaven errichtet wurde. Architektonisch entsprach ihm ein **monumentales Tor** gegenüber, das von der österreichischen archäologischen Mission rekonstruiert worden ist. Offenbar war es dem Hadrianstor in Athen nachempfunden und sollte wie jenes in ein vom Kaiser gestiftetes neues Stadtviertel geleiten.

Zwischen den beiden Toren erhebt sich in zwei Geschossen die **Celsus-Bibliothek**. Sie markiert das Stadtzentrum und ist seit ihrem Wiederaufbau die Hauptsehenswürdigkeit von Ephesos. Celsus, dessen Namen die Bibliothek trägt, war 105–107 n. Chr. römischer Statthalter der *Provincia Asia*. Sein Sohn und weitere Erben ehrten den Verstorbenen durch den prächtigen, schmuckreichen Bau, der 135 n. Chr. vollendet wurde und in einem hohen Innensaal Tausende von Pergamentrollen barg. Von der Ehrenhaftigkeit des großen Verstorbenen kündet plastisch der Statuenschmuck der Prunkfassade: Von rechts nach links erinnern weibliche Verkörperungen der Bildung, der Rechtschaffenheit, der Tugend und der Weisheit an die Vorzüge des Celsus.

Welch eine Erleichterung, daß die Alten nicht nur Tugenden, sondern auch die Untugend schätzten! Mit behaglichem Schmunzeln bezeichnen die örtlichen Fremdenführer gegenüber der Celsus-Bibliothek unscheinbare, aber zimmerreiche Ruinen als die des ›Bordells‹ von Ephesos. Sehr zweifelhaft, daß sie recht haben, auch wenn als ›Beweis‹ gern eine kleine Ritzzeichnung auf der Marmorstraße, ca. 100 m entfernt, angeführt wird, die ein Frauenporträt und einen Fuß zeigt und angeblich zum Besuch des Freudenhauses animieren sollte. Vielmehr haben wir wohl die Ruinen eines reich ausgestatteten römischen Privathauses vor uns, wie sie ja auch sonst die Hänge von Pion und Koressos besetzten.

Auf der rechten Seite der aufsteigenden **Kuretenstraße**, die ihren heute gebräuchlichen Namen (in der Antike hieß sie Embolos) nach den Priestern, den ›Kureten‹ trägt, welche das heilige Feuer im Prytanaion an der Staatsagora hüteten (s. S. 154), kann man neben einem **Brunnenbecken** mit byzantinischen Kreuzzeichen noch die Grundmauern eines oktogonalen **Heroons** sehen, errichtet für ein römisches Mädchen.

Auf der linken Straßenseite folgt, durch eine Hanggasse vom ›Bordell‹ getrennt, der **Hadrian-Tempel**. Der Bau entstand zu Ehren jenes römischen Kaisers, der im Zuge seiner Orientpolitik Ephesos besonders förderte (und 123 n. Chr. höchstselbst hier weilte), und war vielleicht die städtische Antwort auf die kaiserliche Stiftung des Tores am Platz vor der Celsus-Bibliothek. Reliefs (Abgüsse) mit Darstellung der ephesischen Gründungslegende und einer vieldeutigen ›Rankengöttin‹ schmücken das kleine, aber ansehnliche Heiligtum. Neben dem Tempel der Aufgang zu den **Scholastikia-Thermen**, die in ihrer jetzigen Gestalt aus dem 4. Jh. n. Chr. stammen. Die Sitzstatue der Stifterin, einer reichen Christin jenes Namens, befindet sich noch am Ort. Bevor christliche Sittenstrenge zu walten begann, mag sich übrigens *hier* das Freudenhaus von Ephesos befunden haben. Ein Inschriftenfund läßt diese Deutung jedenfalls zu.

Gegenüber dem Hadrian-Tempel zeugen die sogenannten **Hanghäuser** von der hohen Lebenskultur im Zentrum der Stadt. In diesen Villen ließen es sich die reputierlichen Bürger von Ephesos gut gehen. Allerdings: Nicht überall in der Stadt hat man so luxuriös gewohnt wie hier, wo es fließendes Wasser gab und wo schweres Geld für marmorne Böden, Wandgemälde und Mosaiken zur Verfügung stand. Leider ist die Besichtigung des unter Schutzdächern liegenden Komplexes nur ausnahmsweise möglich.

Nun wieder auf die linke Seite der Kuretenstraße. Die Reste des **Trajan-Brunnens**, erbaut zwischen

Blick über die Kuretenstraße von Ephesos zur Celsus-Bibliothek

102 und 114 n. Chr., lassen das ursprüngliche Bild nicht mehr erkennen. Einst umschloß hier eine zweigeschossige Säulenstellung ein Becken, über dem das Kolossalbild des Kaisers stand. Unter Trajans Füßen floß Wasser in das Bassin, aus dem Passanten es schöpften – und natürlich jene Ephesier, die anders als die Bewohner der Hanghäuser nicht an das öffentliche Wassernetz angeschlossen waren. In Nischen standen beiderseits des alles überragenden Kaiserbilds je sechs Statuen.

Ca. 200 m von der Celsus-Bibliothek entfernt verengt sich die Kuretenstraße seit dem 4. Jh. n. Chr.; Stufen markieren ihr Ende, und es lohnt sich, hier noch einmal zurückzuschauen auf die Celsus-Bibliothek als optischen Abschluß der Straße (s. Abb. S. 153).

Bald nach der Engstelle mit einem **Tor**, das die Straße einst mit drei Bögen überwölbte, gabelt sich der Weg. Links das **Hydreion**, ein Straßenbrunnen, dessen Statuenschmuck seit Beginn des 4. Jh. n. Chr. entsprechend dem neuen Herrschaftsmodell nun die Tetrarchen Diokletian, Maximian, Galerius und Constantius Chlorus in jener künstlerischen Einheit versammelte, die politisch erstrebt wurde. Das grabmalartige **Memmius-Denkmal** neben dem Brunnen ehrt einen Enkel des römischen Politikers Sulla, unter dessen Befehl römische Soldaten 84 v. Chr. das aufständische Ephesos heimsuchten. Wenn das Monument den Zerstö-

rer Sulla in einer Inschrift ›heilbringend‹ nennt, so zeigt dies, wie sehr die Stadt nach ihrer anti-römischen Phase nun um Wohlverhalten bemüht war.

Nach rechts schwenkend passiert man über antikes Pflaster am Saum der Staatsagora den **Pollio-Bau** mit massivem Sockel und den **Pollio-Brunnen**. Jener C. Sextilius Pollio war ein Mäzen der Stadt. Er finanzierte Ephesos im 1. Jh. n. Chr. eine Wasserleitung, die an diesem Brunnen endete.

Schräg gegenüber dem Brunnen erhob sich einst auf einer Terrasse ein monumentaler **Domitian-Tempel**. Es war bekannt, daß der Kaiser (reg. 81–96 n. Chr.) in Ephesos ein Heiligtum besaß, aber erst als man aus den Gewölben des Baus den unverkennbaren Kolossalkopf der Kaiserstatue barg, war erwiesen, wem der Tempel gewidmet war. Denn Domitian, der notorische Christenfeind, sollte der Vergessenheit anheimfallen, und so nennt auch keine Inschrift am Ort seinen verhaßten Namen. In den Unterbauten des Kaisertempels hat man heute ein **Inschriftendepot** eingerichtet. Von der Pracht der niedergerissenen Tempelfassade künden zwei Säulenstellungen mit Skulpturen der ägyptischen Isis und des phrygischen Gottes Attis.

Man geht nun zurück zur Straßengabel und erreicht durch das **Herkules-Tor**, so benannt nach den Darstellungen des Halbgotts auf den Reliefpfeilern, über eine Rampe die Höhe der **Staatsagora**. Dieser Platz mit einer Fläche von 160 x 58 m, in dessen Zentrum sich ein Tempel unbekannter Zuwidmung erhob, war auf drei Seiten von Langhallen umgeben. Hier wurden übrigens keine Fische, keine Kartoffeln und keine Sklaven gehandelt, sondern nach antiker Manier im Dahinschreiten die Staatsangelegenheiten erörtert.

Auf der Nordseite des ›Staatsmarkts‹ versammelte sich im **Prytaneion** der Magistrat der autonomen Stadt, im angrenzenden **Heiligtum der Hestia Boulaia** brannte das heilige Feuer, Tag und Nacht geschürt von Kureten (Priestern) und Vestalinnen (priesterlichen Jungfrauen). Das ›Ewige Licht‹ christlicher Kirchen bietet noch heute einen Abglanz solcher antiken Tradition. Die zwei überlebensgroßen Artemis-Statuen, die heute im Archäologischen Museum von Ephesos stehen, wurden unter dem Prytaneion gefunden: Die frühen Christen waren wohl abergläubisch genug, sie nicht zu zerschlagen.

Das anschließende **Odeion**, ein kleines überdachtes Theater mit ca. 1400 Plätzen, stammt aus der Mitte des 2. Jh. n. Chr. und wurde vornehmlich wohl für politische Versammlungen genutzt; aber auch Musiker, Sänger und Rezitatoren mögen hier aufgetreten sein. In Stein gemeißelte Löwenpranken zieren repräsentativ die Treppenaufgänge. Gestiftet hat den Bau jener Vedius, dem Ephesos auch ein Gymnasion verdankt (s. S. 147). Das **Varius-Bad** östlich des Odei-

Das Memnius-Denkmal an der Kuretenstraße

ons ist das letzte Denkmal im umzäunten Ruinengelände. Einer der Thermensäle wurde angeblich von dem sophistischen Philosophen Damianus (2. Jh. n. Chr.) finanziert, dessen Gewandstatue im Archäologischen Museum von Selçuk steht.

Zum Marienhaus

Durch den oberen Eingang verläßt man das ›offizielle Ephesos‹. Dort warten immer einige Taxis, mit denen man zum 7 km entfernten **Marienhaus** auf dem bewaldeten Ala Dağ fahren kann. Das Marienhaus (türk.: *Meryemana* oder *Panaya Ka-*

Şirinçe
Das Schicksal eines Griechendorfs

»Das Dorf hat seinen Ursprung in sieben Familien, welche nach der Eroberung von Ephesos in Sklaverei gerieten. Es gelang diesen sieben Familien, den Türken zu entfliehen und sich in die Gebirge in der Gegend von Ephesos zu retten, wo sie einen Ort suchten, an dem sie verborgen bleiben konnten. Sie wählten diesen gänzlich entlegenen Ort und ließen sich dort nieder.« So hat es im Dezember 1892 der griechische Dorfvorsteher Constandinidis im Namen der ganzen Gemeinde von Şirinçe zu Protokoll gegeben.

Legende oder Wahrheit? Aus der Antike ist bekannt, daß die Bewohner aufblühender Griechenstädte zu fragen begannen, wie denn eigentlich ihre Siedlung entstanden sei, und auf das Dunkel der Frühgeschichte mit Gründungslegenden reagierten. Häufig wurde dabei ein Mythos konstruiert: Eine Stadt wie Erythrai führte sich ›rückwirkend‹ auf einen Gründer namens Erythros zurück, in Myrina wiederum galt eine Amazonenkönigin gleichen Namens als Stadtstifterin.

Die Tradition von Şirinçe kann jedoch Glaubwürdigkeit beanspruchen. Am 24. Oktober 1304 kapitulierte das byzantinische Ephesos. Dennoch richteten die Eroberer ein Massaker unter der christlichen Bevölkerung an. Auch die Grabeskirche des hl. Johannes wurde geplündert. Wenn einige Griechenfamilien tatsächlich flüchten konnten, wäre der von Bergen umschlossene Talkessel von Şirinçe ein idealer Ort gewesen, die erste türkische Sturmperiode zu überstehen.

Denn schon bald änderte sich die Einstellung der neuen Machthaber gegenüber der griechischen Bevölkerung: So groß wurde nach der Verwüstung der ägäischen Landstriche die Nahrungsnot, daß die Türken verschiedene christliche Reliquien, darunter einen Splitter vom Kreuz Jesu und eine Abschrift der Johannes-Apokalypse, im Austausch für Getreidelieferungen zurückgaben. Als das Osmanen-Reich 1919 zusammenbrach, lebten in seinen Grenzen, vor allem entlang der Küsten des Schwarzen Meers und des Mittelmeers, noch mehr als ein-

pulu), in dem Maria, die Mutter Jesu, ihren Lebensabend verbracht haben soll, steht bei einer Quelle, deren Wasser den christlichen Pil-

gern, aber auch den Muslimen als heilkräftig gilt.

Vielleicht gehen die Grundmauern des kleinen, schlichten Baus

einhalb Millionen Menschen, die sich als Griechen verstanden und sich zum orthodoxen Christentum bekannten.

Hier nun setzte die verhängnisvolle Strategie des seit 1829 unabhängigen Griechenland ein. In Athen war man von der ›Großen Idee‹ *(Megali Idea)* besessen, nach dem territorialen Leitbild des alten Byzantinischen Reichs in all jene kleinasiatischen Gebiete zu expandieren, die nach wie vor von Griechen bewohnt wurden. Schon vor Ende des Ersten Weltkriegs hatten die späteren Siegermächte Pläne entwickelt, die Kernlande des wankenden osmanischen Imperiums unter sich aufzuteilen; englische, französische und italienische Einflußzonen in Anatolien waren abgesteckt. Die nordägäische Küste, Smyrna (heute İzmir) und Ostthrakien wurden in den Verträgen von Neuilly (1919) und Sèvres (1920) Griechenland zugesprochen. Aber was Atatürk bereits viel zu weit ging, erschien in Athen, wo neue Träume von alter Größe aufkamen, als Brosamen vom Tisch der Großmächte. 1920 setzte Ministerpräsident Venizèlos, der starke Mann im Griechenland jener Tage, Truppen gegen Ankara in Marsch, um den national-türkischen Widerstand zu brechen. Der angezettelte Krieg endete im Spätsommer 1922 mit der völligen Niederlage; im Zuge der Kampfhandlungen ging zwischen dem 13. und 15. September auch halb Smyrna in Flammen auf (s. S. 115). Einen Tag später schifften sich die griechischen Truppen, Kleinasien aufgebend, in Çeşme ein.

Über sechs Jahrhunderte hatte das Griechendorf Şirinçe sich unter der Türkenherrschaft behaupten können, zuletzt in großem bäuerlichen Wohlstand. Nun aber besiegelte der griechische Waffengang auf anatolischem Boden das Ende dieser alten Tradition – wie überhaupt des Griechentums in Kleinasien. Im Vertrag von Lausanne, geschlossen am 30. Januar 1923, regelten Griechenland und die inzwischen anerkannte Türkische Republik den Austausch ihrer jeweiligen Minderheiten. Mehr als 430 000 Türken aus Epiros, Makedonien und Kreta wurden nach Kleinasien ›zurückgeführt‹; zugleich begann der Exodus von mehr als 1 340 000 Griechen, knapp die Hälfte davon bislang an der Westküste ansässig. Wohin es Şirinçes griechisch-christliche Bevölkerung 1923 verschlagen haben mag? Im heutigen türkischen Şirinçe vermag dies niemand zu sagen.

tatsächlich noch auf das 1. Jh. zurück. Im 6. oder 7. Jh. byzantinischer Zeit stand hier jedenfalls eine Kapelle. Die orthodoxen Christen des Dörfchens Şirinçe einige Kilometer östlich von Selçuk ehrten den Platz seit je durch eine jährliche Prozession.

Der westliche Katholizismus entdeckte das Marienhaus aufgrund von Visionen der stigmatisierten westfälischen Nonne Katharina Emmerich (1774–1824), nach deren Ortsangaben Lazaristenmönche aus İzmir 1891 die verfallene Kapelle identifizierten. Heute ist die Stätte ein offizieller Wallfahrtsort der katholischen Kirche.

Artemision und İsa Bey-Moschee

Mit dem Taxi zurück zum oberen Ephesos-Eingang. Man geht die Straße nun weiter abwärts und kann dabei noch einen Blick auf das monumentale **Ostgymnasion** zur Linken werfen. Auch für diese Thermen scheint Flavius Damianus, der sich beim Bau des Varius-Bads engagierte, Geld gegeben zu haben. Gegenüber, auf der rechten Straßenseite, erkennt man die Grundmauern des **Magnesischen Tors**, im späten 1. Jh. n. Chr. mit drei Bögen errichtet. Hier verließ eine wichtige Fernstraße die Stadt; Magnesia am Mäander (s. S. 166) war ihr erstes Ziel.

Ca. 50 m südlich des Schutzzauns um das Ostgymnasium links ab auf einen Feldweg, der nach knapp einem halben Kilometer ein Asphaltsträßchen erreicht. Zuvor gewinnt man auf der ländlichen Route über den Hang zur Linken

Blick auf die byzantinisch-türkische Burg von Selçuk. Danach mit dem Sträßchen nach links zum **Siebenschläfer-Bezirk**, einer alten christlichen Begräbnisstätte am Hang des Pion-Berges. Hier sollen sieben fromme Jünglinge bei der Christenverfolgung unter Kaiser Decius (reg. 249–251) lebendig in eine Grotte eingemauert worden sein. Mit Gottes Beistand fielen sie jedoch in einen zwei Jahrhunderte währenden Schlaf. Als der fromme Theodosios auf dem Thron von Byzanz saß, erwachten sie aus ihrer

Artemis-Tempel, İsa Bey-Moschee
und Johannes-Basilika:
drei Religionen in einem Blick

wundersamen Erstarrung als unanfechtbare christliche Zeugen für die Auferstehung des Fleisches. Um eine in den Fels bei der legendären Grotte geschlagene Kirche gruppieren sich Sarkophage und Katakomben mit byzantinischen Deckenmalereien. Die Gräberanlage ist aufgrund der Einsturzgefahr geschlossen. Für den beschränkten Zaundurchblick entschädigen einige hübsche *lokantalar.*

Nun zurück auf die Asphaltstraße und nach links, aber schon nach ca. 100 m rechts abbiegen auf einen Karrenweg, der auf den modernen, von Zypressen überragten **türkischen Friedhof** von Selçuk zuführt. Durch den Friedhof hinaus auf die Selçuk-Kuşadası-Straße und im Baumschatten der 1936 gepflanzten Eukalyptus-Allee Richtung Selçuk, bis ein Schild nach links zum Artemision weist.

Nur wenig ist vom weltberühmten **Artemis-Tempel** geblieben, und auch dieses wenige zu bergen kostete die österreichischen Archäologen große Anstrengung. In einer zum Teil mit Grundwasser

gefüllten Mulde erhebt sich heute einsam eine wiedererrichtete Säule, auf der sich Störche zum Nisten niedergelassen haben. Dies also ist die Stätte eines der sieben Weltwunder der Antike. Schon der Tempel des 6. Jh. v. Chr. war mit einem Kranz von 127 jeweils 19 m hohen Säulen umgeben und ganz aus Marmor erbaut: Das Heiligtum der göttlichen Naturherrscherin Artemis stand also in einem ›Wald‹ von Säulen. Doch in einer Nacht des Jahres 356 v. Chr. ging das Heiligtum in Flammen auf. Der Brandstifter, ein gewisser Herostratos, wollte durch die Tat in die Geschichte eingehen. Als sich Alexander d. Gr. 334 v. Chr. in Ephesos aufhielt, machte er dem niedergebrannten Tempel seine Aufwartung und ermutigte die Stadt zum Wiederaufbau. Und Ephesos nahm die Herausforderung an.

Über einer Plattform von 13 Stufen entstand in 120jähriger Bauzeit das hellenistische Artemision. Wie einst erhob sich danach in der Cella des Heiligtums die monumentale Kultstatue der Artemis Ephesia, behängt mit Stierhoden, die als Fruchtbarkeitssymbole galten. Auf einem hufeisenförmigen Altar vor dem Tempel wurden die Opfertiere geschlachtet. Ein halbes Jahrtausend später (263 n. Chr.) zerstörten die Goten das Weltwunderwerk, danach versanken die Fundamente in den Schlammaufschüttungen des Kaystros.

Nun zurück zur Straße und weiter auf Selçuk zu, nach ca. 250 m biegt man links in die Anton Kallinger Caddesi ab. Der Straßenname verdient Erklärung: Anton Kallinger ist jener Wiener Bauunternehmer, der die österreichische Ephesos-Archäologie über Jahrzehnte unterstützte und ihr kostenlos Baugerät zur Verfügung stellte. Seine Ingenieure waren z. B. auch an den Rekonstruktionen der Celsus-Bibliothek und der Hanghäuser beteiligt.

Nach ca. 500 m ist die **İsa Bey-Moschee** von 1375 erreicht, das bedeutendste islamische Denkmal von Selçuk. Der von hohen Mauern umfangene und von einem Minarett überragte Bau mit Säulenhof und karg-nüchterner Bethalle wird durch ein Stalaktitenportal über doppelläufiger Treppe erschlossen. Der Bautyp mit querliegendem Gebetshaus, dessen zwei Kuppeln von antiken Marmorsäulen aus den ephesischen Hafenthermen getragen werden, ist für Westanatolien ungewöhnlich, die Art des Dekors verweist eher auf syrische Traditionen. İsa Bey war der Sohn jenes Mehmet Bey, der in Birgi begraben liegt (s. S. 130).

In Selçuk

Von der İsa Bey Camii nun in wenigen Minuten auf einem Rampenweg durch Parkgelände hinauf zu den byzantinisch-türkischen Bauten auf dem Ayasoluk-Hügel, der schon vom Artemision her schön im Blick lag. Das leider baufällige und vorsorglich eingerüstete ›Tor der Verfolgung‹, errichtet mit Steinen des römischen Stadions, eröff-

Die Johannes-Basilika war eine der größten Kirchen byzantinischer Zeit

net das Plateau des **Zitadellenhügels** (tägl. 8.30–18.30 Uhr). Der Name des Tors entspringt der Fehlinterpretation eines der früher hier verbauten Reliefblöcke. Den dargestellten Tod des trojanischen Helden Hektor deutete man in byzantinischer Zeit als das Bild eines christlichen Märtyrers.

Auf dem durch Terrassen erweiterten Ayasoluk-Hügel ließ der christliche Kaiser Justinian im 6. Jh. n. Chr. über dem mutmaßlichen Grab des Evangelisten Johannes eine kreuzförmige Kirche mit sechs Kuppeln errichten, 110 m lang und 30 m breit, und ihr Inneres mit Marmor verkleiden: die **Johannes-Basilika**, von deren Atriumhof man

heute einen schönen Blick zurück auf Artemision und Ephesos-Ebene hat. Das dominante Gebäude des Hügels, die byzantinische (11. Jh.), in türkischer Zeit verstärkte **Festung** mit mehreren *Zisternen*, einer kleinen *Moschee* und einer *Kirchenruine* ist weniger sehenswert.

Nun vom ›Tor der Verfolgung‹ entlang den Pfeilern des byzantinischen **Aquädukts** und einer **Zisterne**, die als Reservoir für überschüssiges Aquäduktwasser diente, abwärts ins Ortszentrum von Selçuk. Die Wasserleitung mit liebenswerten Storchennestern auf den Backsteinrümpfen (s. Abb. S. 18) zieht sich durch den Ort zum Bahnhof, parallel zu den Restaurantgassen des Städtchens, und danach in die dörflichen Quartiere von Selçuk (ca. 21 000 Ew.).

Das 1964 errichtete **Archäologische Museum** nahe dem Kuşadası-

Abzweig von der Westküstenstraße (beim Informationsbüro), gewährt einen lohnenden Einblick in die Geschichte der alten Stadt (tägl. 8.30–18.30 Uhr). Die beiden ›vielbrüstigen‹ Statuen der ephesischen Artemis sind die Attraktionen. Die größere dürfte jene Artemis abbilden, die im archaischen Artemision stand, die niedere den römerzeitlichen Typus; beide sind behängt mit den Hoden geopferter Stiere dargestellt. Bildwerke wie das Sokrates-Fresko aus einem der Hanghäuser, dazu zahlreiche Statuen, die von antiken Monumenten wie dem Trajan- oder dem Pollio-Brunnen stammen, runden das museale Ensemble ab.

ⓘ Efes Müzesi Karşısı, schräg gegenüber dem Ephesos Museum, ✆/Fax 892 69 45. **Vorwahl:** ✆ 232

🚌 Von der Busstation in Selçuk gute Verbindungen nach İzmir, Denizli und Muğla. Minibusse viertelstündlich nach Kuşadası und zum Pamucak-Strand (Fantasy Aquapark), etwa halbstündlich nach Belevi, Şirinçe und zum unteren Ephesos-Eingang, etwa stündlich nach Tire. Im Sommer auch zu den Badeorten der Çeşme-Halbinsel (Özdere etc., für Klaros und Notion steigt man in Ahmetbeylı İskelesi aus).

🛏 Im Ort Selçuk viele kleinere Hotels und Pensionen, z.B. das *Pınar*** (Şahabettin Dede Cad., ✆ 892 25 61, Fax 892 30 33, mit 40 Zimmern und Klimaanlage) und das kleinere *Bayern**** am südlichen Ortsrand (Kubilay Sok. 45, ✆ 892 68 50). Einfach, aber sympathisch ist die ruhig gelegene Pension *Homeros* auf dem Zitadellenhügel

(Açmalı Sok. 7., ca. 250 m südlich vom ›Tor der Verfolgung‹).
Beim **Pamucak-Strand,** wo jetzt mit dem *Fantasy Aquapark* das größte Spaßbad der Türkei gebaut worden ist (Kap.: 5000 Besucher), ist der *Club Efes Princes***** an der Straße nach Kuşadası die beste Adresse. Am flach abfallenden Strand selbst (sehr geeignet für Kleinkinder) z.B. *Hotel Tamsa**** (✆ 892 61 90, Fax 892 27 71).

✘ In den Gassen rund um den Bahnhof zahlreiche kleine Lokale. An Sommerabenden genießt man in diesen Restaurantgassen, auch wenn kein Meeresrauschen in den Ohren klingt, mittelmeerisches Flair. Empfehlenswert (abends aber viele Mücken) ist auch das *Villa* zwischen Museum und Artemision-Zugang. Die beste (und preiswerteste) ›türkische Pizza‹ serviert der *Artemis Pide Salonu* gegenüber vom Hotel *Artemis*.

Kuşadası

Kuşadası, heute eine Mittelstadt von über 30 000 Einwohnern, war bis ins 13. Jh. ein bedeutungsloser Fleck Erde. Erst als der Hafen von Ephesos, 19 km weiter nördlich, endgültig zur Schlammlagune wurde (s. S. 144), in die nicht einmal mehr Flachboote einfahren konnten, kam Scala Nova (›Neuer Hafen‹), wie Kuşadası zunächst hieß, zu Bedeutung. Pate standen dabei die Genuesen, die um diese Zeit (ca. 1300) als Seehandelsmacht auch am Talausgang des ›Kleinen Mäander‹ eine Faktorei benötigten. Von dem, was die Italiener im

14. Jh. bauten, sind an einigen Stellen der Altstadt noch Passagen der **Stadtmauer** zu erkennen, und zwar entlang der Menekşe Sokağı. Auch die mit dem Festland durch eine Dammstraße verbundene Insel *Güvercinada* (›Taubeninsel‹) besitzt eine kleine **genuesische Festung** mit 8 m hohem Turm, den die Osmanen ab dem frühen 16. Jh. als Arsenal benutzten.

Aus der Taubeninsel wurde dann die ›Vogelinsel‹, wie man das türkische Wort *kuş adası* zu übersetzen hat. Um 1610/20 entstand als Zollstelle und Seefeste gegen die Übergriffe der Italiener und der Malteserritter jene osmanische **Karawanserei** (Öküz Mehmetpaşa Han; benannt nach einem türkischen Großadmiral), die nun ein Luxushotel beherbergt. Im 19. Jh. lebten

Kuşadası

1 PTT
2 Polizei
3 Öküz Mehmetpaşa Han
4 Hatiice Hanım Camii

Güvercinada

Hotel Kismet

Jacht-

Schwimm-bad

Marina

Hotel Golden Day

Selçuk

Bulvarı

Rıza Saraç Cad.

Selçuk / Izmir

Stadt-strand

İstiklal Sok.

Gençlik Cad.

Çevre Yolu

Kastell

Hafen

Fischer-hafen

Atatürk Bulvarı

Hotel Surtel

Hotel Atinç

Arkan Cad.

Ausflugs-boote

Güvercinada Caddesi

Yılancı-Strand

Basar

Dolmuş-Station

Aslanlar Cad.

İsmet İnönü Bulvarı

Adnan Menderes Bulv.

Atatürk Yolu

Aydın

Mehmet Işık Cad.

Küçükbeli Ramazan Cad.

Sabrı Mumcu Cad.

Canden Tarhan Bulv.

Kadınlar Denizti Caddesi

Bushof

Kadınlar-Strand

Söke

Die ›Taubeninsel‹ wurde von den
Genuesen mit einem Kastell befestigt

etwa 8000 Menschen in der Hafenstadt, darunter viele Griechen und
Armenier. Damals florierte die Stadt
als Ausfuhrhafen (Getreide, Baumwolle) zur Insel Samos; nach Ägypten wurden Rosinen exportiert. Den
Niedergang der Stadt besiegelte der
griechisch-türkische Krieg zu Anfang des 20. Jh. (s. S. 157).

Um 1965 noch war Kuşadası ein
stilles Fischerstädtchen. Doch seither entstand Hotel um Hotel, und
jeden Sommer machen neue
Leuchtreklamen auf neue Unterkünfte aufmerksam. Ein großer
Jachthafen unterstreicht den ange-
strebten Status der Stadt als ›ägäische Metropole‹ ebenso wie eines

der klotzigsten Atatürk-Denkmäler
der Westküste.

Doch auch Kuşadası besitzt noch
Volksstadtteile mit Atmosphäre und
osmanischen Erkerhäusern, gerade
im Bereich des altummauerten Ge-
nuesenzentrums auf dem Stadthügel (z.B. in der Anıt Sok.), aber dort,
wo die Tourismusindustrie vor-
herrscht, wird es öde in der Bunt-
heit. Offen gesagt, hat der Ort, anders als etwa Bodrum, wenig Charakter, und, anders als etwa Marmaris, mangelt es ihm auch an bemerkenswerter Landschaftsszenerie.
Wer zwangsweisen Hautkontakt
nicht scheut, bricht zu den Stränden im Süden (Kadınlar, Yavansu)
auf, wo Luxushotels ihre hochge-
wachsenen Baukörper zeigen. Ansonsten heißt die ›Fluchtlinie‹: Kultur. Ephesos ist nahe, Pamukkale
nicht allzu fern, und eine Tagestour

nach Milet, Priene und Didyma, aber auch nach Klaros und Notion vielleicht ergiebiger als der Kauf einer Lederjacke im Basar von Kuşadası.

🛈 Liman Caddesi (Hafen, ☎ 614 11 03, Fax 614 62 95) oder *www.kusadasiguide.com;* **Vorwahl:** ☎ 256

🚌 Von der Busstation am Südrand der Stadt in der Saison alle halbe Stunde ein Bus nach İzmir; sehr gute Minibusverbindung mit Selçuk/Ephesos, Davutlar, Güzelcamlı (dem letzten Dorf vor dem Samsun Dağı-Nationalpark), Aydın und Söke.

🚢 In der Saison (Mai–Okt.) tägl. ein Ausflugsboot zur griechischen Insel Samos (Abfahrt 9 Uhr).

🏨 *Club Caravansérail****,* Atatürk Bulv. 1 (direkt am Hafen im Mehmetpaşa Han, ☎ 614 41 15, Fax 614 24 23) bietet die Tradition einer befestigten Karawanserei des 17. Jh. und genug Luxus, um türkische Prominenz anzuziehen. Ein ›Klassiker‹ ist das *Kismet***** (☎ 618 12 90, Fax 618 12 95, *www.kismet.com.tr)*, hübsch auf einer Landzunge nördlich vom Jachthafen gelegen. Empfehlung! Am Atatürk Bulvarı, der Hauptstraße am Meer, reihen sich die Mittelklassehäuser; viel preisgünstiger ist die *Cennet Pansiyon* (Yıldırım Cad. 69a) im Altstadtviertel über dem Hafen. Dort auch das einfache, aber angenehme Hotel *Stella* (☎ 614 16 32).

An den Stränden im Süden (Kadınlar, Yavansu) ist unter den Luxushotels das traditionsreiche *İmbat***** (☎ 614 20 00, Fax 614 49 60, *www.imbat.com)* empfehlenswert, direkt am Kadınlar Plaj mit Tauchschule und vielen Sportangeboten.

🍴 Kuşadası hat für jeden Gaumen und jeden Nightlife-Fan etwas zu bieten. Unter den Restaurants seien vor allem das *Kazım Usta* und das *Ali Baba* am Hafen erwähnt; beider Spezialität sind Fisch und Meeresfrüchte. Einen guten Ruf hat auch das *Expert Basar,* etwas versteckt an der Kahramanlar Cad. Und als Tip: Versuchen Sie es mal in den kleinen Restaurants am Altstadthang über der Karawanserei.

Schön sitzt man bei Sonnenuntergang in den Strandbars bei der ›Taubeninsel‹. Das Nachtleben konzentriert sich aber in der ›Pub Lane‹ im Basarviertel (nördlich der Barbaros Cad., der Fußgängerzone bei der Hauptpost): dort reiht sich eine Kneipe an die nächste. Die bekannteste Disco ist der *Temple Club* nahe Hotel Kismet, wohin auch die İzmir-Schickeria anreist.

Umgebung von Kuşadası

Ein Ausflug lohnt zu dem inmitten von Kiefernwäldern gelegenen Dörfchen **Çamlık** an der Westküstenstraße (12 km von Kuşadası), das ein kleines, aber sehenswertes ›Eisenbahnmuseum‹ besitzt. Es erinnert an die erste Schienenstrecke der asiatischen Türkei, die zwischen 1856 und 1866 von der englischen Ottoman Railway Company erbaut wurde und von İzmir nach Aydın führte. Çamlık liegt in der Mitte dieser Strecke. Zu sehen sind etwa 20 Dampflokomotiven, darunter auch einige der legendären Bagdadbahn.

Ein weiteres schönes Ausflugsziel ist der 1966 gegründete **Nationalpark** auf der Dilek-Halbinsel im Süden, wo das Samsun Dağı-Ge-

Landarbeit im fruchtbaren unteren Mäander-Tal

birge bis 1237 m aufsteigt. Nur 1,7 km trennen das Dilek-Kap von der griechischen Insel Samos. Man fährt an über die Dörfer Davutlar und Güzelçamlı; bald danach der offizielle Eingang zum National-park (Eintrittsgebühr), der mehrere schöne Strände bietet – der längste heißt Kalamaki. Die Wanderung durch die kurz vor Kalamaki links abzweigende Schlucht (*Kanyon*) gehört zu den ›Pflichtübungen‹ in der Vor- und Nachsaison, denn sie führt durch ein der mediterranen Natur zurückgegebenes Stück Tür-kei hinauf zum Kamm des Samsun Dağı (ca. 2 Std.). Vom 1000 m ho-hen Kamm bietet sich durch Wald-schneisen ein unvergleichlicher Tiefblick hinunter auf das Mäan-der-Delta mit seinen Lagunen. Mit ein wenig Glück lassen sich während des Aufstiegs Rudel ver-wilderter Pferde beobachten.

Zwischen Ortaklar, wo die Stra-ße durch das Mäander-Tal nach Pa-mukkale abzweigt (s. S. 185), und Söke liegt das antike **Magnesia am Mäander** am Fuß des Durmuş Dağı (1016 m). In der Stadt wurde Poly-krates, der Tyrann von Samos, er-mordet, später lebte der Athener Themistokles hier im Exil. Von Norden kommend, nimmt man im Westen den Zug der byzantini-schen *Stadtmauer*, dann im Osten die wuchtigen Reste römischer *Ka-sernen* wahr (gegenüber Parkplatz und kleines Restaurant). Nur weni-ge Dutzend Meter entfernt haben sich die Kapitelle und Grundmau-ern eines der bedeutendsten *Tem-pel* Kleinasiens im ionischen Stil erhalten, erbaut Ende des 3. Jh. v. Chr. und der Göttin Artemis geweiht. Auf den beiden Karrenwegen, die westwärts über den Tempel hinausführen, erreicht man das *Gymnasion* der antiken Stadt (unterer Weg) bzw. ein Ende der 80er Jahre freigelegtes *Theater* römischer Zeit (oberer Weg).

Die betriebsame Marktstadt **Söke** (60 000 Ew.) ist das Handelszentrum für die Dörfer des unteren Mäander-Tals und gilt als ›Stadt der Baumwollkönige‹. Mittwoch ist Markttag; dann schauen sich neuerdings auch Touristen aus Kuşadası das bunte Treiben an. Söke ist verkehrsgünstig zu den drei großen antiken Stätten im Südwesten – Priene, Milet, Didyma – gelegen, verfügt aber über nur ein akzeptables Hotel (*Haymanalı*, an der Busstation).

🚌 Minibusse von Söke halbstündlich nach Güllübahçe/Priene, im Stundentakt nach Altınkum/Didyma und Balat/Milet. Gute Busverbindung auch nach Kuşadası, Selçuk, Aydın und Milas sowie zum Dilek-Nationalpark am Samsun Dağı. Die Busstation liegt am östlichen Stadtrand.

Priene

Ein *erstes Priene*, dessen Philosophenregime Platon rühmte, von dem aber keine Gebäudespur geblieben ist, lag im 6. Jh. v. Chr. als Hafenstadt dort, wo sich heute die Fluren der Mäander-Ebene ausbreiten. Als der Latmische Golf durch die Schlammfrachten des ›Großen Mäander‹ verlandete und nur der Bafa Gölü (s. S. 190) zurückblieb, entstand um 350 v. Chr. ein *zweites Priene* auf einem ca. 150 m hohen Plateau am Bergfuß des mehr als 1200 m aufragenden Samsun Dağı. Die Ruinen der Neugründung zeigen bis in die Wohnarchitektur hinein einen hohen Anspruch. Nach der Manier des milesischen Baumeisters Hippodamos fällte ein rechtwinkliger Schnitt die Wohnquartiere aus. Sechs Ost-West-Straßen und 15 kürzere Nord-Süd-Gassen (zumeist Treppengassen) gliederten das abschüssige, in Terrassen gestaffelte Bauplateau. Unregelmäßig verläuft in dieser Stadt nur die Stadtmauer, die sich fortsetzt auf der Akropolis, 200 m hoch über dem Siedlungsplateau.

Prienes weiteres Schicksal in Stichworten: 227 v. Chr. von den keltischen Galatern geplündert, seit 190 v. Chr. unter pergamenischer, seit 129 v. Chr. unter römischer Oberhoheit. Nach einer letzten Blüte unter Kaiser Augustus verfiel die Siedlung mit der zunehmenden Verlandung des Golfes. Das byzantinische Landstädtchen suchte sich noch einmal durch neue Mauerzüge zu schützen – die Akropolis trägt mächtige Bastionen – , erlag aber Ende des 11. Jh. dem Türkeneinfall.

Die antike Stätte liegt südöstlich des Dörfchens Güllübahçe. Am Ende der Stichstraße, die vom südlichen Dorfplatz, vorbei am Haus des deutschen Ausgräbers Theodor

Wiegand, hinauf zu den Ruinen führt (Parkplatz, Kassenkiosk in einem antiken Gewölbe, tägl. 8.30–18.30 Uhr), tritt man in die Ruinenstadt ein. Das **Osttor** lag ursprünglich etwas weiter nördlich.

Der neue Eingang führt auf eine Treppenstraße und mit ihr hinauf zum Zentralbereich der Stadt. Vorbei am sehr zerstörten **Heiligtum der ägyptischen Götter** erreicht man über die ›Theaterstraße‹ das **Theater** aus dem 3. Jh. v. Chr. Die einst 50 Sitzreihen des Auditoriums waren nach griechischer Art an den Hang gelegt und boten etwa

5000 Personen Platz. Über die Zuschauerränge spannten sich Sonnensegel. In den fünf *Marmorsesseln* rings um die mit gestampfter Erde bedeckte Orchestra fanden die Honoratioren jener Tage komfortablen Sitz. Interesse verdient die *Wasseruhr* im Südwesteck der Orchestra; sie regelte die Zeitdauer von politischen Ansprachen, denn das Theater von Priene wurde auch für Volksversammlungen genutzt. Ein zweistöckiges, fast 6 m hohes *Bühnenhaus* schloß die Anlage nach Süden ab. Dahinter erstreckt sich die Ruine einer **byzantinischen Kirche**, in der die Bischöfe von Priene die Messe zelebrierten.

Vom Nordwestrand des oberen Theaterrangs führt ein mit Farbmarken bezeichneter Pfad zum frühhellenistischen **Demeter-Heiligtum**, wo auch Persephone, die Herrin der Unterwelt und Tochter der Erdmutter Demeter, verehrt wurde. Das Blut der Opfertiere rann in eine viereckige Steingrube.

Zurück zum Theater und nach rechts zum weithin sichtbaren **Athena-Tempel**, der auf einer etwas erhöhten Kuppe über allen anderen Stadtbereichen steht (s. Abb. S. 142). Die Athena war Prienes Stadtgöttin, und im 4. Jh. v. Chr. entwarf Pytheos, Architekt des Mausoleions von Halikarnassos (s. S. 203), den Prachtbau, der zwischen 350 und 330 v. Chr. u. a. mit Spenden Alexanders d. Gr. entstand. Das Heiligtum ist mit einem Ringkranz von 6 x 11 Säulen ausgestattet und gab der ionischen Tempelordnung ihre ›klassische‹ Gestalt. In die Cella gelangte man durch eine 8 m hohe Tür. Vor dem Tempel ein **Prunkaltar**.

Westwärts schließen sich die **Wohnstraßen** von Priene an. Wer Zeit hat, sollte einen Gang durch diesen wenig besuchten Teil der Stadt unternehmen. Vor allem auf der rechten Seite der sogenannten ›Theaterstraße‹ hinter dem Athena-Tempel fallen die Fundamente großzügiger Stadthäuser auf.

Das hellenistische Theater und …

das Bouleuterion von Priene, der Versammlungssaal des städtischen Rates

Die einst zweischiffige, 116 m lange **Heilige Halle** (Mitte des 2. Jh. v. Chr.) im Südosten des Tempels war mit mehreren Stufen über die ›Westtorstraße‹ und die anschließende **Agora** erhöht, einen Staatsmarkt von 75 x 35 m, auf dem einst Statuen verdienter Bürger präsentiert wurden. Für den Lebensmittelverkauf war neben dem Platz, an der zum Westtor führenden Straße, ein kleinerer **Handelsmarkt** reserviert. An der Agora lag auch ein **Zeus-Tempel**, der aber durch die Überbauung mit einem **byzantinischen Kastell** (spätes 11. Jh.) sehr gelitten hat.

Besser erhalten hat sich dagegen das politisch-administrative Zentrum des Ortes mit Bouleuterion und Prytaneion, erbaut im 2. Jh. v. Chr. Auf den Sitzbänken der Ratshalle, des **Bouleuterions**, nahmen die 500 Stadtverordneten von Priene Platz. Die übliche Halbkreisform dieses Baus, wie man sie etwa in Milet oder Troja findet, ist in Priene durch ein Raumgeviert ersetzt. Im **Prytaneion**, das wie ein gewöhnliches Wohnhaus mit Innenhof aussah, residierte der Magistrat, dessen Mitglieder (die Prytanen) im Turnus von 35 Tagen wechselten. Von hier wurde die Stadt verwaltet.

Wenig besucht wird ein Baukomplex ganz im Süden der Stadt, nur noch 30 m über der Mäander-Ebene nahe der Stadtmauer gelegen und bestehend aus Gymnasion und Stadion. Während das Obere Gymnasion im Vorfeld des Theaters nahezu ganz zerstört ist, haben sich vom **Unteren Gymnasion**, das um 130 v. Chr. entstand, die Waschräume mit ihren Trögen unter löwenköpfigen Wasserspeiern sowie zahlreiche Kritzeleien der jungen Schüler erhalten. Mehr als 700 Epheben haben sich in Graffiti namentlich verewigt. Im **Stadion**, das aufgrund des abschüssigen Geländes nur auf der Nordseite Sitzreihen für die Zuschauer bot, erkennt man noch die Linie der antiken Startanlage für die Wettläufer.

 Etwa alle 20 Min. Kleinbusverbindung von und nach Söke.

Im *Şelale Restaurant* (Spezialität: Forellen), rechts der Auffahrt zu den Ruinen, sitzt man angenehm im Baumschatten. Ein kleiner Wasserfall (türk: şelale), der aus Prienes heute wie einst sprudelnder Quelle gespeist wird, mündet hier in einen Forellenteich.

Milet

Von Güllübahçe/Priene nach Milet sind es 19 km. Die Straße zieht sich quer durch die baumlose Mäander-Ebene, in der Hunderte von Störchen staksen. Der einzige Hügel in dieser flachen Ödnis ist identisch mit dem antiken Eiland Lade, bei dem die ionischen Griechen 494 v. Chr. eine entscheidende Seeniederlage gegen die Perser erlitten. Die Verlandung der Bucht rückte die Insel ins Binnenland.

Auch das alte Milet, eine der bedeutendsten Griechenstädte, erhob sich einst auf einer Landzunge über

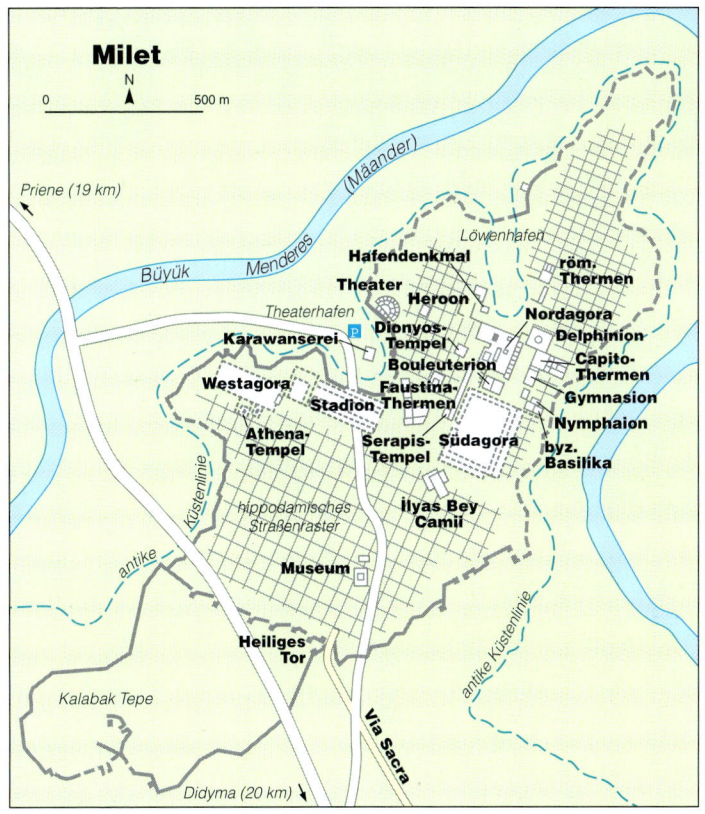

Milet

N

0 ————— 500 m

Priene (19 km)

(Mäander)

Löwenhafen

Büyük   Menderes

Hafendenkmal

röm. Thermen

Theater

Theaterhafen

Heroon

Dionysos-Tempel

Nordagora

Karawanserei

Delphinion

Bouleuterion

Capito-Thermen

Westagora

Faustina-Thermen

Gymnasion

Stadion

Nymphaion

Athena-Tempel

Serapis-Tempel

Südagora

byz. Basilika

hippodamisches Straßenraster

İlyas Bey Camii

Küstenlinie

Museum

antike

Heiliges Tor

Kalabak Tepe

antike Küstenlinie

Via Sacra

Didyma (20 km)

den Wassern des Latmischen Golfes. Das Schicksal von Priene vollzog sich an Milet mit historischer Verzögerung, aber doch unausweichlich: Aus der Hafenstadt, deren stolze Schiffe Mittelmeer und Schwarzes Meer befuhren und dort an die 80 Kolonien gründeten, wurde eine Landstadt, denn der Mäander schob immer neue Schlammfrachten vor die Küste; schließlich breitete sich vor der Stadt ein brackiger Sumpf aus. Ähnlich bietet sich auch das heutige Landschaftsbild dar. Die Bauern des Streuweilers Balat kämpfen mit der Versalzung des Bodens, und die Ruinen des alten Milet versinken jeden Winter aufs neue im Hochwasser der Ebene. Noch im

Blick über den versunkenen Nordmarkt
auf die ionische Stoa von Milet

Frühsommer kann man manchen
Teil der antiken Stätte nicht trockenen Fußes erreichen, und vieles,
was hundert Jahre deutsche Aus-
grabung zutage förderten, ist mittlerweile wieder im Mäander-
Schlamm versunken.

Die Stadt war das ökonomische
und kulturelle Zentrum der östlichen Ägäis. Erfindungsreich über-
wand das ionische Milet die wirt-
schaftliche Beschränkung des di-
rekten Warenaustauschs: Offenbar
wurden im Handelsverkehr zwischen dem lydischen Hinterland
und der ostgriechischen Ägäis auf
den Märkten von Sardis und Milet

im 8. oder 7. Jh. v. Chr. erstmals geprägte Münzen als Zahlungsmittel
eingesetzt. Zugleich entfaltete sich
in der Stadt die griechische Wissenschaft; Thales, Anaximander
und Anaximenes umstanden ihre
Wiege. Von der Naturspekulation
zu exakter Beobachtung und zu
überprüfbarer Hypothese führte
Milets kulturgeschichtlich gar nicht
zu überschätzender Weg. Der
große Thales konnte schon die
Sonnenfinsternis am 28. Mai 585
v. Chr. vorausberechnen. Auch die
Geisteswissenschaften erhielten
aus der reichen milesischen Kultur
Anschub: Noch vor Herodot lebte
und lehrte im 6. Jh. v. Chr. Hekatai-
os als Vater der Geschichtsschreibung und Erdkunde in Milet. Wenig später brachte die Stadt den
Architekten Hippodamos hervor.

Nach 494 v. Chr. – der Ionische Aufstand war gescheitert und Milet von den Persern gebrandschatzt worden – entwarf Hippodamos auf dem Reißbrett eine neue Planstadt; fortan wohnten die etwa 100 000 Milesier nicht mehr in ›naturwüchsigen‹ Winkelgassen, sondern in rechtwinklig sich schneidenden Straßenzügen – ein Vermächtnis, dem noch die Stadtplanung des 20. Jh. verpflichtet ist.

Auch danach verblieb Milet zunächst im Spannungsfeld von Persien und Athen. Noch 334 v. Chr., als Alexander d. Gr. heranzog, hatte die Stadt eine persische Besatzung. Die Römerzeit war auch hier eine große Bauzeit – zuletzt im Zeichen des Christentums, das Milet 51. n. Chr. mit der Mission des Apostels Paulus erreichte. Dagegen erscheint die byzantinische Zeit als eine Ära der Bescheidung, des Rückzugs der Stadt auf das engere Feld um den Theaterhügel, das seit dem 8. Jh. durch das Kastell Palatia bekrönt wurde; und die Jahrhunderte nach dem Türkensturm als die eines schlichten kleinstädtisch-dörflichen Lebens. Immerhin benutzten die Menteşe-Emire (s. u.) Balat, wie der Ort nun hieß (die verschliffene Wortform von Palatia) als Hafen, und noch im 15. Jh. entstanden beachtliche Bauten wie die İlyas Bey Camii.

Das **Theater**, das man als erste Sehenswürdigkeit erreicht, bietet von seiner Höhe zugleich einen Überblick über die gesamte Ruinenstätte. Es entstand im 4. Jh. v. Chr., durchlief verschiedene Baustufen und hatte in seiner römischen Gestalt vom Anfang des 2. Jh. n. Chr. auf drei Rängen Platz für annähernd 15 000 Zuschauer, deren Sitzbänken gegenüber sich zuletzt ein 40 m breiter und 20 m hoher, in drei ›Geschosse‹ gestaffelter und reich geschmückter Bühnenbau erhob. Auf den Theaterhügel setzte Milet im 8. Jh., als arabische Flotten die Ägäis bedrohten, das schon erwähnte **Kastell**, das im 11. Jh. unter der Türkengefahr nochmals verstärkt wurde.

Dem Blick vom Theaterhügel erschließen sich Grund und Boden des alten Milet als eine abweisende Schwemmlandschaft, durchsetzt mit Tümpeln; dazwischen Ruinen. Beim Abstieg vom östlichen Gewölbegang des Theaters nach Südosten läßt man die Gruft eines überwölbten **Heroons** mit fünf Bestattungsstollen zurück, eine sehenswerte hellenistische Anlage.

In den **Faustina-Thermen**, benannt nach der Gattin des römischen Kaisers Marc Aurel (reg. 161–180 n. Chr.), reiht sich, ca. 300 m entfernt vom Theaterhügel, zwischen wuchtigen Umfassungsmauern das für die Römerzeit übliche Ensemble der Baderäume. Mal heiß, mal warm, mal lau, mal kalt – der Wasserspaß der Besucher wurde durch den Temperaturunterschied noch gesteigert. Das Marmorkleid der massigen Ziegelmauern ist dahin, nur am Schwimmbecken des Kaltbads zeugen eine Löwenskulptur und ein Bild des Flußgotts Mäander von vergangener Ausstattungspracht; auf dem alten Sporthof des Faustina-Bades weiden derweil die Schafe.

Unser nächstes Ziel, die **İlyas Bey-Moschee**, liegt ca. 200 m südlich der Faustina-Thermen. Auf der roten Ziegelkuppel nistet fast jedes Jahr ein Storchenpaar. İlyas Bey war ein Emir der Menteşe-Dynastie, die von 1280 bis 1428 nahe Milas residierte (s. S. 197). In seinem Hafen Balat/Milet ließ der Herrscher 1404 aus dem Marmor des antiken Milet die Moschee, daneben eine Koranschule und eine Bibliothek erbauen. Das Minarett fiel dem Erdbeben von 1955 zum Opfer. Prachtvoll reliefiert sind die Eingangsseite und die Mihrab-Wand der Moschee.

Zurück zu den Faustina-Thermen, biegt man nach halbrechts (östlich) ab, wo sich die Marktplätze von Milet ausbreiten. Zuvor gelangt man zu einem römischen **Heroon** und zur **Kirche des Erzengels Michael**. Die dreischiffige Emporenbasilika wurde um 600 n. Chr. über den Fundamenten eines frühhellenistischen **Dionysos-Tempels** erbaut. An die Nordseite der Kirche schließen (mit rotem Schutzdach) die Räumlichkeiten eines **Bischofspalastes** an, der mit Mosaiken spätantiker Tradition (u. a. Jagdszenen) geschmückt war.

Diesseits des Nordmarkts verdient das **Bouleuterion** von Milet Beachtung, gegliedert in einen dreiseitig von Hallen umgebenen Hof und den eigentlichen Ratssal, auf dessen gut erhaltenen 18 Stufenreihen 1200 Bürger Platz fanden. Verhandelt wurden hier die politischen und administrativen Probleme des städtischen Alltags (heute würde man von einem ›Kommunalparlament‹ sprechen). Einer Inschrift zufolge entstand der Bau zwischen 175 und 163 v. Chr.

Die jenseits des Nordmarkts wiedererrichteten Säulenstellungen einer **ionischen Stoa** gehörten zum Hallenrahmen der versunkenen und von Wasser überspülten Platzanlage (ca. 90 x 43 m). Östlich schließen an den Nordmarkt die wuchtigen römerzeitlichen Ruinen der **Capito-Thermen** an. Daneben erstrecken sich die Grundmauern eines hellenistischen **Gymnasions** und eines **Nymphaions**.

Gleich angrenzend an das Nymphaion eröffnete ein Prachttor den bis heute unausgegrabenen **Südmarkt**, mit ca. 127 x 161 m die größte Platzanlage von Milet. Über der planen Fläche liegt heute Ackerkrume. Das Tor, ca. 29 m breit und 17 m hoch, ist mit seinen Säulenvorbauten unter einem gesprengten Giebel eine typische Schöpfung der späten Kaiserzeit, genau gesagt: des Jahres 165 n. Chr. Durch die deutschen Archäologen abgetragen, verbindet es seit 1930 im Berliner Pergamon-Museum zwei Ausstellungsräume.

Vom Bouleuterion führt der Weg nach Nordosten zum Nordhafen, in den die Handelsschiffe einliefen. Die tiefe, U-förmige Bucht ist längst verlandet. Vom **Großen Hafenmonument** am Südende der Bai sind immerhin der Unterbau und

der Sockel mit einem sehenswerten Tritonen-Fries erhalten; unzugänglich stehen sie in einem Tümpel. Auch die **Löwenskulpturen**, die am Hafen jedem einfahrenden Schiff die Macht der Stadt demonstrierten, sind im Schwemmwasser versunken. Ein moderner Damm sichert den Ausgang des alten Nordhafens; auf seiner Höhe gelangt man trocken und bequem zurück zum Theater.

Im kleinen **Museum** (9–19 Uhr) nahe der Straße Richtung Didyma/Altınkum sind Architekturteile und Inschriftensteine aus den Ruinen, hellenistische Gewandstatuen und römische Sarkophage zu sehen, dazu eine repräsentative Sammlung von Keramiken.

Didyma

Eine **Heilige Straße** zog sich von Milet nach Süden. Sie begann am Delphinion, einem Apollon geweihten Heiligtum, querte den Südmarkt und verließ die antike Weltstadt durch ein Prachttor. Ziel des Prozessionswegs war der Apollon-Tempel von Didyma, eines der berühmtesten Orakelheiligtümer der antiken Welt. Mehr als 16 km lagen vor den frommen Milesiern, die unterwegs immer wieder Hymnen auf die Gottheit anstimmten. Unter Kaiser Trajan wurde die Trasse aufwendig gepflastert, wie man ca. 150 m nördlich des Tempels, nahe der *Hisar Camii*, einer zur Moschee umgewidmeten byzantinischen Kirche im Dorf Yenihisar (auch Didim genannt), noch sehen kann. Badeanlagen dienten der rituellen Reinigung vor dem Tempelgang.

Wer heute von Milet aus Didyma besucht, hat es einfacher. Bis zum Dorf Akköy sind es 6 km, nach weiteren 14 km ist Didim, wie die Türken Didyma nennen, erreicht; noch einmal 5 km, und man ist am Strand von **Altınkum**, einem aufstrebenden Ferienort (auch Didim Plaj genannt).

Didyma war der Haupttempel Milets. Genau gesagt: Er sollte es werden. Schon in vor-ionischer Zeit hat man sich hier um eine heilige Quelle versammelt. Als der einheimische Kult durch die Verehrung des Apollon und seiner Zwillingsschwester Artemis überlagert wurde, umbauten die Ionier den heiligen Grund, auf dem sich nun neben der Quelle, der man prophetische Kraft zuschrieb, ein Lorbeerbaum (oder -hain) als Wahrzeichen des Apollon erhob. Seit dem 7. Jh. v. Chr. war diesem Hof eine Säulenhalle vorgelagert. Im 6. Jh. entstand dann ein erster Tempel, dessen Pracht sich mit dem des Artemis-Tempels von Ephesos (s. S. 159) messen konnte.

Berühmt waren die Orakel von Didyma. Den Branchiden genannten Priestern, die vom Wasser der heiligen Quelle tranken, war durch Apollons Kraft – so der Glaube – die Gabe der Weissagung verliehen. Von weither suchte man hier Rat. Ein ägyptischer Pharao weihte dem Tempel eine Rüstung, der lydische König Kroisos (s. S. 127) stiftete, obwohl er als Eroberer kam, Goldgeschenke, und selbst die in Kleinasien siegreichen Perser respektierten das Heiligtum zunächst. Erst nach dem Ionischen

Der nie vollendete Tempel von Didyma

Aufstand erfaßte die Strafaktion gegen Milet auch das Heiligtum südlich der Stadt: Der erste Tempel von Didyma wurde zerstört, die hochverehrte, etwa lebensgroße Kultstatue des Apollon (in Bronze dargestellt als Jäger mit einem Hirschen) entführt, und die priesterlichen Branchiden verschlug es unter persischem Befehl nach Zentralasien. Aber auch danach wurde in Didyma weiter orakelt, z. B. vom Sieg Alexanders über die Perser.

In der zweiten Hälfte des 4. Jh. v. Chr. beschloß Milet, ein neues Didymaion zu errichten. Teilweise folgte es den Linien des älteren Tempels, doch waren ungleich ehrgeizigere Dimensionen vorgesehen: 51 x 109 m sollte das Tempelgeviert messen, für dessen Realisierung man bald reiche Sponsoren

gewann. Aber wieviel Gold die Seleukiden und Ptolemäer, später die römischen Kaiser Caligula und Hadrian auch spendeten, es war nie genug, den kolossalen Tempel zu vollenden. Ein letztes Mal versuchte es Kaiser Julian Apostata (reg. 361–363 n. Chr.); ihm, dem Christenfeind, galt der angestrebte Abschluß des Baus als Zeichen für die bevorstehende Wiederkehr der alten Götter. Vergebliche Hoffnung!

Zu abgelegen war der Tempelplatz, zu fern das Meer – das türkische Mittelalter legte keine Hand an die Steine von Didyma. So behielten die meisten Quader ihren Platz, und auch einige herrliche Stücke des großformatigen figürlichen Bauschmucks – berühmt ein Medusenhaupt (s. Umschlagrückseite) – blieben erhalten. Die mächtigen Säulen freilich, fast 20 m hoch und 2 m im Durchmesser, stürzten, bis auf drei, unter den Erschütterungen der in der Mäander-Region so häufigen Erdbeben zu Boden.

Ursprünglich war der **Apollon-Tempel** von Didyma (tägl. 8.30–19 Uhr) durch zwei Doppelreihen zu je 21 Säulen an den Langseiten und zwei Doppelreihen zu je 10 Säulen an den Schmalseiten umkränzt. Die Säulen *in antis* hinzugerechnet, ergibt sich ein ›Wald‹ von 120 Säulen, die sich mit ihren ionischen Kapitellen über einer vielstufigen Plattform erhoben.

Es ist kein Zufall, daß die Freitreppe auf der Ostseite des Tempels, eigentlich der Hauptzugang, nicht ins Innere, den hochheiligen Tempelhof führt, sondern vor einer Schranke endet, von der aus den Wartenden die im Zeichen Apollons ergangenen Weissagungen zugerufen wurden. Dem gewöhnlichen Sterblichen stand das innere Orakelzentrum nicht offen, nur Priestern und Eingeweihten. Sie gelangten durch zwei überwölbte Rampen in den Hof. Von dort erschloß eine rückläufige Treppenanlage die ›Erscheinungstür‹ über jener Schwelle oder Schranke. Zwei Wendeltreppen sollten auf eine – nie vollendete – Dachterrasse führen.

Der heilige Hof (ca. 22 x 54 m) war nicht überdacht. Seine Wände ragten ca. 25 m hoch auf und waren durch Pilaster mit figürlichen Kapitellen gegliedert. Nach Westen hin erhob sich als Allerheiligstes ein 11 m hohes Tempelchen. Nur die Fundamente zeichnen sich noch ab. In diesem Naiskos war das erwähnte Kultbild des Apollon aufgestellt, das nach seiner Entführung durch die Perser (494 v. Chr.) zwar noch einmal nach Didyma zurückkam (um 300 v. Chr.), in frühbyzantinischer Zeit aber verloren ging. Auch von der heiligen Quelle und von dem Lorbeerhain sind keine Spuren geblieben.

Viele Indizien belegen, daß das Didymaion nie vollendet wurde. Profilleisten und Kanneluren sind nicht überall vollständig ausgeführt, Hebebossen nicht abgearbeitet, und die Hofwände lassen die letzte Glättung vermissen. Gleich-

Am Strand von Altınkum (Didim Plaj) ist
ein modernes Ferienzentrum entstanden

wohl benutzten die Orakelpriester
die Kultstätte, als ob sie vollendet
wäre.

Die Stufen auf der Südwestseite
des Tempels dienten als Sitze,
wenn alle vier Jahre zu Ehren des
Apollon Festspiele in Didyma stattfanden. Dann maßen sich vor diesem provisorischen **Stadion**, auf
freilich sehr verkürzter Strecke, die
Wettläufer.

🚌 Etwa im Stundentakt Kleinbusse
nach Söke; während der Saison
direkte Busverbindung mit İzmir.

🚢 In der Saison täglich um 9 Uhr
ein Boot von Altınkum nach Torba auf der Bodrum-Halbinsel (s. S. 212).

🛏 **Vorwahl:** ☎ 256. Beim Tempel
nur einfache Pensionen; am feinsandigen Strand von Altınkum (›Gold-
strand‹), 5 km südlich, diverse Mittelklassehotels, die fest in britischer Hand
sind. Meiden sollte man die Hotels an
der lauten Zufahrtsstraße. Besser die
Häuser am Oststrand, z.B. das *Tun-
taş*** (☎ 813 29 05) und das *Golden
Sand*** (☎ 813 17 05), beides moderne Bauten. Am Westende des Haupt-
strandes finden sich, zurückgesetzt von
der Seepromenade, ruhig und grün gelegene Hotels der unteren Mittelklasse,
z. B. das *Berlin* (☎ 813 64 55; einige
Zimmer mit Meerblick) und – vielleicht
am besten – das *Türkoğlu*** (☎ 813 19 14).

🍴 Zahlreiche Restaurants und Bars
im ›Stadtzentrum‹ an der Meer-
front; die beste Qualität bieten die Restaurants zwischen Haupt- und Oststrand, etwa das *Eden Summer Garden*.
Überzeugend bei Fisch und Service ist
auch das *Kamici 2* oberhalb des Hafen-
anlegers.

Im Tal des Großen Mäander

**Tal der Baumwolle und der
Feigen – Bizarre Hügel,
heiße Quellen und ein
träger Fluß**

**Das weiße Weltwunder –
Die Sinterterrassen von
Pamukkale**

**Wo die Antike lebendig
wird – Nyssa, Hierapolis
und Aphrodisias**

Die baumwollweißen Sinterterrassen von Pamukkale dürfen heute nicht mehr betreten werden

Im Tal des Großen Mäander

Von den vier großen Flußtälern, die von der Ägäis hinauf nach Zentralanatolien führen, ist das Tal des Großen Mäander das wichtigste. Träge und lehmreich windet sich der gelbbraune Fluß dahin. Wohlhabende Städte wie Aydın, Nazilli und Denizli säumen die Randberge mit ihren Plantagen. Der Reichtum am Saum des Mäander ließ schon vor zweitausend Jahren stolze Städte wie Aphrodisias und Hierapolis aufblühen, deren Theater und Thermen sich in seltener Schönheit erhalten haben.

Die Tour ins Landesinnere über die E 87 nach Denizli beginnt in Orta-klar, 19 km südlich von Selçuk; von Süden her kann man über Muğla (s. S. 214) anfahren. Der Ausflug wird von vielen örtlichen Reiseagenturen angeboten, läßt sich aber auch individuell mit dem Mietwagen oder (kaum teurer) einem Taxi unternehmen.

Eine erste Zwischenstation sollte man zwischen den beiden begüterten Marktstädten Aydın (ca. 125 000 Ew.; das antike Tralles) und Nazilli (ca. 81 000 Ew.; das antike Mastaura) bei den Ruinen von **Nyssa** machen, einer Stadt, die im 3. Jh. v. Chr. gegründet wurde. Knapp 3 km nördlich der Kleinstadt Sultanhisar (ca. 33 km östlich von Aydın) erreicht man das guterhaltene römische *Theater*. Bei der Freilegung des Bühnenhauses entdeckte man einen Sockelfries, der einen Festzug zu Ehren des Dionysos

zeigt, Schutzherr nicht nur der Vegetation, sondern auch des Theaters. Nyssa ad Maeandrum war, wie der berühmte Historiker und Geograph Strabon, der hier studierte, es formuliert hat, »eine gleichsam zweigeteilte Stadt«. Östlich vom Theater geht man über einen ca. 100 m langen *Tunnel,* der im 2. Jh. v. Chr. angelegt wurde, um den die Siedlung durchschneidenden Bach mit einer Platzanlage zu überbauen. Jenseits der Schlucht ist das *Bouleuterion* am Saum der *Agora* besonders bemerkenswert.

Aphrodisias

Ca. 16 km östlich von Nazilli geht es über das Örtchen Karacasu südwärts nach Aphrodisias, einer besonders eindrucksvollen Ruinenstadt im Tal des Dandalaz Çayı. Die Stadt, benannt nach der Göttin

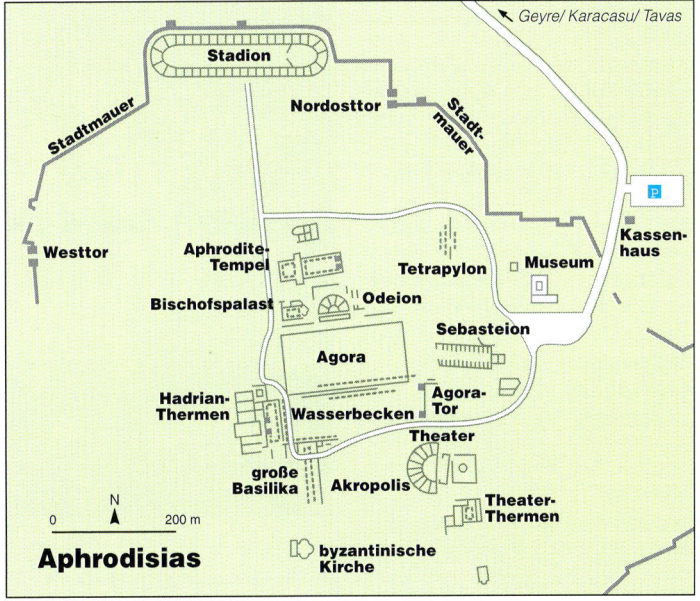

Aphrodisias

Aphrodite, stand in enger, mythologisch begründeter Beziehung zum julisch-claudischen Kaiserhaus (das seine Wurzeln über den Trojaner Änäas auf die griechische Liebesgöttin zurückführte) und hatte ihre Blüte in der Kaiserzeit als ein Wallfahrts- und Festspielort. So war es nur folgerichtig, daß hier die Stadt in christlicher Zeit, als hier ein Bischof residierte, der beziehungsreiche Name genommen wurde: Fortan, bis zum Untergang im Türkensturm, hieß sie Stauropolis (›Stadt des Kreuzes‹).

Am Saum des großen Grabungsgeländes beim Dorf Geyre, auf ca. 600 m Höhe gelegen, überrascht zunächst die überaus qualitätvolle Statuenkollektion des **Archäologischen Museums** (8.30–18.30 Uhr). Sie erinnert daran, daß die antike Stadt eine Bildhauerschule hervorgebracht hat, deren begehrte Werke bis nach Rom und Nordafrika exportiert wurden.

Auch das **Tetrapylon**, das Tor des großen Aphrodite-Heiligtums, das man als ersten Bau auf dem Gelände erreicht, zeigt den üppigen Schmuck der Kaiserzeit. Unter Kaiser Hadrian errichtet, konnte das Tor aus den erhaltenen Fundstücken fast vollständig rekonstruiert werden. Der **Aphrodite-Tempel** (1. Jh. v. Chr.), der in christlicher

Zeit zur Kirche umgewidmet wurde, ist leider nicht zugänglich.

Ein Seitenweg nach rechts führt zum **Stadion** (1. Jh. n. Chr.), das als das besterhaltene der antiken Welt gilt. Bis zu 30 000 Menschen konnten auf den Sitzbänken zusehen, wie die Athleten über die Stadiondistanz (um 190 m) dem Siegerlorbeer zueilten. Von der Hochlinie des Stadions ist übrigens der Zug der im Norden besonders gut erhaltenen, einst 3,5 km langen **Stadtmauer** zu erkennen.

Zurück im Stadtzentrum, erreicht man hinter dem Tempel den

In Aphrodisias: das Tetrapylon (oben); Sitze des Odeions und Säulen des Aphrodite-Tempels (unten)

Bischofspalast und das **Odeion** mit seinen guterhaltenen Marmorbänken (2. Jh. n. Chr.) und geradeaus – jenseits der Agora – die **Hadrian-Thermen** (2. Jh. n. Chr.). Dieser riesige Bau blickte nach Osten auf ein langes, von Säulenhallen umgebenes Wasserbecken. Auf der anderen Seite schloß diese Anlage mit einem monumentalen Tor ab.

Von der Höhe des Hügels, an den sich das späthellenistische **Theater** lehnt, hat man einen guten Überblick über die Stadtanlage. Südlich der Orchestra die **Theaterthermen**, weiter südwestlich eine byzantinische **Martyrion-Kirche**. Von oben sind auch die Kolonnaden des **Sebasteions** zu erkennen, einer Prunkstraße zu Ehren der Kaiser, die auf die Agora führte.

Mit eigenem Wagen fährt man nun am besten weiter südöstlich zur Kleinstadt **Tavas** und danach über die ausgebaute Straße 330 Richtung Denizli bzw. Pamukkale. Die Strecke (ca. 85 km) ist kürzer als die Fahrt über die Mäander-Straße und erschließt eine einsame, reizvolle Hochebene (*Tavas Ovası*).

🚌 Von Nazilli (s. S. 182) Verbindung mit dem Minibus nach Karacasu (von dort per Taxi weiter), zuweilen auch direkt nach Geyre (dort das bescheidene, aber ordentlich geführte Hotel *Aphrodisias* (☎ 448 81 32).

Pamukkale und Hierapolis

Die weißen Terrassen von Pamukkale gelten als das größte Naturwunder der Türkei. Der Rand des Mäander-Grabens markiert eine geologische Bruchzone, wie 1995 das Erdbeben von Dınar deutlich machte. Die Thermalquellen mit einer ›Badewassertemperatur‹ von ca. 35° C, die hier entspringen, haben sich beim Durchsickern des Kalkgesteins mit mineralischen Stoffen angereichert. Beim Abkühlen an der Erdoberfläche erstarren die Mineralienfrachten zu Travertin. Nirgendwo am Mäander hat sich dieser Vorgang eindrucksvoller vollzogen als bei der antiken Stadt Hierapolis. Die Quellen liegen hier ca. 90 m über dem Talboden und haben über zwei Kilometer weiße Sinterterrassen mit Becken und Trögen hervorgebracht, deren märchenhaftem Anblick eine märchenhafte Bezeichnung entspricht: Im Türkischen bedeutet der Ortsname ›Baumwollschloß‹.

Dieses faszinierende Naturphänomen ist seit langem *das* touristische Ziel im türkischen Binnen-

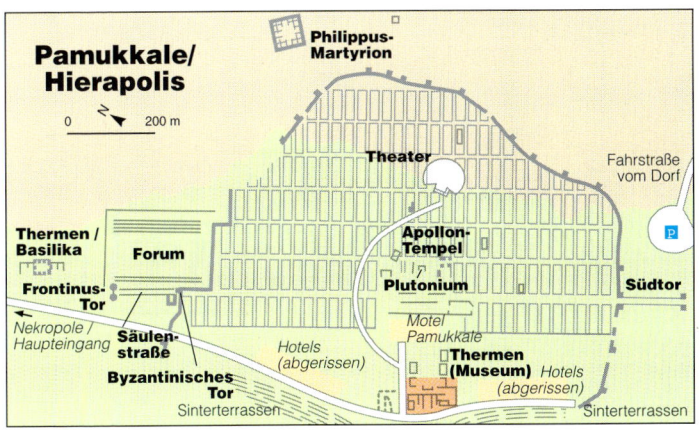

185

land; Tag für Tag wateten Hunderte von Besuchern durch die Wasserbecken am Travertin-Hang (s. Abb. S. 180). Über dem Hang entstanden Hotels, das Dorf unterhalb wurde zu einem quirligen Urlaubsstädtchen, wie man es sonst nur an der Küste findet. Doch hinterließ der Massenandrang Spuren, und die Terrassen wurden seit Mitte der 90er Jahre immer unansehnlicher, weil zuviel Wasser von den Hotels abgezapft wurde. Schließlich entschied man sich für eine radikale Lösung: die Terrassen sind seit 1998 komplett gesperrt, die Hotels auf dem Hang wurden abgerissen. Damit ging leider auch viel Flair verloren, und das Dörfchen leidet stark unter dem Ausbleiben der

Gäste, die entweder gar nicht mehr oder nur mit Ausflugsbussen kommen und dann in den Hotels von Karahayıt untergebracht werden.

So stehen die riesigen Parkplätze am Südtor und am Nordtor (dem Haupteingang) meist leer. Vom Nordtor kommt man zur **Nekropole** der antiken Stadt Hierapolis, dem wohl schönsten antiken Friedhof des westlichen Kleinasien. Die moderne Straße folgt der antiken, vorbei an den **Nordthermen** und dem dreibogigen **Frontinus-Tor** (1. Jh. n. Chr.); es folgt das **Nordtor** der byzantinischen Stadtmauer.

Andere Sehenswürdigkeiten der antiken Stadt, die 190 v. Chr. von Pergamon her begründet wurde und in römischer Zeit für ihre Textilindustrie berühmt war, liegen auf dem Plateau oder – wie das **Martyrion des hl. Philippus** (5. Jh. n. Chr.) – hoch am Osthang darüber. Der

Das Theater von Hierapolis

Diakon Philippus (nicht der Apostel) soll in Hierapolis, wo sich früh eine Christengemeinde herausbildete, als Märtyrer gestorben sein – an seinem Grab entstand eine Wallfahrtskirche.

In jedem Fall sollte man das **Theater** von Hierapolis sehen, das im 2. Jh. n. Chr. reich mit Marmor ausgeschmückt wurde: Man beachte die reliefierte Sockelzone des Bühnenpodestes, die vermutlich von Bildhauern aus der Schule von Aphrodisias gestaltet wurde (s. S. 182). Zahlreiche Plastiken aus dem Theater sind in den **Thermen** von Hierapolis untergebracht, genauer: im Warmbad der großen Anlage, das als **Museum** dient.

Nicht zugänglich ist auch das **Plutonium**, um das schon antike Autoren wie Strabon Legenden wanden. Etwa halbwegs zwischen Theater und Thermen hatte hier an einem unterirdisch fließenden Bach, dem giftige Dämpfe entwichen, der römische Unterweltsgott ein Orakelheiligtum. Nur die Eunuchenpriester der Kybele vermochten angeblich den Gifthauch ohne Schaden einzuatmen, wohingegen Vögel oder kleine Säuger augenblicklich verendeten.

Neben all dem ›Travertin-Trubel‹ werden zwei Ziele in der Umgebung etwas vernachlässigt: Im Thermalbad **Karahayıt**, 5 km nordwestlich von Pamukkale, sprudeln ähnliche Quellen wie in Pamukkale, die aber sehr eisenhaltig sind und die Felsen mit dunkelroten Ablagerungen überziehen.

Die antike Stadt **Laodiceia** zwischen Denizli und Pamukkale, Mitte des 3. Jh. v. Chr. von den Seleukiden gegründet, wurde berühmt als eine der sieben Altgemeinden der Christenheit in Kleinasien. Auf dem weitläufigen Hügelgelände zwischen den Dörfern Eskihisar und Goncalı, über das Schäfer mit ihren Herden ziehen, entdeckt man während eines beschaulichen Rundgangs zwei *Theater*, drei *Torbauten* (mit vorgelagerten *Nekropolen*) und einen *Stadion-Gymnasion-Komplex*.

Beim Thermen-Museum, ☎/Fax 272 20 77; **Vorwahl:** ☎ 258

Die Fahrt mit den **Ausflugsbussen** lohnt kaum noch; man hat zu wenig Zeit und wird stattdessen zu Teppichhändlern geschleppt. Fährt man individuell, hat man die Möglichkeit, auch Aphrodisias zu besichtigen (mit dem Leihwagen, zwei Tage, eine Übernachtung).

Anfahrt mit öffentlichen Bussen: von İzmir oder Muğla stündlich Fernbusse bis Denizli, von dort viertelstündlich Kleinbusse nach Pamukkale. Von Kuşadası/Bodrum/Milas kommend, läßt man sich am Straßenrondell von Ortaklar absetzen und steigt in einen Denizli-Bus um. Nach Laodiceia am besten per Taxi.

Von den Hotels auf dem Travertin-Plateau blieb lediglich das *Pamukkale Motel* mit dem berühmten ›Säulen-Pool‹ erhalten (hier darf man aber nur noch schwimmen). Individualreisende können im Dorf Pamukkale das *Yörük Motel**** (☎ u. Fax 272 20 73) nehmen, ein einfacher Mittelklassebau an der Hauptstraße.

Herbe
Schönheit
Karien

**Naturparadies Bafa Gölü –
Ein Salzsee an der
türkischen Ägäis**

**Visite in Milas – Eine alte
Stadt ist türkisch geworden**

**Tempel, Theater, Männer-
häuser – Kultur zwischen
Herakleia und Kaunos**

**Badeurlaub neben der Burg –
Bodrum und Marmaris**

Byzantinische Klosterinsel vor Herakleia
am Bafa Gölü

Herbe Schönheit Karien

Jenseits des Mäander breitet sich das antike Karien aus. Der Bafa-See unter dem grandiosen Gneismassiv des Latmos beeindruckt mit seinen Olivenwäldern, Eremitenklausen und Mönchsburgen. Bedeutende Ruinenstätten wie Herakleia und Labranda faszinieren durch ihren architektonischen Einklang mit der felsigen Landschaft. An der Küste blühen betriebsame Badeorte wie Marmaris und Bodrum.

Der Bafa-See

Der Binnensee Bafa Gölü (auch Çamiçi Gölü) östlich von Milet ist der letzte Rest des Latmischen Golfs. Diese Meeresbucht breitete sich einst bis zum nördlich gelegenen Priene aus. Über die Jahrhunderte war der vordere Teil des Golfs durch die Ablagerungen des Mäander immer schlammiger, immer flacher geworden; im 4. Jh. n. Chr. schnitt die Verlandung die verbliebene Wasserfläche dann endgültig vom Meer ab. Es entstand der Bafa-See, den die byzantinischen Griechen *Bastarda Thalassa* (›Unechtes Meer‹) nannten.

Die Landschaft ist im Norden von Wasserarmut und Macchia-Bewuchs gekennzeichnet, dann beginnt die Zone der Ölwälder, die entlang der türkischen Westküste so weitflächig wie am Bafa-See sonst nur noch an der ›Oliven-Riviera‹ bei Burhaniye stehen (s. S. 84). Das Ufer säumen einige einsam gelegene Restaurants und Campingplätze; die Bafa-Fische, die dort fangfrisch auf den Tisch kommen (Karpfen, Aal, Zander, Weißfisch, Meeräsche) gelten als Delikatesse. Landschaftlich besonders schön ist der Küstensaum bei der **Hayalet-Insel** (im Sommer eine Halbinsel) mit einem *byzantinischen Wehrkloster*. Von hier kann man sich im Fischerboot übersetzen lassen nach Herakleia (s. u.).

Beim Dorf **Çamiçi** zweigt eine Straße ab, die über ca. 9 km auf die bizarre Höhenlinie des Beşparmak (›Fünf Finger‹) zuhält. In der Antike hieß dieses Gebirge – es steigt mehr als 1300 m auf – Latmos oder Berg von Phtheires (›Läuseberg‹). Die holprige Fahrstraße endet bei **Herakleia am Latmos**, der antiken Stadt unter den Berghöhen. Die Häuser des türkischen Weilers Kapıkırı (ca. 100 Ew.) schmiegen sich an die Ruinen, diese wieder-

Byzantinische Klöster am Latmos

Weshalb die Weltflucht in einem Reich, dessen Glanz und Wohlstand über viele Jahrhunderte legendär waren? Weshalb der freiwillige Rückzug in ein Leben hinter Klostermauern, in die Bergwildnis, in die Wasserarmut, in die Kälte eines Höhlenunterschlupfes?

Viele Gedankenlinien mündeten in die Askese: die Tradition des weltverachtenden antiken Kynismus ebenso wie die des Stoizismus mit seinem Ideal unerschütterlicher Seelenruhe; auch lassen sich Verbindungslinien zu den eschatologischen jüdischen Sekten des Altertums kurz vor der Zeitenwende ziehen. Man denke an den Täufer Johannes, der sein härenes Gewand mit Leder gürtete und sich von wildem Honig und Heuschrecken nährte. Weltkritische Lehren jener Tage sind in der Folge auch in die Evangelien eingegangen: Besitzlosigkeit und die Absage an alle Familienbande galten nunmehr als christliche Tugenden, desgleichen geschlechtliche Enthaltsamkeit.

Bald plagten sich entschlossene Gläubige durch die strengsten Formen des Fastens, um im Gedenken an die Todesverfallenheit der leiblichen Hülle alle irdische Leidenschaft in sich abzutöten. Bis zur Mitte des 3. Jh. verblieben diese christlichen Avantgardisten jedoch in ihren Gemeinden, erst im Zuge der Christenverfolgungen zogen sie die Absonderung in die Einsamkeit vor. Zunächst in Ägypten, dann im syrischen Raum galt mönchische und besonders eremitische Lebensführung nun als eine Demonstration christlicher Glaubenstiefe.

Westkleinasiatische Zentren solcher Weltabgewandtheit waren der bithynische Olymp (das heute Uludağ genannte Gebirge über Bursa), der Sipylos bei Magnesia (dem heutigen Manisa), das Mykale-Gebirge (heute: Samsun Dağı) und nicht zuletzt der Latmos (heute: Beşparmak Dağı). Im Latmos sind insgesamt 13 Klöster namentlich überliefert: neben dem berühmtesten, dem Stylos-Kloster, u.a. das Kellibaron-Kloster (türk.: Yediler), das Soter-Agraulon-Kloster oder auch das auf einer Doppelinsel im Bafa Gölü gelegene Panagia-Kloster (s. S. 194).

Bereits in der ersten Hälfte des 7. Jh., als der Islam die Arabische Halbinsel gewann, hatten sich erste Mönche, aus dem heutigen Jemen und vom Sinai flüchtend, am Latmos niedergelassen. In das spätere 8. und das 9. Jh. fiel die Blütezeit des Mönchtums am See; als zwischen 830 und 840 die Sarazenen die kleinasiatischen Küstengebiete verheerten, dürfte am Latmos der charakteristische Bautypus des Wehrklosters entstanden sein.

Es war ein beschwerliches Leben, das die Mönche hier führten. »Der Grundbesitz der Klöster im Latmos war unsagbar mager, wasserarm [...]. Man besaß Wald und Köhlerstätten, man verkaufte Kienholz und gelegentlich auch Bauholz, man besaß Viehweide und konnte an einzelnen Stellen Ölbäume ziehen, etwas Getreide ernten, bescheidene Weinberge anlegen. [...] Es war ein Gebot der äußersten Not, daß jeder Fuß des einmal gewonnenen Besitzes mit größter Zähigkeit [...] verteidigt wurde« (T. Wiegand).

Zu den Geboten, welche die Mönche strikt einzuhalten hatten, gehörten die Keuschheit, der Verzicht auf persönlichen Besitz und unbedingter Gehorsam dem Abt gegenüber. Jeder Novize wurde vor seinem Eintritt ins Kloster einer strengen Gewissensprüfung unterzogen. Verfehlungen der Mönche ahndete der Abt mit Disziplinarstrafen. Dazu gehörten Wachen und Hungern, langes Stehen und Kniebeugen, Tragen von schweren Ketten und Schlafen auf der nackten Erde.

Manchem unter den Brüdern am Latmos war dieses harte Leben freilich längst nicht hart genug. Den hl. Paulos etwa, Ende des 9. Jh. in Elaia bei Pergamon geboren, zog es tiefer und tiefer in die Bergwildnis, wo er zunächst die Höhle eines verstorbenen Eremiten, später einen Felsturm hoch oben im Latmos bezog, um hier in größtmöglicher Askese gottgefällig zu leben. Paulos stellte sich damit in die Tradition der ›Säulenheiligen‹ – dem Beispiel des berühmten Syrers Simeon (5. Jh.) folgend, der schon als junger Mönch statt der geforderten drei Fastentage je Woche deren sechs einhielt und seine letzten 30 Lebensjahre auf einer Plattform an der Spitze einer 20 m hohen Säule verbrachte.

Noch etwa 120 Jahre über Paulos' Tod (955) hinaus haben die latmischen Klöster und Eremiten ihren frommen Lebensrhythmus wahren können, dann jedoch erreichte, bald nach dem Sieg des Seldschuken Alparslan über den byzantinischen Kaiser Romanos im Jahre 1071, die türkische Völkerwanderung erstmals den ägäischen Raum (s. S. 29). Christodulos, der berühmte Abt des Stylos-Klosters, emigrierte im Jahr 1079 und gründete das Johannes-Kloster auf der Ägäis-Insel Patmos. Gegenschläge byzantinischer Truppen und die Errichtung zahlreicher Sperrforts in der Region zögerten den Untergang nochmals um 200 Jahre hinaus, bald nach 1300 aber wehten über den Städten der Westküste das grüne Banner des Propheten.

Überliefert ist, daß sich Ende des 13. Jh. beim Stylos-Kloster die letzte Handvoll Mönche zu christlichem Widerstand sammelte – und niedergemetzelt wurde. Danach lag der Latmos verlassen, bis türkische Nomaden ihre Herden hier zu weiden begannen.

Die Hayalet-Insel im Bafa-See mit dem
Beşparmak im Hintergrund

um fügen sich in eine urtümliche
Landschaft, die in riesigen abgerundeten Gneisblöcken aufsteigt.
Kleinasiatische Karer siedelten in
Herakleia, allerdings waren sie
durch die ionische Weltstadt Milet
griechisch beeinflußt. Nach Milet
exportierte Herakleia den Marmor
aus den Brüchen am südöstlichen
Ufer. *Ioniapolis* hieß der Hafen im
Süden des Sees. Die Grundmauern
der kleinen Siedlung sind versunken, im Sommer, bei niedrigem
Wasserstand gibt der See jedoch
das kostbare Ausfuhrgut frei: mächtige marmorne Säulentrommeln,
die für den Tempel von Didyma bestimmt waren, aber bei der Verla-

dung vor 2000 Jahren ins Wasser
stürzten.

In Herakleia ist der gut erhaltene
Athena-Tempel hoch über dem
Dorf unübersehbar. Im späten 3. Jh.
v. Chr. hat man ihn auf einem Fels-
rücken aus Gneis, nicht aus Marmor errichtet. Dach und Vorhalle
fehlen, aber die Mauern sind in fast
ursprünglicher Höhe erhalten. Die
hellenistische *Agora* der Stadt links
der Dorfstraße wurde im 20. Jh.
zum Hof der Grundschule von Kapıkırı. Auf der Südseite, wo unterhalb der Marktfläche einst eine Ladenstraße verlief, lagen die Waren-
depots der antiken Händler. Etwas
weiter oberhalb, rechts der Dorfstraße liegt das *Bouleuterion*. Die
wenigen erhaltenen Sitzreihen wurden auf dem Hinterhof eines Bau-
ernhauses freigelegt. Vorbei an den
Resten römischer *Thermen* erreicht

man 300 m weiter nordöstlich die Mulde – viel mehr ist nicht geblieben – des *Theaters*.

Auch wenn die bizarre Gneislandschaft es für das Auge nicht deutlich werden läßt, war Herakleia eine Planstadt nach hippodamischem Raster (s. S. 167). Die Straßen schnitten sich rechtwinklig, Allein der Athena-Tempel und der urtümliche *Endymion-Tempel* nahe dem Seeufer, wo nach der Legende die Mondgöttin Selene nächtens einem schönen jungen Schäfer, eben jenem Endymion, liebevoll Aufwartung machte, entsprachen nicht dieser Ausrichtung.

Beeindruckend auch die eindrucksvollen *Stadtmauern*, die zu den besterhaltenen der antiken Welt gehören. Wahrscheinlich ließ Lysimachos die Wälle um 287 v. Chr. errichten, und zwar in einer Länge von 6,5 km, bewehrt mit 65 Türmen; später verkleinerte man das umwallte Terrain. Wer die Zeit hat, sollte die Mühe nicht scheuen, zu diesen starken Mauern aufzusteigen – ein Erlebnis!

Das *Kastell* auf der Südspitze vor Herakleia und die *Klostermauern* auf dem (Halb)Inselchen (s. Abb. S. 188) stehen für die byzantinische Phase der Stadt. Für Entdeckernaturen ist Herakleia ein Paradies: In der Wildnis des Latmos warten vergessene Klöster und Eremitenklausen (s. S. 191).

Sehr empfohlen sei die Wanderung zum **Yediler-Kloster** ca. 2 km nordwestlich des Weilers Bucak (Führer notwendig). Ein schöner Spaziergang (2–3 Std.) am Nordufer des Bafa-Sees führt zu den Hütten der Sommersiedlung von Kapıkırı (nahebei ein byzantinischer Turm) und zu den Ruinen des **Panagia-Klosters** auf der kleineren der İkizler Adası (›Zwillingsinseln‹).

Fernbusse etwa im Halbstundentakt von İzmir nach Milas; alle 20 Min. ein Kleinbus von Söke nach Milas. Ein Taxi nach Herakleia kann man in Çamiçi mieten (fragen Sie in den Teehäusern an der Fernstraße).

In Kapıkırı bietet die *Agora Pansiyon* (☎ 252/543 54 45, Fax

Der Tempel von Euromos

543 55 67) einfache Zimmer mit Dorf-anschluß und geführte Wanderungen.

 Am Ufer des Bafa-Sees, ob nahe der Fernstraße oder bei Kapıkırı, diverse einfache Restaurants. Auf den Tisch kommt Fisch aus dem See, zuweilen auch Lamm und Zicklein.

Euromos und Iasos

Südlich vom Bafa-See durchschneidet die Hauptstraße den Stadtbereich des antiken **Euromos**. Der selten gut erhaltene *Zeus-Tempel* lohnt den Stopp (ca. 250 m von der Straße). Von dem Anfang des 2. Jh. n. Chr. im korinthischen Stil erbauten Heiligtum stehen noch 16 Säulen aufrecht; an einigen erkennt man eingemeißelte Stiftungsplaketten. Wie auch in Didyma suchten sich reiche Bürger durch die Finanzierung einer Säule ein Stück Ewigkeit zu erkaufen. Versteckter liegen nördlich vom Tempel einige Partien der *Stadtmauer* und unter Ölbäumen die Sitzreihen eines *Theaters*.

Zu der 24 km entfernten, bei dem Weiler Kıyıkışlacık gelegen Altsiedlung **Iasos**, einer karischen Stadt, mit der schon Minoer und Mykener über das Meer Handel trieben, zweigt 2 km südlich von Euromos eine Asphaltstraße nach Westen ab. Nennenswerte Bauten der Ruinenstätte auf einer Halbinsel sind das hellenistische *Theater*, zwei römische *Mausoleen*, die *Agora* mit angrenzendem *Bouleuterion* und eine *Kirchenruine*. Auf der Höhe des Akropolis-Hügels, der einst einen Zeus-Tempel trug, erhob sich im byzantinischen Mittelalter eine *Burg;* aus dieser Zeit ist auch der markante Turm, der die Einfahrt in die Hafenbucht kontrollierte – nun eine beliebte Ankerbucht für Segler auf der ›blauen Reise‹. An der Küste beim Parkplatz vor der Stätte findet man einige einfache Strandrestaurants, die fangfrischen Fisch anbieten. Die Küsten zur offenen See hingegen sind ein beliebtes Ausflugsziel für Urlauber aus Güllük (s. S. 200).

Nach Euromos kommt man mit dem Söke – Milas-Bus. Nach Kıyıkışlacık (Iasos) fahren ab Milas Minibusse (3 oder 4 x tägl.), ab Güllük (s. S. 200) Bootstouren als Tagesfahrt.

Milas

Mit seinen schmalen, gepflasterten Basargassen, hohen Erkerhäusern und Traditionsvierteln, den lebhaften Wochenmarkt am Dienstag nicht zu vergessen, gehört Milas (34 000 Ew.) zu den ursprünglichsten Städten an der Westküste – eine der letzten Hochburgen türkischer Volkskultur. Wenn zum Markt aus den Weilern der östlichen Berge die Busse und Lastwagen anfahren, scheint die Welt noch in alter Ordnung.

Das türkische Milas hat antike und byzantinische Vorläufersiedlungen. Vor 2500 Jahren hieß die Stadt **Mylasa;** damals war sie die Metropole Altkariens. Die Dynastie der Hekatomniden residierte hier im 4. Jh. v. Chr. als persische Satrapen, bevor ihr bedeutendster Herrscher, Mausolos (eigentl. Maussollos), die Residenz nach Halikarnassos (Bodrum) verlegte. Er öffnete Karien der griechischen Kultur und verfolgte eine Expansionspolitik, die sein Reich für kurze Zeit zur beherrschenden Regionalmacht werden ließ. In byzantinischer Zeit Bischofssitz, wurde Milas im späten 13. Jh. Zentrum der türkischen Menteşe-Dynastie.

Hervorragendstes antikes Denkmal ist das **Gümüşkesen** (›Silberkästchen‹) genannte Grabmal am Westrand der Stadt. Der römerzeitliche Bau entspricht in der Form dem Mausoleion von Bodrum (s. S. 203 und S. 133), bloß erheblich verkleinert. Über der Grabkammer im Sockel erheben sich zwölf korinthische Säulen; sie tragen ein pyramidenförmiges Dach mit reich profilierter Steinbalkendecke.

Weitere antike Relikte sind spärlich. Eine einsame korinthische **Säule** (*Uzun Yuva*) über Stützmauern schräg gegenüber dem Archäologischen Museum gehörte wohl zu einem Tempel des karischen Zeus, der noch bis heute von mittelalterlichen Häusern überbaut ist. In den dörflichen Vierteln südöstlich davon, jenseits des Kanals, kann man ein römisches **Stadttor** entdecken, das nach der karischen Doppelaxt, deren Relief im Hochstein des Torbogens eingeschnitten

Das ›Silberkästchen‹ genannte römische Mausoleum in Milas

Straßenhändler im Basarviertel
von Milas

ist, *Baltalı Kapı* heißt. Ganz in der Nähe sieht man Reste eines **Aquädukts**, an das sich Bauernhäuser lehnen. Es läßt sich jenseits der Umgehungsstraße noch über lange Strecken verfolgen.

Was Milas über Mylasa hinaus zu bieten hat, zeigen die beiden alten Moscheen der Stadt: die **Firuz Bey Camii** (1397) auf der Nordwestseite der Altstadt, die zu einem bedeutenden Stiftungskomplex mit Armenküche etc. gehörte, und die **Ulu Cami** (1378) nahe dem Zeus-Tempel, die mit ihrer klobigen dreischiffigen Innenarchitektur wie die ungeschickte Nachahmung einer byzantinischen Kirche wirkt.

Nicht gerade spektakulär, aber doch informativ ist das **Archäologische Museum** von Milas (außer Mo 8–12, 13–17 Uhr), an der Ostumfahrung der Altstadt gelegen, das mit Skulpturen und Grabungsfunden die Bedeutung der antiken Stadt unterstreicht. Hier sind auch Exponate aus Labranda, Euromos und Stratonikeia zu sehen.

Bedeutsam für die Geschichte der islamischen Architektur sind die Bauten von **Beçin Kale**, ca. 5 km südlich von Milas (rechts der Straße nach Ören/Keramos). Die Emire aus dem Geschlecht der Menteşe, die zwischen 1280 und 1426 im Gebiet von Milas herrschten, hatten ihre Residenz auf dem Karstplateau südlich der Stadt. Zuvor stand dort schon ein karischer Prunktempel, über dem die Menteşe – am

Steilabbruch der Hochebene – eine *Festung* errichteten. Sie sicherte einen ausgedehnten Palastbereich, zu dem Moscheen (z.B. die *Yelli Cami*), eine Medrese mit Ehrengrab (*Ahmed Gazi Medresesi*), *Karawansereien* und *Bäder* innerhalb einer *Umfassungsmauer* gehörten.

Weiter nach Süden fahrend, erreicht man das Küstendorf **Ören** am Golf von Gökova mit den Ruinen des antiken **Keramos** (47 km). In den zumeist römerzeitlichen Ruinen dieser ursprünglich altkarische Stadt hat sich das heutige Dorf ›eingenistet‹. Man sieht gewaltige *Thermenmauern, Tempelfunda-* *mente* und *Sarkophage*, interessanter ist aber die ursprüngliche Atmosphäre ohne westlichen Tourismus. 5 km weiter am Sandstrand bietet die Siedlung **Ören Plaj** verschiedene Unterkünfte, die überwiegend von türkischen Touristen frequentiert werden.

Die Busstation von Milas liegt an der Stadteinfahrt im Norden; Minibusse ins Ortszentrum. Etwa stündl. Verbindung mit İzmir und Bodrum; alle 30 Min. Minibusse nach Muğla und Söke. Der Minibus nach Beçin fährt vor dem Hotel Arıcan im Zentrum von Milas ab (beim Teegarten am Fuß des Burghügels aussteigen).

 Milas besitzt nur bescheidene Hotels wie das provinzielle, aber saubere *Otel Sürücü* am Atatürk Bulvarı, ☎ 512 40 01, gleich gegenüber vom Standbild.

Labranda

Das uralte Heiligtum von Labranda, 700 m hoch in den Kiefernwäldern nördlich von Milas gelegen, war mit der Stadt durch eine *Heilige Straße* von über 12 km Länge verbunden. Spätestens seit dem 6. Jh. v. Chr. huldigte Kariens männliche Jugend dort einem Gott, der später mit Zeus gleichgesetzt und Zeus Stratios oder Zeus Labrandos genannt wurde. Den alten Namen des Gottes kennt man nicht, wohl aber sein Symbol, die Doppelaxt *(labrys),* die auch den Schlußstein des Stadttors von Milas ziert, durch das die Prozessionen hinauszogen nach Labranda. Der Aufstieg war mühevoll, auch wenn die Straße in ganzer Länge gepflastert war.

Bis heute ist es nicht einfacher geworden. Lastwagen, die den nahe Labranda abgebauten Feldspat transportieren, zermahlen mit ihren Reifen die von knöchelhohem Staub bedeckte Piste, auf die man sich im Sommer besser nur mit Vierradantrieb wagt.

Als Mausolos und sein Bruder Idrieus in Mylasa herrschten, also Mitte des 4. Jh. v. Chr., entstanden die drei Männerhäuser von Labranda. ›Andron‹ war die griechische Bezeichnung dieser Bauten, die wohl für religiöse Zeremonien und kultische Gelage genutzt wurden. In voller Mauerhöhe erhalten blieb das *Andron des Idrieus.* Nördlich schließen sich ihm ein *Priesterhaus,* davor liegen die Fundamente des *Zeus-Tempels,* der von jenem Idrieus vollendet wurde. Noch manches mehr ist auf dem Terrain zu sehen: je eine *Stoa* des Mausolos und des Idrieus, *Terrassenhäuser* und ein *Brunnenhaus* mit drei Säulen. Der Ruinenwächter weist den Weg zu

Die ›Männerhäuser‹ der Kultstätte
Labranda in den Bergen über Milas

rum zweigt eine Straße nach **Güllük** ab. Der Badeort ist verglichen mit Bodrum noch sehr ruhig und durchaus liebenswert – auch wenn immer mehr Ferienhäuser die Küstenhänge besetzen und der Hafen durch den langen Anleger für die Steinfrachter zerschnitten wird. Hier gesellt sich zur Ferienstimmung auch ein wenig Industriehafenflair.

Etwa 4 km südlich liegt das antike **Bargylia** an der Ülelibük-Bucht; die Stätte besitzt ein *Theater*, das allerdings vieler Sitzbänke beraubt ist, dazu Partien des *Stadtwalls* und die Fundamente eines *Tempels*. Die Sandstrände werden von Ferienkolonien und Clubhotels erschlossen. Ein wenig mehr dörflichen Charakter verzeichnet die Feriensiedlung **Güvercinlik,** direkt an der Hauptstraße gen Bodrum gelegen, während die Sandbuchten bei **Yalıçiftlik** im Süden, östlich von Bodrum, von Luxushotels wie dem *Sea Garden* oder dem *Club Med* belegt sind.

einem aus großen Blöcken errichteten *Grabbau* am Nordhang und schließlich auch zum einstigen Eingangsbereich: den *Propyläen* mit einer 12 m breiten Freitreppe. Hier endete die Heilige Straße. Auch in römischer Zeit blieb Labranda eine heilige Stätte; damals entstand u. a. ein *Bad,* in christlicher Zeit schließlich eine byzantinische *Basilika*.

Güllük

Südlich von Milas folgt der Abzweig nach Bodrum (45 km). Kurz hinter dem neuen Flughafen Milas-Bod-

Güllük hat in der Saison etwa im Stundentakt Minibusverbindung mit Milas, seltener mit Bodrum. In **Güvercinlik** stoppen die Busse der Milas – Bodrum Strecke. Von **Yalıçiftlik** fahren Taxen und nur selten auch Hotelbusse.

Das *Sea Garden Resort* (☎ 368 90 10, Fax 368 90 48) ist eine gewaltige Anlage an drei Buchten, etwa 20 km von Bodrum bei **Yalıçiftlik.** Hier wird alles geboten, von Katamaran-Segeln bis zur veritablen Nighclub-Show. Sogar ein Beauty & Health Centre und eine nachgebaute Bodrum Gasse gibt es. Luxus pur, aber von der echten Türkei bekommt man kaum etwas mit.

Bodrum

Schon bei der Anfahrt fesselt das vielleicht schönste Panorama der türkischen Ägäis den Blick: eine weite Bucht, umgeben von strahlend weißen Häuserkuben, und mitten in dieser blauen Bucht mit den Masten unzähliger Segelboote das wuchtige Kastell St. Peter. Mittelmeerisches Flair, wie man es sich erträumt (s. Abb. S. 2/3).

Seit etwa 1000 v. Chr. lebten dorische Griechen neben Karern und dem Hirtenvolk der Leleger (s. S. 210) im Gebiet des heutigen Bodrum. Doch erst unter dem karischen Fürsten Mausolos (Maussollos, reg. 377–353 v. Chr.), der seine Residenz von Mylasa (Milas) hierher verlegte, wurde Halikarnassos, wie die Stadt damals hieß, zu einer Metropole. Mausolos vergrößerte die Stadt durch die Umsiedlung von lelegischen Dorfbevölkerungen der Halbinsel, umschloß Halikarnassos mit einer mehr als 5 km langen Stadtmauer und stiftete zahlreiche öffentliche Bauten. Das gigantische Grab, in dem der Herrscher seine letzte Ruhe fand, zählte zu den Sieben Weltwundern der Antike. Das Wort Mausoleum hält das Andenken an den großen karischen König wach.

Unter der *Pax Romana* stagnierte Halikarnassos, und die byzantinische Stadt sank gar zum kümmerlichen Flecken ab. Erst der Johanniter-Orden brachte von der Insel Rhodos, wo er einen souveränen Ritterstaat begründet hatte, neuen Glanz herüber: Auf der Zephyrion genannten Halbinsel in der Bai, wo einst die Akropolis und der Palast des Mausolos standen, errichtete er als Wehr und Wacht gegen die Osmanen das Kastell St. Peter. Doch 1523, die Hauptstadt Rhodos war zu Weihnachten 1522 gefallen, mußte sich die stolze Burg den Türken ergeben. Petronion (›Petersort‹) hieß das Kastell in der griechischsprachigen Ägäis; nun macht die türkische Sprache Bodrum daraus.

Schon früh begann hier der Tourismus, gefördert von dem türkischen Journalisten Cevat Şakir, der in den 20er Jahren nach Bodrum verbannt worden war und als ›Fischer von Halikarnas‹ zahlreiche Erzählungen über das einfache Leben am Ägäis-Strand verfaßte. In den 50er Jahren, als Marmaris und Çeşme noch im Dornröschenschlaf lagen, ankerten plötzlich englische Jachten aus Zypern neben den Fischerbooten – und heute rühmt sich Bodrum mit seinen 22 000 Einwohnern, während der Saison 400 000 Gäste aus aller Welt zu haben. Dabei bietet der Ort selbst kaum einladende Strände, einen Sand-Kiesel-Streifen in der Ostbucht (Kumbahçe) und die Bardakcı-Bucht im Westen, die jedoch, wie inzwischen ein Großteil der umliegenden Hänge, von Hotels ›privatisiert‹ ist. Um aber gerecht zu sein: Bauspekulation und Landschaftszerstörung haben Bodrum weniger mitgenommen als etwa Kuşadası, und auch wenn in der Hochsaison dichtes Gassengedränge herrscht und die Nachtschwärmer bis in die frühen

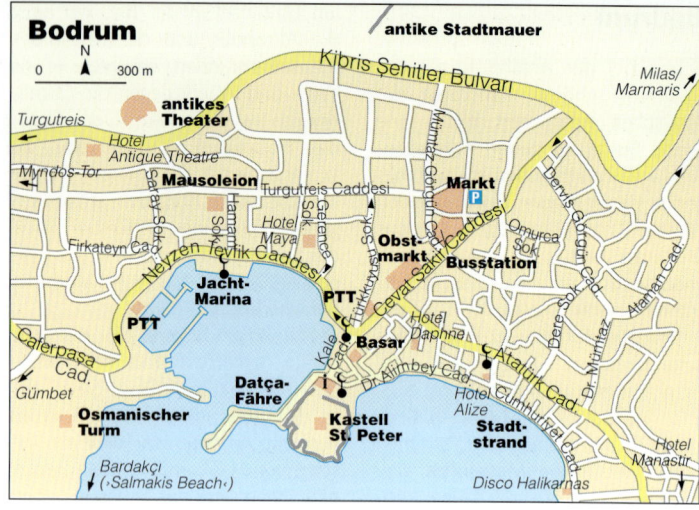

Bodrum

N

0 ▲ 300 m

antike Stadtmauer

Kıbris Şehitler Bulvarı

Milas/Marmaris

Turgutreis

antikes Theater

Myndos-Tor

Hotel Antique Theatre

Mausoleion

Turgutreis Caddesi

Markt

Firkateyn Cad.

Hamam Sok.

Hotel Maya

Gerenez Sok.

Neyzen Tevfik Caddesi

Obst-markt

Busstation

Omurca Sok.

Jacht-Marina

PTT

PTT

Cafer Saki Caddesi

Hotel Daphne

Basar

Caferpaşa Cad.

Gümbet

Kale C.

Dr. Alimbey Cad.

Hotel Alize

Datça-Fähre

Kastell St. Peter

Stadt-strand

Atatürk Cad.

Hotel Cumhuriyet Cad.

Osmanischer Turm

Bardakçı (›Salmakis Beach‹)

Disco Halikarnas

Hotel Manastir

Morgenstunden unterwegs sind, hat das Städtchen sich viel Atmosphäre bewahrt.

Vom Kastell zum Theater

Man fährt gewiß nicht nach Bodrum, um alte Steine zu besehen, aber wenn man schon einmal da ist, kann es auch nicht schaden. Einen halben Tag muß man für den Rundgang veranschlagen. Am besten beginnt man gegen 13 Uhr mit dem **Kastell St. Peter** (außer Mo 8–12; 13–17 Uhr), dem Wahrzeichen Bodrums, das die Johanniter von 1402 bis 1520 erbauten.

Die ersten Bastionen, der Französische und der Italienische Turm, entstanden 1431, um 1440 wurde auf einem fast quadratischen Grundriß von 180 x 185 m das Mauergeviert vollendet, mitsamt dem Deut-

schen und dem Englischen Turm; Anfang des 16. Jh. verstärkten die Johanniter die Nordseite des Kastells mit jener neuen, vorgelagerten Bastion, in der man immer noch die grünlichen Steine des antiken Mausoleums erkennt. Letzter Bau (1519/20) war die in spätgotischen Formen gehaltene Kapelle.

Der **Rundgang** durch das Kastell ist ausgeschildert; er erschließt auch zahlreiche museale Kunstwerke zwischen mykenischer Keramik und mittelalterlichen Steinwappen. Hervorzuheben sind spektakuläre Funde der Unterwasser-Archäologie (Glass Hall, Uluburun Wreck) oder in der Kapelle der Nachbau einer römischen Galeere. In der Oberburg schließlich bildet die Ausstellung zum Grabfund einer karischen Prinzessin, deren Gestalt und Antlitz von Gerichtsmedizinern rekonstruiert wurden, den Höhepunkt.

Schlendern Sie danach vom Kastell her das Halbrund des Jachthafens entlang bis zu einer Kuppelmoschee; dort rechts ab in die Hamam Sokağı. Dann auf der Turgutreis Caddesi links, nach reichlich 100 m stehen Sie vor der Pforte zum Gelände des **Mausoleion** (außer Mo 8–12, 13–17 Uhr).

Von dem weltberühmten Bau sind jedoch nur noch Fundamente zu sehen. Die Johanniter nutzten pietätlos das einst über 40 m hohe Grabmal als Steinbruch, um die Mauern des Kastells St. Peter gegen einen erwarteten Angriff der Osmanen auszubauen. So müssen Zeichnungen darüber belehren, wie das Weltwunder ausgesehen haben könnte – ganz genau weiß man es auch nach Jahrzehnten dänischer Ausgrabungen nicht. Nur soviel ist sicher: Über einem hohen, fast quadratischen Sockel erhob sich eine Halle mit 36 ionischen Säulen, darüber eine Dachpyramide.

Zu sehen sind ferner Abgüsse der Friesplatten mit Szenen der Amazonenschlacht (die Originale fast alle im British Museum, London), mit denen berühmte griechische Bildhauer wie Skopas und Bryaxis das Grabmal schmückten. Die Szene zeigt den Sieg des ionischen Theseus zusammen mit dem dorischen Herakles gegen die Amazonen, die

An der Hafenbucht in Bodrum

Die Altstadt von Bodrum mit dem Johanniter-Kastell St. Peter, heute ein sehr sehenswertes Museum

›Eingeborenen‹ Kleinasiens: ein Bildprogramm, das den Herrschaftsanspruch des Mausolos über den ionisch besiedelten Norden (bei Milet) und den von Dorern besiedelten Süden (Rhodos) illustriert. Übrigens hat Mausolos das gewaltige Bauwerk noch selbst in Auftrag gegeben; vollendet wurde es unter seiner Schwester und Gattin Artemisia (man pflegte die Geschwisterehe). Die beiden überlebensgroßen Statuen des Paares geboten auf der Höhe des Grabmals über ein Viergespann von Pferden.

Auf der Turgutreis Caddesi geht man nun noch ca. 50 m stadtauswärts, um dann bei einer Moschee rechts abzubiegen in die Kelerlik Mesçit Sokağı. Diese Gasse windet sich zur nördlichen Umgehungsstraße hinauf, an der das **antike Theater** liegt. Nach griechischer Art an den Hang gelehnt, dürfte es in hellenistischer Zeit entstanden sein. In zwei Rängen hatten auf 55 Bankreihen etwa 12 000 Zuschauer Platz und Sicht auf das Bühnenspektakel – aber auch auf die landschaftliche Schönheit der Bucht. Am späten Nachmittag, mit der Sonne im Rücken, ist die Aussicht besonders fotogen. In den Felsen über dem Theater öffnen sich antike Gräber.

Nun geht man entlang der Umgehungsstraße ca. 100 m nach Westen und biegt hinter dem *Hotel Antique Theatre* links ab in die Uzunkuyu Sokağı, die durch eine Kuppelzisterne markiert ist. Absteigend passiert man eine zweite **Kuppelzisterne,** die noch den für die Region typischen bekrönendem Zippus besitzt und bis heute in Benutzung ist (werfen Sie einmal einen Blick hinein). Solche Wasserspeicher haben eine lange Tradition auf der Bodrum-Halbinsel, die keinen größeren Fluß, kaum eine Quelle und nur wenige Tiefbrunnen besitzt.

Bald ist wieder die Turgutreis Caddesi erreicht. Auf dieser Straße nach rechts am Migros-Supermarkt vorbei und in die Caferpaşa Caddesi links. Gleich der erste Weg rechts führt nun zu den Resten des **Myn-**

dos-Tors, dem westlichen Ausgang der antiken Stadt. 1999 ist es aufwendig restauiert worden: zwei Türme bildeten einen 7 m breiten Durchlaß zu einem Platz, auf dem rechts und links Wachtposten in Nischen standen. Von hier kann man die antike Stadtmauer bis zur Hafenbucht verfolgen, wo sie auf den Osmanischen Turm zu verlief (dieser ist als Militärgelände nicht zugänglich).

🛈 Barış Meydanı, vor dem Kastell, ☎ 316 10 91, Fax 316 76 94; **Vorwahl:** ☎ 252

🚌 Etwa halbstündl. Verbindung mit Milas (ca. 1 Std.); etwa stündl. mit İzmir; seltener Richtung Muğla/Marmaris. Viele Minibusse zu den Badeorten ringsum, alle 15 Min. nach Gümbet.

⚓ In der Saison täglich Boote zur Insel Kos (auch schnelle Hydrofoils und Nachtausflüge zu einem ›griechischen Abend‹), sonst dreimal wöchentlich. In der Saison auch Hydrofoils nach Rhodos (ca. 90 Min.) sowie über den Hafen Gelibolu nach Marmaris (45 Min., dazu 30 Min. Busfahrt). Täglich Fährboote (mit Transport von ca. 10 Pkw, ☎ 316 08 82) nach Altınkum (ab Torba) bzw. Datça (ab Anleger unterhalb der Burg) – gut für Tagestouren zum Besuch von Didyma (s. S. 175) und Knidos (s. S. 224).

🛏 Ruhe und schönen Buchtblick genießt man im *Manastır***** (☎ 316 28 54, Fax 316 27 72), einer stadtnahen Luxusanlage über der Halikarnas Disco. Weitere zentrumsnahe Mittelklassehotels sind das *Maya*** (☎ 316 47 41, Fax 316 47 75), sehr ruhig an der Gerence Sok. gelegen, und das kleinere *Antique Thea-*

tre** (✆ 316 60 53, Fax 316 08 25) an der Umgehungsstraße beim Theater. Das *Daphne** (✆ 316 88 22), ca. 5 Min. von der Busstation in einer Sackgasse an der Atatürk Cad., ist eine günstige Wahl. An der Cumhuriyet Cad., der Promenade an der Ostbucht, finden sich ebenfalls einfache Hotels; da es dort aber bis tief in die Nacht recht laut zugeht, weicht man besser in die Seitengassen aus; hier kann z. B. das *Alize** (✆ 316 14 01, Fax 316 86 11) empfohlen werden.

Zentrum des Nachtlebens ist die Dr. Alim Bey Caddesi und ihre Verlängerung, die Cumhuriyet Caddesi, im Jargon auch als ›**Long Street**‹ bekannt. An dieser touristischen Schlagader Bodrums reihen sich Bars, Modegeschäfte und Restaurants. Die nobelste Adresse hier ist das *Kortan*, gute türkische Traditionsküche gibt's im *Sohbet*. An der **Marina** (Neyzen Tevfik Caddesi) reihen sich ebenfalls Bars und Restaurants bis zum hinunter zum neuen *Karada Shopping Center* und dem Nobelrestaurant *Escape*. Das *Vittoria*, zwischen Post (PTT) und Basar an der Cevat Şakir Cad., serviert in jungem, westlichen Rahmen die beste Pizza von Bodrum. Besonders preiswert (aber doch typisch und gut) wird man im *Tandım* auf dem Gelände der Busstation satt.

Bars und Nachtleben? Natürlich reichlich und sehr schrill! Auch hier sind die ›Hotspots‹ an der Long Street und der Marina-Meile (*M&M, Sokak Bar* und *Temple Club* sind angesagte Treffpunkte). Wer es ruhiger mag, findet am Platz vor der Burg ein geradezu beschauliches und auch günstiges Café. Bodrums berühmteste Disco jedoch, das *Halikarnas* (mit Nachtclub-Shows), liegt am Ende der Cumhuriyet Cad. direkt am Meer. Motto: »Bodrum's Hot at Halikarnas«. Na, denn . . .

Die Bodrum-Halbinsel

Die Halbinsel im Westen von Bodrum erinnert landschaftlich fast an eine Ägäisinsel: kahle Höhenrücken über grünen Taloasen, in denen Ölbäume und Zypressen die Akzente setzen; felsige Kaps zwischen Kieselbuchten und Strandsicheln. Kein Wunder, daß der touristische Bauboom hier ganz besondere Spuren hinterlassen hat. Aberdutzende von Ferienkolonien mit Abertausenden von stereotypen *lüks villalar* (›Luxusvillen‹), staffeln sich an den kargen Hängen. Und parallel dazu haben sich Weiler wie Turgutreis und Yalıkavak zu Städtchen entwickelt, Gümbet sogar zu einem der wildesten Party-Treffs am Mittelmeer, sind viele Strände zugebaut worden mit noblen Clubanlagen. Aber selbst wer Fischerdorfromantik oder Beschaulichkeit sucht, kann in Orten wie Gündoğan oder Bitez noch auf seine Kosten kommen. Bloß eines darf man nicht mehr erwarten: die traditionelle Türkei der Reisevideos. Rund um Bodrum ist die Türkei kaum weniger modern, kaum weniger westlich als jede deutsche Stadt: Man trägt Handy (was hier *cep* heißt), geht zu McDo und tanzt zu Techno…

Von Bodrum her sind Gümbet und Bitez die nächsten Strandbuchten. **Gümbet,** das von Briten und Holländern dominiert ist, hat mit seinem turbulenten Nachtleben Bodrum schon fast überflügelt – hierher kommt man, um bis zum Sonnenaufgang zu feiern und nachmit-

Bodrum-Halbinsel

N
0 ▲ 3 km

Küçük Tavşan Adası

Türkbükü

Bahçe

Gündoğan ∴ **Karyanda**

Gölköy

Yalıkavak

Küçük
Kiremit Adası

Yukarı Gölköy

Demir

Sülüklü Dağbelen **Side** ∴

Büyük
Kiremit Adası

Geriş Sandıma Pazar Dağı ▲ Oyuklu
Dağı ▲ **Gebe Kilise** ∴

Pedasa ∴

Çilek Dağı ▲ Yakaköy

Torba

Myndos ∴ Gümüşlük Davut Dağı ▲ Ortakent Elma Dağı ▲

Dereköy Konacık **Bodrum** Çiflik

Gürece Kışla
Dağı ▲

Kadıkalesi Gümbet

Yahşı Yalısı Bitez

Akçaalan

Turgutreis Kargı

Çatal Ada Bağla

Doğru Dağı ▲ Ada Boğazı İç Ada

Akyarlar ∴**Aspat**

Karaincir Karaada

tags am geharkten Sandstrand beim Wassersport vorzuturnen (oder zu gaffen). Bootstouren führen etwa zum ›Aquarium‹, einem geschützten Meerespool vor der Halbinsel, die Gümbet von Bitez trennt, oder nach *Kara-Ada* (Black Island). Der Strand von **Bitez** mit kleiner Moschee und einer hübschen Promenade erstreckt sich vor einer grünen Küstenebene. Hier genießt man überaus beschauliche Abende in den romantischen Restaurants direkt am Meer. Noch ruhiger ist der 2 km lange Strand von **Yahşı Yalısı**, wo sich vereinzelte Anlagen zwischen Ölbaumhainen erstrecken. Dann folgt der Kargı-Strand, genannt **Camel Beach** und ein nettes Ausflugsziel. Mit **Bağla** (dort auch der Club Magic Life in der Einsamkeit) beginnt dann die Ferienhauskolonisierung, die sich bis **Karaincir** und **Akyarlar** hinzieht – doch schöne

Am Hafen von Gümüşlük / Myndos
ganz im Westen der Bodrum-Halbinsel

Buchten für einen Strandnachmittag findet man in Akyarlar allemal.

Bei der Fahrt kommt man ins Binnendorf **Ortakent**, das nicht nur durch ein gewaltiges Aquapark-Spaßbad beeindruckt, sondern auch Reste traditioneller Bauernarchitektur bewahrt hat. Auffällig das große, leider nicht restaurierte *Turmhaus des Mustafa Paşa* von 1610. Im kühleren Frühling oder Herbst kann man von Ortakent eine schöne Wanderung hinauf zum Dorf Yaka und von dort weiter bis Yalıkavak machen (ca. 3 Std.; feste Schuhe erforderlich); lassen Sie sich von den Einheimischen den Pfadansatz im Trockenflußbett des Uludere zeigen.

Bei der Anfahrt nach **Turgutreis**, ca. 18 km von Bodrum, beeindruckt der Blick hinüber zu den griechischen Inseln, das Städtchen selbst putzt sich als Alternative zu Bodrum heraus. Eine Basarzeile, Hotels, Restaurants und eine kleine Armada von Ausflugsbooten sind schon vorhanden. Auch ein Hauch von Historie liegt über dem Urlaubsort mit seinen langen Stränden: Man munkelt, hier sei Turgut Reis geboren, jener berüchtigte Korsarenadmiral des 16. Jh., der das Mittelmeer unsicher machte und auf der Insel Malta wie auch im tunesischen Djerba unter dem Namen Dragut gefürchtet war. Die Türken feiern den Kaperkapitän als Verteidiger des Osmanischen Reichs gegen die Spanier; sogar ein Denkmal hat man ihm an der Küste im Süden seines mutmaßlichen Heimatorts errichtet.

In **Kadıkalesi** und **Gümüşlük** dann, nördlich von Turgutreis, geht es trotz einiger Ferienhauskolonien erfreulicherweise noch einigermaßen ›unzivilisiert‹ zu. Vor Gümüşlük gehen die Ausflugsboote in einer idyllischen, von der kleinen ›Hasen-insel‹ geschützten Bucht vor Anker. Im Meer sieht man hier die Unter-wasserruinen von **Myndos**, einer an-tiken Stadt, die im 4. Jh. von Mauso-los als westliches Gegenstück zu Halikarnassos gegründet wurde, aber stets so wenig Einwohner hatte, daß man sich im Altertum über die unverhältnismäßige Länge der Stadt-mauer lustig machte. Die Leute von Myndos blieben ebensowenig vom Spott verschont; man nannte sie

›Salzwassertrinker‹, da sie den Wein mit Meerwasser mischten. Aber kei-ne Angst, wenn Sie heute im Tama-risken-Schatten und mit Panorama-blick Ihren Tee oder Kaffee schlürfen – er ist garantiert mit Leitungswasser zubereitet.

Yalıkavak, 17 km von Bodrum entfernt, gilt weiterhin als ›Dorf der Schwammtaucher‹, hat aber späte-stens Anfang der 90er Jahre seine Unschuld an den Tourismus verlo-ren. Die schöne Lage an einer tief eingeschnittenen Bucht (doch wenig Strand!) wird mehr und mehr durch Ferienhaus-Zersiedlung beeinträch-tigt. Wer feste Schuhe parat hat, mag von Yalıkavak südwärts auf einem alten Maultierpfad über den verlas-senen, sehr malerischen Weiler **Sandıma** hinauf zum Hügeldorf **Ge-riş** wandern (ca. 2–3 Std.; mit dem Minibus zurück nach Yalıkavak).

Küstenlandschaft bei Yalıkavak

Die Leleger
Ein vergessenes Volk der Antike

Homer nennt die Leleger ein tapferes Volk und läßt sie auf Seiten der Trojaner kämpfen, Herodot setzt sie mit den Karern gleich, für Philippos von Theangela wiederum sind sie Staatssklaven der Karer. Soviel immerhin ist gewiß: Die Leleger gehören zu jenen vorgriechischen Bevölkerungsgruppen, die sich im Dunklen Zeitalter Kleinasiens und Griechenlands, also etwa zwischen 1200 und 800 v. Chr., auf dem griechischen Festland, auf den ägäischen Inseln und an der heutigen türkischen Westküste festsetzten.

Der russische Sprachforscher Scheworoschkin erklärt den eigentümlichen Volksnamen aus dem altkleinasiatischen Wort *lulahi*, was soviel wie ›Barbaren‹ bedeutet. Dieser linguistische Erklärungsansatz erschließt auch die Sonderstellung der Leleger im ostägäischen Kulturzusammenhang. ›Barbaren‹ waren sie insofern, als sie sich griechischer Kultur verweigerten, schriftlos blieben und wohl auch an ihrem alten Brauchtum festhielten. Ob die Leleger Griechenlands und die Kleinasiens als Volkseinheit zu betrachten sind oder ob sich unter der abwertenden Bezeichnung verschiedene, hier wie dort ausgegrenzte Gruppen verbergen, bleibt offen.

Die Leleger lebten zweifellos von jeher als Hirten und – in geringerem Umfang – als Bauern. Politische und militärische ›Großtaten‹ lagen dieser schlichten Landbevölkerung fern. Fortwährend in der Defensive gegenüber den Fährnissen (aber auch den Segnungen) der Zivilisation, zogen sich die Leleger von ihren älteren Wohnsitzen, die im kleinasiatischen Nordwesten gelegen haben sollen, zunächst in den dünner besiedelten Süden, im ausgehenden 8. Jh. v. Chr. dann unter dem Druck karischer Seeräuber in die Bergeinsamkeit der Bodrum-Halbinsel zurück. Ein ruhiges Leben fanden sie jedoch auch dort nicht. Die Siedlungen im Innern der Halbinsel haben durchweg den Charakter von Rückzugsanlagen; dazu wurden Fluchtburgen angelegt, und jeder einzeln stehende Hirtenhof wirkt wie eine kleine Festung.

Acht Städte gründeten die Leleger auf der Halbinsel: Termera, Side, Madnasa, Uranion, Telmissos, Syangela, Myndos und Pedasa. Das Wort ›Stadt‹ erscheint freilich jedem hochgegriffen, der einmal zu den Siedlungsruinen hinaufgestiegen ist. Der persische Satrap Mausolos zog daraus im 4. Jh. v. Chr. die Konsequenz: Er löste sechs der acht Leleger-Städte auf und verlegte ihre Bevölkerung in seine neue, griechisch konzipierte Hauptstadt: nach Halikarnassos, heute Bodrum.

Im Innern der Bodrum-Halbinsel haben die Leleger ein ungewöhnliches und beachtliches Erbe hinterlassen: die selten vollständige Infrastruktur eines antiken Bauern- und Hirtenvolkes, bestehend aus ummauerten Siedlungen und Pferchen, Viehhöfen und Grabdenkmälern. Pfade, die bis heute begangen werden, gehören ebenso wie alte Wasserstellen, aus denen nun türkische Hirten schöpfen, zu dieser Hinterlassenschaft. Nutzbauten haben im historischen Maßstab ja stets die größte Lebensdauer. Stolze Wehranlagen werden von Eroberern geschleift, Paläste und Tempel als Symbole einer überwundenen Macht gebrandschatzt. Aber welche Siegermacht gab sich je die Mühe, noch die letzte Feldmauer oder Viehhürde niederzureißen?

So ist die lelegische Dürftigkeit und historische Geducktheit zum Garant einer fast unvergleichlichen Unversehrtheit geworden. In den Bergen über Bodrum erschließt sich dem Wanderer angesichts unzähliger, bis auf den Grabtumulus Gebe Kilise jedoch immer ›alltäglicher‹ Denkmäler die Lebensweise der Abgedrängten, läßt sich antikes Volksleben vielleicht besser begreifen als inmitten der Ruinenpracht restaurierter Tempel, Thermen und Theater.

Das lelegische Kuppelgrab Gebe Kilise hoch über Torba

Die Bucht beim Dörfchen **Gündoğan**, das man von Yalıkavak Richtung Torba fahrend durch eindrucksvolle Felslandschaft nach 7 km erreicht, hat einen ca. 500 m langen Sandstrand, hier liegen sogar noch Fischerboote auf dem Sand. Bei **Gölköy**, dem nächsten Ort im Osten, lag einst die antike Stadt **Karyanda**, von der freilich nur noch einige *Felsgräber* künden. Eine Stichstraße führt von hier über 3 km zum Weiler **Türkbükü**, der, obwohl es an Strand mangelt, bei türkischen Ferienleuten beliebt ist. Richtung Torba wird es einsamer, Kiefernwälder säumen die Straße, und vor dem Weiler **Demir**, 4 km vor Torba, breiten sich sogar unberührte Strandstreifen aus. **Torba**, ca. 7 km vor Bodrum, war einmal ein griechisches Dorf; die Ruine einer *orthodoxen Kirche* des 19. Jh. hält die Erinnerung daran wach. Doch es war in Torba, wo Anfang der 80er Jahre die ›Urbanisierung‹ der Küstenlinien rund um Bodrum begann…

Der Küstenlinie wohlgemerkt, denn im bergigen Inneren der Halbinsel ist man nach wie vor ganz allein. Alte Pfade führen zu verlassenen Dörfern wie **Girel**, zu Hirtenlagern und Zisternen, immer wieder auch zu Haus-, ja ganzen Siedlungsruinen (**Side** = Girel Kalesi, **Pedasa** = Gökçeler Kalesi) der Leleger (s. S. 210). Ihr schönstes Denkmal ist der **Gebe Kilise** genannte Grabtumulus auf einem Hügel über Torba.

Minibusverbindung ab Bodrum zu allen Küstensiedlungen, nach Gümbet z. B. alle 15 Min., alle 30 bis 60 Min. nach Bitez, Torba, Turgutreis und Yalıkavak.

Vorwahl: ☎ 252. In allen Orten Unterkünfte verschiedener Klasse. Wer in **Gümbet** mitfeiern will, ist gut im *Sami**** (☎ 316 10 48, Fax 316 28 38) aufgehoben. In **Turgutreis** ist man im *Mandalinci**** (☎ 382 30 69, Fax 382 40 22) sehr ordentlich untergebracht, und das mitten im Dorfleben.

Beschauliche Strandferien verspricht z. B. in **Gündoğan** das eher einfache *Gündoğan* (☎ 387 70 39, Fax 387 70 01), in **Bitez** das etwas noblere *Halikarya* (☎ 363 78 56 , Fax 363 74 13) in **Akyarlar** das luxuriöse und dazu sehr geschmackvolle *Club Manço* (☎ 393 81 67, Fax 393 81 82).

Besonders lohnende Ziele für einen kulinarischen Ausflug (natürlich abends, nicht vor 20 Uhr) sind die Hafenlokale von **Gümüşlük** (Fisch & Meeresfrüchte, teuer!). Gut Fisch essen kann man auch in **Yalıkavak** im *Çakıroğlu* am Hafen (viel Izmirer Schickeria), in **Akyarlar** im *Mehtap* und in **Türkbükü** im *Özlem* mit seiner furiosen Atatürk-Hommage. Einen netten Abend mitten im Trubel verbringt man in **Turgutreis** in den vielen belebten Altstadtlokalen, während das romantische Tête-à-Tête zu zweit am besten in den Strandrestaurants von **Bitez** verabredet wird.

Stratonikeia

Von Milas aus erreicht die Hauptküstenstraße 42 km östlich durch einsame Nadelwälder die Kleinstadt Yatağan. Die Imker in den armen Dörfern Tuzabat oder Karaaltı an der Route sind bekannt für ihren wohlschmeckenden Kiefernhonig *(cam balı)*, den sie an Straßenständen günstig anbieten.

Doch plötzlich gerät die Welt in Unordnung: Der Braunkohle-Tagebau hat eine industrielle Mondlandschaft hinterlassen, in der ca. 7 km vor Yatağan das verlassene Dorf **Eskihisar** wie auf einer Insel liegt (die Bewohner wurden in ein gleichnamiges Kunstdorf 3 km westlich angesiedelt). Dies ist die Stätte der antiken Stadt **Stratonikeia**, die im frühen 3. Jh. v. Chr. entstand und in römischer Zeit blühte.

Die Dreifalt von rabiater Umweltzerstörung, preisgegebener türkischer Dorfkultur und antiker Ruinenpracht erscheint geradezu symptomatisch für die zivilisatorische Problematik der Türkei, der es nicht gelingen will, Modernisierung und Tradition aufeinander abzustimmen. So sieht man vor einer Landschaft aus gigantischen Abraumhalden zahlreiche antike Ruinen zwischen verfallenden, nur noch von Alten bewohnten Häusern.

Besonders interessant sind das *Theater* mit Sitzplätzen für ca. 10 000 Zuschauer sowie das *Bouleuterion*, in dessen innerer Nordwand das berühmte Preisedikt des Kaisers Diokletian (reg. 284–305) eingemeißelt ist, mit Preisfestsetzungen für Lebensmittel und Handwerksleistungen. Beim Haus des *bekçi* (Wächters) sind Skulpturen, Grabstelen und Terrakotten ausgestellt. Auf der anderen Stadtseite, im Norden, liegen ein gewaltiges Gymnasion und ein Stadttor.

Das Çine-Tal

Bei **Yatağan** zweigt eine kurvenreiche Strecke nordwärts durch das Tal des Çine Çayı in Richtung Aydın ab – eine gut ausgebaute Abkürzung der langen Küstenstraße. Der südliche Talabschnitt ist eine bizarre Felslandschaft mit schönen Oleander- und Olivenhainen.

Etwa 15 km nördlich von Yatağan passiert man die antiken Brückenbögen von **İncekemer**, die einst zur altkarischen Versammlungsstätte **Gerga(s)** hinüberführten. Um sie zu besuchen, fährt man bei **Eskiçine** (mit emiratszeitlicher *Türbe*) auf einer Piste nach Osten zum Weiler Kırksakalar (auch: Krisakalar), dort finden sich Führer für die einstündige Wanderung durch eine wilde Berglandschaft. Vor mächtigen Gneisrücken sieht man ein eigentümliches ›*Tempelhaus*‹, das sich nicht den typisch griechischen Architekturmustern einfügt, und übermannsgroße *Steinidole*, Statuen des karischen Zeus.

Von der Marktstadt **Çine** geht es nach Westen zu den Ruinen von **Alabanda** bei dem 9 km entfernten Weiler Araphisar. Aus der flachen Landschaft schälen sich als Reste der antiken Stadt ein *Theater*, eine *Ratshalle* und eine *Agora* heraus.

Ein Kultur- und Landschaftserlebnis zugleich ist der Besuch der karischen Stadt **Alinda**, deren Ruinen sich in eindrucksvoller Hanglage über dem Dorf Karpuzlu zwischen Ölbäumen staffeln (5 km nördlich von Çine nach Westen abbiegen, noch 26 km). Erhalten sind bedeu-

Die antike Markthalle von Alinda überragt das kleine Dorf Karpuzlu

tende Reste der *Stadtmauer* sowie *Befestigungstürme*, ein *Theater* mit 35 Sitzreihen, eine etwa 100 m lange *Markthalle*, vier Bögen eines *Aquädukts* und zahlreiche *Felsgräber*. In Alinda residierte ab 340 v. Chr. Ada, die Schwester des Mausolos, nachdem ihr jüngerer Bruder Pixadoros sie aus Halikarnassos (Bodrum) vertrieben hatte. Sechs Jahre später empfing sie dort Alexander d. Gr., den sie wohl bei der Eroberung von Halikarnassos, damals Flottenhauptquartier der Perser, unterstützt hatte. Er nannte sie ›Mutter‹ und setzte sie wieder in ihre Herrschaftsrechte ein – in der streteglsch wichtigen Hafenstadt aber blieb eine makedonische Garnison stationiert.

Muğla

Etwa auf halbem Weg zwischen Bodrum und Marmaris liegt die kleine Provinzhauptstadt Muğla (ca. 37 000 Ew.), die für die Verwaltung dieser beiden ›Sommergroßstädte‹ zuständig ist. Es ist ein liebenswerter Ort mit einer traditionellen Altstadt und einem quirligen Gemüsemarkt. Das antike Mogalla wurde im 16. Jh. Residenzstadt des Fürstengeschlechts der Menteşe und war ab 1867 Sitz eines Gouverneurs. Aus der alten Zeit blieben der schön restaurierte **Yağcılar Han** (›Karawanserei der Ölhändler‹) mit marmornem Wasserbrunnen, eine Holzverandenmoschee des 17. Jh. sowie der nun als Kulturzentrum genutzte **Konakaltı** der Gouverneure erhalten. Das Museum der Stadt zeigt antike, ethnologische und geologische Funde. Besonders lohnend ist ein Ausflug am Donnerstagvormittag, wenn der große Markt stattfindet.

Die südlich der Stadt nach Osten abzweigende Fernstraße (Nr. 330) ist die kürzeste Route nach Aphrodisias und Pamukkale von Süden her. Prachtvolle Ausblicke über den Golf von Gökova bietet die Steilabfahrt hinter dem 775 m hohen **Çiçekbeli-Paß,** wenn man nach Süden gen Marmaris fährt.

 Marmaris Bulvarı 24, ✆/Fax 214 31 27; **Vorwahl:** ✆ 252

 Von Muğla gute Busverbindungen gen İzmir und Marmaris, seltener (ca. 4 x tägl.) nach Denizli.

Die lauschigen Forellenrestaurants bei Akyaka am Golf von Gökova lohnen auch einen Ausflug von Marmaris

 Muğlas bestes Hotel ist das *Grand Brothers**** an der nördlichen Stadteinfahrt. Das einfache *Yalcin** (gegenüber der Busstation) besitzt ein empfehlenswertes Restaurant.

Am Golf von Gökova

In der Küstenebene des Golfs von Gökova, die von einer langen Allee schöner Eukalyptusbäume durchschnitten wird (diese Bäume mit hohem Wasserverbrauch wurden in den 30er Jahren gepflanzt, um die Küstenmarschen auszutrocknen), liegt das Dorf **Gökova** (mit karischen *Felsgräbern*) nördlich der Straße nach Dalaman. Am Meer hat sich die Bucht von **Akyaka** zu einem kleinen Urlaubsdorf entwickelt, das durch seine der Landschaft angepaßte Architektur im osmanischen Holzverandastil gefällt.

Auf halber Strecke Richtung Marmaris, das sich hinter dichten Kiefernwäldern versteckt, kann man bei Taşbükü den Fähranleger der Boote zur nahen **Sedir Adası** (›Zederninsel‹) erreichen (6 km). Dort finden sich die überwachsenen Ruinen der karischen Stadt **Kedreai**, darunter ein kleines *Theater*. Die Insel ist berühmt für einen ca. 25 m breiten Strand mit äußerst feinem Sand, wie man ihn sonst an der ganzen Westküste nicht findet. Die Legende will, daß Marcus Antonius diesen Sand eigens für Kleopatra vom Roten Meer habe heranschaffen lassen.

🛏 **Vorwahl:** ✆ 252. **Akyaka** ist eine ruhige Alternative zu Marmaris mit vielen Apartment-Hotels. Das beste Hotel ist das *Yücelen**** (✆ 243 51 08, Fax 243 54 35), eine hübsche Anlage mehrerer Pavillons in Strandnähe, mit schönem Garten und Pool.

🍴 Sehr lauschig sind die Forellenrestaurants am Ortsausgang von Akyaka Richtung Gökova, die sich im Baumschatten an einem Flüßchen reihen. Empfehlung für das *Cennet!* Aber Achtung: Abends steigen die Mückenschwärme aus der Sumpfebene auf.

Auch in Weilern wie **Akcapınar** und **Gökce** an der Marmaris-Strecke kommen in rustikalen Lokalen Forellen aus eigener Zucht auf den Teller. Wohl am besten: das *Pınarbaşı Cağlayan Restaurant* im Weiler **Cetibeli**, ca. 21 km vor Marmaris.

Marmaris

Der einstige Fischerort Marmaris hat in den letzten 20 Jahren einen geradezu kometenhaften Aufstieg zu einem der beliebtesten Ferienorte der türkischen Ägäis erlebt. Doch der erste Blick vom letzten Straßenpaß stimmt symbolhaft ein auf das, was zu erwarten ist: Ein ›Wald‹ von Reklametafeln verdeckt die Aussicht

Nächtliches Marmaris:
die Netsel-Marina, die Altstadt und
ganz hinten die Hotelzone

auf die schöne, tief eingeschnittene Bucht, die aufgrund einer vorgelagerten Insel wie ein vom Meer abgeschnittener See wirkt.

Das mittlerweile respektable Städtchen (ca. 28 000 Ew.), das seine Altstadt hinter einem kilometerbreiten Neubaugürtel versteckt, hat in der Türkei den Ruf einer westlichen Enklave, in der die traditionellen Werte ausgesetzt sind. So zieht

es zum *Jacht-Festival* (Mai) wie zum *Musik-Festival* (Juni) auch die türkische Schickeria in Scharen nach Marmaris: Goldbehängte Aktricen aus İstanbul ebenso wie politische Prominenz aus Ankara geben sich hier dann die Ehre, was in Massenblättern wie *Hürriyet* als gesellschaftliches Ereignis gefeiert wird. Nur gut, daß die **Netsel Marina,** der Jachthafen von Marmaris, mit fast

tausend Liegeplätzen für den An-sturm groß genug ist!

Dem entspricht auf der anderen Seite der Altstadt, im Westen, eine ausgedehnte Zone ›gehobener‹ Ho-tels, die **Siteler** (etwa: ›die Anlagen‹) heißt. Hier reihen sich alle Dinge dicht an dicht: vorn am schmalen Sandstreifen die Sonnenliegen, da-hinter an der Fußgängerpromenade die Bars und Clubs, dann schließlich die ›Bettenburgen‹. Doch wer im

Urlaub über die Stränge schlagen will, kommt hier voll auf seine Ko-sten: Die Ecke rund um den fameu-sen *Daisy Club* hat etwas vom Flair von Ballermann 6 – bloß mit mehr Engländern.

Die malerische **Altstadt** um die osmanische Burg ist noch der attrak-tivste Teil von Marmaris. Das **Kastell Marmara** wurde 1522 unter Sultan Süleyman dem Prächtigen errichtet und ist heute als Museum mit ar-

chäologischen und folkloristischen Exponaten geöffnet (außer Mo 8–12, 13–15 Uhr). In der Gasse hinter dem Info-Büro zeugen auch noch eine Karawanserei *(Eski Han)*, die alte *Moschee* und eine zum Café umgebaute Markthalle *(Yeni Bedesten)* von alten Zeiten. Viele andere historische Bauten wurden bei dem großen Erdbeben 1958 zerstört – von der antiken Siedlung *Physkos*, die unter der Herrschaft der Insel

Rhodos stand, ist ohnehin keine Bauspur geblieben.

Das touristische Marmaris setzt eigene Schwerpunkte. Die Gassen des **Basarviertels** sind mit Planen überspannt und mit Modegeschäften, Andenkenläden und Teppichhändlern der vermutlich wichtigste Umschlagplatz der ganzen türkischen Souvenirindustrie. Vor Altstadthügel und Basar verläuft eine breite Hafenpromenade, der **Kor-**

In der Altstadt von Marmaris findet sich noch manch idyllisches Plätzchen

İskele Meydanı 2, am Hafenkai, ✆ 412 10 35, Fax 412 72 77; **Vorwahl:** ✆ 252

Von der neuen Busstation am Stadtrand von Marmaris häufige Fernverbindung gen Datça, Milas/İzmir und Denizli. Minibusse ab Dolmuş-Station nach Muğla, Datça, Turunç, Dalaman und Dalyan/Kaunos. Innerstädtische Kleinbusse pendeln zwischen dem Kordon von Marmaris, der Hotelzone und İçmeler. Zur Sedir Adası (›Cleopatra Island‹, s. S. 216) kann man mit organisierten Ausflügen oder einer Vespa fahren.

Ausflugsboote nach Dalyan/Kaunos, Knidos, Bodrum (ab Hafen Gelibolu) und zur griechischen Insel Rhodos. **Badeboote** zu den Stränden (Kumlubük, Amazonen-Bucht oder Kilise Bay) ab Yeni Kordon.

Unter den Luxushäusern in der Hotelzone ist das *Lidya**** (✆ 412 29 40, Fax 412 14 78), empfehlenswert: es liegt etwas außerhalb und relativ ruhig, direkt am Strand mit schönem Gartenpark. Günstige Kleinhotels findet man hier ebenfalls, auf der Landseite des K. Evren Bulvarı. Akzeptable und recht günstige Mittelklasse bietet das altstadtnah gelegene *Otel 47* (Atatürk Cad. 10, 412 17 00, Fax 412 41 51). Wer im Stadtkern mitfeiern will, geht am besten ins kleine *Marina*** (am Kordon, ✆ 411 00 20, Fax 412 65 98, schwierige Autozufahrt, man ruft besser an und läßt sich abholen).

Am Kordon, der Hauptpromeniermeile von Marmaris herrscht der Nepp, überteuerte Preise sind die Regel. Wer es dennoch wagen will, wählt statt der freudlosen international-türkischen Küche besser einen Italiener, z. B. *Mr. Zek*, sehr hübsch unterhalb der Burg, oder das *La Campana* in der Netsel Mari-

don, rechts gesäumt von Restaurants, links von Ausflugsbooten, die die gesamte Umgebung von Knidos bis Kaunos, dazu natürlich Tauchkurse und Strandtrips mit dem unvermeidlichen ›BarBQ‹ im Programm haben. Denn sonderlich attraktive Strände besitzt Marmaris nicht – jedenfalls nicht für so viele Gäste; auch ist der Wasseraustausch in der beengten Bucht ein Problem für sich. Schöne Sandstrände jedenfalls kann man nur mit einem der vielen Ausflugsboote erreichen, die gegen 10 Uhr morgens ›beim Atatürk‹ am *Yeni Kordon* auslaufen, z. B. zu den Buchten der Bozburun-Halbinsel (s. S. 221f.).

na. Gute Adressen für ›Seafood‹ sind das *Drunken Crab* am Beginn der Bar Street (s. Nachtleben) oder das *Körfez* am Kai nahe der Tourist Information. Wer es authentisch liebt (auch das gibt's in Marmaris noch), wagt sich ins *Düngüz* (36 Sokak, am hinteren Rand des Basars).

🍸 Zentrum des **Nachtlebens** ist die ›Bar Street‹ zwischen Kastell und Netsel Marina: hier reihen sich die Tanzschuppen (das *Green House* war 2000 angesagt). Ein zweiter ›Hotspot‹ liegt in Siteler rund um den *Daisy Club*, der als größte Disco im Ort gehandelt wird.

İçmeler

Das nahe İçmeler, an einer Bucht 7 km von Marmaris entfernt gelegen, ist eine Retortenstadt. Noch vor 20 Jahren gab es in İçmeler lediglich ein (!) Hotel, die Ebene mit ihrem versalzenen Boden lag öde; nur da und dort eine Bauernkate. Heute ist İçmeler eine Urbanisation mit unzähligen Hotels, Restaurants und Bars, Lebensmittelmärkten und Reiseagenturen – und als solche gar nicht einmal übel.

Die Landschaft ist eindrucksvoll, die Hügel zeigen Kieferngrün, und der flach abfallende Strand bietet breiten, geharkten Sand, Laufstege wie in den Nordseebädern und viel Wassersport. Auch hier wird ausgiebig gefeiert, im Gegensatz zum Siteler-Viertel ist İçmeler aber nicht so stark von britischen Urlaubern geprägt.

🛏 Das beste Hotel ist das *Martı Resort* (☎ 455 34 40, Fax 455 34

48), eine Luxusanlage mit guten Restaurants, großem Pool und fantastischem Sportangebot.

🍴 Die meisten Restaurants sind sehr auf undefinierbar internationalen Durchschnittsgeschmack ausgerichtet. Daher als beste Empfehlung das *La Grotta* vom Martı Resort, ein Italiener ohne Fehl und Tadel. Wer's authentisch mag: Im alten Dorf im Hinterland bietet das *Ekincik Old Village* Restaurant halbwegs gute türkische Küche.

Die Bozburun-Halbinsel

Die türkische Agäis-Küste läuft südlich von Marmaris in der langgestreckten, dünn besiedelten **Bozburun-Halbinsel** aus. Geschichtlich standen ihre Siedlungen unter dem Einfluß von Rhodos.

Aus dieser Zeit finden sich bei Turunç u.a. die Ruinen von **Amos** (*Theater*, dürftige *Tempelreste*). Bedeutend war das **Heiligtum der Hemithea** auf einem Waldrücken des Eren Dağı, ca. 2 km südlich des Dörfchens Hisarönü. Erhalten sind die *Tempelplattform* des 4. Jh. v. Chr. und die Mulde eines *Theaters*. Sehenswert, aber nur mit dem Boot (oder in langer Wanderung vom Dorf Taşlıca her) zu erreichen, ist die rhodische Festung von **Loryma** an der Spitze der Halbinsel, die im 3. oder 2. Jh. v. Chr. entstand. Der Wall der 350 m langen und 30 m breiten Anlage mit massiven Türmen und fünf Torbauten ist in seinem ganzen Umfang mehrere Meter hoch erhalten. Die Türken nennen das eindrucksvolle antike Kastell Bozukkale (›Kaputte Burg‹).

Erst langsam beginnt der Tourismus, die Bozburun-Halbinsel zu erobern, und man braucht viel mehr Zeit, als es die Landkarte vermuten läßt, um den Hafen **Bozburun**, das Zentrum des Segeltourismus, oder die Dörfchen **Selimiye** (mit den Ruinen einer *mittelalterlichen Seefeste*) und **Söğüt** zu erreichen. Aber angesichts unsensibler ›Hotelisierung‹ trauert man den Zeiten nach, als nur einmal am Tag ein staatlicher Postbus in das Innere der Halbinsel fuhr und z. B. im Weiler **Bayır** die Gespräche der Alten unter dem mächtigen, angeblich 2350 Jahre alten Baum vor der Moschee verstummten, wenn sie ein fremdes Gesicht sahen. Touristisch erschlossen ist bereits **Turunç**, das aber noch sehr idyllisch-ruhig ist und daher als Geheimtip unter Deutschen kursiert, doch selbst an den Buchten von **Kumlubük** und **Çiftlik** stehen schon Großhotels.

🛏 **In Turunç:** Das beste Hotel der Halbinsel dürfte das *Turunç***** (☎ 476 70 25) sein, etwas hinter dem Ort am besten Strand gelegen. Im Ort finden sich aber auch viele Kleinhotels und Apartmentanlagen zu günstigen Preisen.

Datça

Eine zweite langgestreckte Halbinsel zieht sich von Marmaris nach Westen und endet nach gut 100 km bei den Ruinen von Knidos. Wichtigster Ort auf der Halbinsel ist das alte Fischerdorf und neue Ferienzentrum Datça.

Nach dem Bozburun-Abzweig erreicht man den schmalsten Punkt der Datça-Halbinsel. Nur ein Orakelspruch der Pythia von Delphi hinderte die Stadt Knidos im 5. Jh. v. Chr., die lange Halbinsel hier zu durchstechen, wie es angesichts der vorrückenden Perser erwogen wurde. Links wie rechts fällt der Blick aufs Meer, links wie rechts zweigen Straßen zu luxuriösen Clubanlagen in der Kiefern-Macchia-Wildnis ab.

Im Norden, jenseits des Golfes von Gökova, markiert dagegen ein 300 m hoher Schlot das Kohlekraftwerk bei Türkevleri – und ein Enden der Naturidylle, denn bei einer Emission von mehr als 98 000 Tonnen Schwefeldioxid jährlich sind ›saurer Regen‹ und Waldsterben vorprogrammiert. Nicht nur Umweltschützer, auch die Tourismusmanager kämpften vergeblich gegen diese industrielle Fehlplanung.

Rund 65 km sind es insgesamt bis **Datça** (5000 Ew.), das am Fuß der Reşadiye-Hügel liegt. Der aufstrebende Ferienort, der einen kleinen Jachthafen als Station der ›Blauen Reise‹ besitzt, entstand als Fischerreede eines nun **Eski Datça** (›Alt-Datça‹) genannten Dorfs ca. 3 km landeinwärts. Dort haben sich schöne alte Bauernhäuser erhalten. Im nahen Dorf **Hızırşah** steht eine emiratszeitliche Moschee und beim Weiler **Kızlan** sind die Ruinen alter Windmühlen zu sehen.

Aber natürlich besucht man Datça aus anderen Gründen: Sonne,

Die Blaue Reise
Mit der Jacht zu den schönsten Buchten

Wer träumte nicht davon: Unter geschwellten Segeln hart am Wind durchs Meer zu pflügen, ankern an einer einsamen Bucht, Wasser klar wie ein Kristall, selbstgefangene Fische über dem Feuer am Strand backen und dann unter Sternengeflimmer einschlafen… In der Türkei kein Problem, hier nennt man das *mavi yolculuk,* die ›Blaue Reise‹.

Die türkische Küste zwischen Bodrum, Datça und Marmaris ist mit modernen Marinas für über 2000 Jachten heute *die* Region am Mittelmeer, in der solche Träume wahr werden – sogar pauschal kann man die Blaue Reise buchen. Dabei fährt man mit den zu Minipensionen ausgebauten türkischen Gulet-Booten: zweimastige Ketschs, die nach alten Handwerkstechniken aus Holz gezimmert werden. Sie sind ca. 12 m lang, bieten in Zweier- und Viererkabinen Platz für acht bis zwölf Personen, dazu Dusche, Küche und ein breites Deck fürs Sonnenbad. Trotz voller Takelage fahren sie mit nautischen Anfängern meist per Motorkraft und nicht im Wind, aber möglich ist das natürlich schon.

Ab den großen Jachtmarinas Bodrum und Marmaris sind verschiedene Törns möglich. Die beliebteste Strecke führt von Marmaris nach Fethiye, wobei das Dalyan-Delta und der Golf von Fethiye mit seinen zwölf Inseln die Höhepunkte sind; idyllische Ankerplätze sind der Ekincik-Strand, die Insel Tersane und die Buchten Ağalimanı oder Turunçpınar. Im Golf von Hisarönü südlich von Datça dann sind Hafenorte wie Bozburun und Selimiye heute zwar auch über Straßen erreichbar, nicht aber die vielen versteckten Buchten an dieser zerlappten Küste, z.B. die Bozukkale-Bucht mit der mächtigen Wallmauer von Loryma auf der Spitze der Bozburun-Halbinsel. Die Bucht des Bergdorfs Söğütköy, Datça und die Buchten von Mesudiye und Palamutbükü sind hier als Ankerplätze beliebt. Ab Bodrum kreuzt man meist im Golf von Gökova, wo die Buchten Akbükü im Norden oder im Süden English Harbour, Yedi Adalar und der feine Sand von Cleopatra Island (s. S. 216) die Highlights sind. Auch das antike Knidos wird gern besucht.

Wer nur einmal schnuppern will, kann übrigens in allen Urlaubsorten auch Tagestouren buchen: Man besucht einige Buchten, bekommt ein Essen an Bord – bloß ist man dann gegen 19 Uhr wieder zurück im Hotel und muß auf die Robinsonade verzichten.

Von Hans E. Latzke

Fischerfrauen auf der noch einsamen
Bozburun-Halbinsel

Meer, Strand. Vielleicht noch aus einem vierten: Beschaulichkeit. Denn
in Datça geht es auch in der Hochsaison nicht so hektisch zu wie in
Marmaris, und wem es dennoch
nicht ruhig genug ist, der fährt zu
den Buchten von **Kargı**, **Palamutbükü** und **Mesudiye** (überall auch
Pensionen) oder nimmt am Hafen
eines der Boote nach Knidos oder
zur griechischen Insel Symi, die unterwegs in einsamen Strandbuchten
vor Anker gehen.

Im Rathaus, ✆/Fax 712 35 46;
Vorwahl: ✆ 252

Busverbindung mit Marmaris, in
der Saison ca. 12 x täglich.

Fährboote zwischen Körmen-Ha-
fen (ca. 8 km nördl. von Datça,
Buszubringer im Ticketpreis enthalten)
und Bodrum, ca. 2 Std. Fahrt. Je nach Saison sind (lohnende!) Tagesausflüge möglich. Info im Büro der Bodrum Ferryboat
As., Cumhurriyet Meyd. (Reservierung
für Autotransport nötig).

In **Datça** selbst logiert man schön
und recht ordentlich im *Dorya** (✆
712 36 14, Fax 712 33 03), zentral und
schön gelegen auf der Halbinsel zwischen Jachthafen und Stadtstrand (Pkw-
Zufahrt nur bis 19 Uhr). Ein echter Geheimtip in Eski Datça ist die Pension *Dede* (✆/Fax 712 39 51, Berlin: 030/85428
34) sehr schön gestaltet von einer ›ausge-
wanderten‹ Deutschtürkin. In **Knidos** gibt
es keine Unterkunft.

Nette Atmosphäre bieten die Restaurants und Bars am Jachthafen,
mit der besten Auswahl wohl das *Ak Deniz* oder das *Captain's Place,* geführt von
einer Australierin. Türkische Traditions-

küche bietet das *Kemal Restoran* an der Atatürk Cad., empfohlen auch von Lonely Planet und Guide Routard.

Knidos

Die große historische Sehenswürdigkeit der Datça-Halbinsel sind die Ruinen von Knidos auf der Spitze der Halbinsel (35 km von Datça; gut 1 Std. Autofahrt; angenehmer ist die Anfahrt mit dem Boot). Die antike Stadt wird erstmals erwähnt im 7. Jh. v. Chr. Sie gehörte damals zum Bund

der dorischen Griechen; das Apollon-Heiligtum von Knidos war die Schwurstätte dieses Bundes. Aber so groß Apollon war, so groß war in Knidos auch die Aphrodite. Weniger aber als Göttin der Liebe denn als Patronin der Seefahrer. Denn die Stadt mit ihren zwei Häfen blickte seit je aufs Meer, von dem sie sich nährte.

Knidische Seefahrer gründeten eine Kolonie auf der italienischen Vulkaninsel Lipari und faßten sogar im ägyptischen Naukratis Fuß. Ins 4. Jh. v. Chr. fiel die kulturelle und wissenschaftliche Blüte, verbunden mit einem Neuaufbau der Stadt nach dem Plan des Hippodamos (s. S. 167, 173). Die mathematischen und historischen Pionierleistungen von

Theater und Hafen von Knidos auf der Spitze der langen Halbinsel von Datça

225

Knidos sind mit den Namen Eudo-
xos und Ktesias verknüpft, und den
ca. 135 m hohen Leuchtturm von
Alexandria, eines der Sieben Weltwunder der Antike, entwarf der
Knidier Sostratos. In römischer Zeit
freie Stadt, in byzantinischer Zeit Bischofssitz und mit sechs Kirchen
ausgestattet, hat das ebenso einsame
wie schöne Knidos durch Steinraub
in den folgenden Jahrhunderten viel
von seiner Pracht verloren, doch
bleibt das heutige Ruinenfeld in seiner Meerlage reizvoll genug.

Bei der Anfahrt per Auto passiert
man vor der Stadt mehrere *Grabbauten* und Partien der *Wallmauern.*
Zwischen dem Festland mit den öffentlichen Bauten und den Wohn-
vierteln auf der vorgeschobenen
Halbinsel öffneten sich nach Norden ein *Kriegshafen,* nach Süden ein
Handelshafen, in dem heute die
Jachten vor Anker gehen. Das **Theater** am Südhafen ist das besterhaltene Monument; das mutmaßliche
Aphrodite-Heiligtum, ein Rundtempel hoch am Hang, wohl das berühmteste. Hier mag ein ›Schön-
heitsidol‹ der Antike gestanden haben: die von Praxiteles im 4. Jh. v.
Chr. geschaffene nackte Statue der
Göttin.

Ein kleineres *Theater,* die Stützmauer eines *Demeter-Heiligtums*
und weitere Tempelruinen, darunter
die Reste des *Apollon-Heiligtums,*

sind recht zerfallen. Dagegen zeichnet sich die hochgelegene **Akropolis**
durch eindrucksvolle Mauern aus.

Kaunos

Ca. 45 km sind es auf dem Seeweg,
fast 100 km auf dem Landweg von
Marmaris bis Dalyan, dem letzten
Dorf vor den Ruinen von Kaunos.
Man muß also einen ganzen Tag für
die Tour veranschlagen. Wer mit
dem Bus anreist, könnte nach ca. 70

Die karischen Felsgräber von Kaunos
in den Klippen über dem Fluß Dalyan

km in der Kleinstadt **Köyceğiz**, die sich in den letzten Jahren zu einem Ferienort entwickelt hat, aussteigen und von dort mit dem Boot nach Kaunos fahren. Die Fahrt geht über einen See (s. Abb. S. 62), der durch die Verlandung einer einst offenen Meeresbucht entstand; Wehrmauern und Kirchenruinen auf Inseln wie *Gavur Adası* und *Gavurbağ Adası* künden vom Leben byzantinischer Mönche, die Thermen und Schlammquellen bei *Sultaniye* von frühem Thermaltourismus.

Das Fischerdorf **Dalyan** wurde bekannt, weil hier erstmals in der Türkei Umweltschützer ein großes Hotelprojekt verhindern konnten, um die Eiablagestrände der Meeresschildkröte *Caretta Caretta* zu erhalten. Doch heute werden Hunderte von Touristen täglich herangefahren, gibt es zahlreiche kleinere Hotels und und noch mehr Restaurants. Am Westteil des Schildkrötenstrandes tummeln sich die Badeausflügler und selbst das Badeverbot am Ostteil soll nun aufgehoben werden…

In der eigentümlichen Deltaland-schaft entstand wohl schon im 7. Jh. v. Chr. die karische Stadt **Kaunos**. Sie galt im Altertum als notorisch unge-sund – wahrscheinlich wegen der Stechmücken, die aus den Küsten-marschen aufstiegen und die Mala-ria brachten. Seit 129 v. Chr. eine Stadt der römischen *Provincia Asia*, zog Kaunos viel Geld aus dem Skla-venhandel, aber auch aus dem Ver-kauf von Pökelfisch. Die Verschlam-mung der Küste brachte den Handel jedoch schon in spätrömischer Zeit zum Erliegen; heute bezeichnet nur noch ein Tümpel, 3 km vom Meer entfernt, das Hafenrund.

In Dalyan warten die Boote zur Überfahrt über den grünen, schilfge-säumten Fluß, aus dem auch heute noch abends die Moskitos steigen – Kalbis hieß er in der Antike. Gleich am anderen Ufer die berühmten **Felsgräber**, die im 4. Jh. v. Chr. ent-standen und in ihrer oberen Reihe durch Tempelfassaden im ionischen Stil beeindrucken. Ein unvollendetes Grab zeigt, daß sie von oben nach unten aus dem Fels gemeißelt wur-den; die Steinmetze seilten sich dazu an der Steilwand ab. Natürlich sollte die Unzugänglichkeit der Grä-ber ›ewige‹ Totenruhe garantieren. Inschriften bezeugen indessen, daß verschiedene Gräber in römischer Zeit ein zweites Mal benutzt wur-den – das erste wie das zweite Mal wohl von prominenten Politikern und Kaufleuten der Stadt. In den un-teren, einfacher gestalteten Felsgrä-bern, bloße Kammern zumeist, dürf-te der ›Mittelstand‹ bestattet sein.

Weiter südlich liegt die **Akropolis** von Kaunos, deren Anhöhe einen schönen Blick über das antike Stadt-gebiet wie auch über die Flußmar-schen gewährt (ca. 50 m, nicht ganz einfacher Aufstieg).

Am Hang der Akropolis staffeln sich in zwei Rängen die 34 Sitzrei-hen des **Theaters**. Teils sind sie in den Fels geschnitten, teils untermau-ert; auch Teile des Bühnengebäudes wurden ausgegraben. Auf dem Sat-tel nordwestlich des Theaters liegen die Ruinen einer christlichen *Basili-ka*, einer *Thermenanlage* aus römi-scher Zeit, eines *Rundtempels* und eines kleinen Baus, der vermutlich eine *Bibliothek* darstellte.

Über einen Pfad gelangt man hin-unter zum **Hafen**, der einst durch eine Eisenkette gegen das Meer ab-gesperrt war. Zwei konzentrische Stufenringe am Weg bezeichnen das kaiserzeitliche *Nymphaion*; etwas höher steht ein kleiner *Antentempel*. Etwas tiefer wiederum liegen die Ruinen der *Agora* und ein *Brunnen-haus* aus dem 1. Jh. v. Chr.

🚌 Von Marmaris mit dem Minibus zur Kreuzung vor Gökova; dort umsteigen in einen der Minibusse von Muğla nach Ortaca; an der Busstation von Ortaca nochmals umsteigen in einen Kleinbus nach Dalyan (insgesamt ca. 2–3 Std. Fahrt). Der Ausflug wird in allen Rei-sebüros als Bootsfahrt angeboten. Dabei bleibt jedoch kaum Zeit für die antike Stätte, stattdessen wird man mit Essen ›beschäftigt‹ oder am Iztuzu Beach, dem Schildkröten-Strand, ›geparkt‹. Zu viert kostet eine Fahrt mit dem Leihwagen nicht mehr als der organisierte Ausflug – und macht viel mehr Spaß.

TIPS & ADRESSEN

Alle wichtigen Informationen rund ums Reisen – von ärztlicher Versorgung bis Zoll – auf einen Blick.

Ein zusätzlicher Sprachführer hält die wichtigsten Vokabeln griffbereit.

INHALT

REISEVORBEREITUNG & ANREISE

Information vorab

Türkische Fremdenverkehrsämter
… in Deutschland
60329 Frankfurt/M., Baseler Str. 37,
✆ 069/23 30 81, Fax 23 27 51
… in Österreich
1010 Wien, Singerstr. 2/VIII,
✆ 0222/512 21 28, Fax 513 83 26
… in der Schweiz
8001 Zürich, Talstr. 82,
✆ 01/221 08 10, Fax 212 17 49

Botschaften der Türkischen Republik
… in Deutschland
10179 Berlin, Rungestr. 9
✆ 030/27 58 50
… in Österreich
1040 Wien, Prinz-Eugen-Str. 40,
✆ 0222/505 73 38
… in der Schweiz
3006 Bern, Lombachweg 33,
✆ 031/350 70 70

Info im Internet
www.turkey-web.com Sehr breite Informationsmöglichkeit
www.exploreturkey.com Allgemeine Infos und Reisetipps
www.kesit.com Tourismuswerbung, viele Tips zu einzelnen Orten
www.tcberlinbe.de Site der Türkischen Botschaft Berlin
www.mfa.gov.tr.de Site des türkischen Außenministeriums
www.turkishnews.com Artikel aus türkischen Zeitungen
www.turkishairlines.com Info und Flugpläne der THY
www.turkinfo.tic.at. Infosite des Fremdenverkehrsamtes Österreich

Gesundheitsvorsorge

Impfungen sind nicht vorgeschrieben, Tetanus- und Polioprophylaxe aber ratsam. Malaria wird für den Westen nicht vermeldet. Das Bedecken von Armen und Beinen am Abend empfiehlt sich in den Moskito-reichen Sommermonaten von allein. Wer *nicht* in einem klimatisierten Hotel einquartiert ist und eine ungestörte Nachtruhe haben will, sollte Mückenschutzmittel, besser aber Moskitonetze mitnehmen.

Medikamente des täglichen Bedarfs sind in allen Apotheken *(eczane)* erhältlich; spezielle Arzneien sollte man aber mitbringen.

Gesetzlich Versicherte können in der Türkei auf Krankenschein ärztliche Leistungen in Anspruch nehmen, was allerdings viel Bürokratie erfordert (Info bei den Kassen). Besser schließt man daher eine Auslandsreiseversicherung ab. Abgerechnet wird dann nach den Quittungen mit genauer Angabe der Leistungen, nachdem man den Arzt zunächst bar bezahlt hat.

Karten

Die derzeit großmaßstäblichste Karte (1:500 000) bietet der Ryborsch Verlag (Westküste: Blatt 2). Karte zur Westküste im Maßstab 1:600 000 haben der ADAC und Ravenstein im Programm. Vollständig verläßlich sind aber aufgrund des Straßenneubaus, des rasanten Stadtwachstums und der häufigen Umbenennung von Dörfern alle Karten nicht.

Kleidung

Die Reisegarderobe sollte leichte Sommerkleidung aus Baumwolle umfassen (zum ›Turnschuh-Outfit‹ s. S. 245), dazu in der Nebensaison warme Pullover für den Abend, feste Schuhe für Spaziergänge und Besichtigungen, Badeschuhe sowie ausreichend Sonnenschutz (Creme mit hohem Schutzfaktor, Kopfbedeckung).

Reisekasse

Ausländische Devisen dürfen in unbegrenzter Höhe eingeführt werden, sind aber ab einem Wert von 5000 US-$ zu deklarieren. Da der Lira-Kurs im Ausland extrem ungünstig ist, wechselt man besser erst in der Türkei; auf allen Flughäfen sind zu jeder Ankunft Büros geöffnet. Traveller-Schecks werden von fast allen Banken akzeptiert, in den größeren Orten und Urlaubszentren kann man mit der EC-Karte Geld abheben. Kreditkarten akzeptieren bessere Hotels, der hochpreisige Souvenirhandel und Leihwagenagenturen.

Einreisebestimmungen

Reisepapiere: Deutsche oder Schweizer benötigen für einen Aufenthalt unter drei Monaten einen Reisepaß oder den Personalausweis. Österreicher benötigen einen Paß und müssen an der Grenze ein Visum erwerben.

Zoll: Wertvolle Gegenstände wie z.B. Laptops sollten bei der Einreise in den Paß eingetragen werden. Einfuhr von Waffen (auch feststehende Messer) bedarf besonderer Genehmigung; Drogenbesitz wird mit langen Gefängnisstrafen geahndet. Zigaretten sind übrigens in der Türkei billiger als beim Duty-Free-Shop.

Anreise

Mit dem Flugzeug

Aufgrund des Überangebots an Hotels sind **Pauschalarrangements** (Flug plus Transfer plus Unterkunft) meist sehr viel günstiger als eine Reise auf eigene Faust – jedenfalls im Sektor der Luxus-Resorts. Wer jedoch die Türkei erleben will und auf Luxus verzichten kann,

Klimatabelle (Station İzmir)

	Jan.	Feb.	März	April	Mai	Juni	Juli	Aug.	Sept.	Okt.	Nov.	Dez.
Mittleres Maximum	12,2	13,5	15,9	20,8	25,9	30,4	33,2	33,1	29,2	24,3	18,5	14,0
Absolutes Maximum	21,5	24,0	30,0	33,0	39,5	40,5	42,5	42,5	38,5	36,0	30,5	22,5
Tage mit Regen	14	11	9	8	6	2	0,6	0,4	2	5	9	13
Sonnenstunden/Tag	4,0	5,6	6,3	8,4	9,9	11,8	12,5	12,2	10,4	7,7	5,6	4,3

Die klimatischen Bedingungen nördlich von Bergama sind rauher (größere Kälte, mehr Regentage); nach Süden hin verändern sich die Izmir-Werte kaum noch.

fährt mit individueller Zimmersuche besser (und ebenfalls sehr günstig).

Charterflüge ohne Hotelbuchung (›Campingflüge‹) offerieren viele türkische Gesellschaften recht preiswert; günstige Angebote hat auch die Sun-Express, eine Condor-Tochter mit Lufthansa-Standard.

Der Anflug im **Linienverkehr** ist recht teuer. Das dichteste Flugnetz unterhält die türkische Staatslinie *Türk Hava Yolları* (THY, Turkish Airlines), die Lufthansa bedient nur İzmir.

An der türkischen Westküste gibt es drei internationale **Flughäfen**. In allen Flughäfen haben Leihwagen- und Wechselbüros zu allen Flugankünften geöffnet.

Der Flughafen **İzmir** *(Adnan Menderes Havaalanı)* ist per Eisenbahn mit der Stadt (Alsancak), nach Süden hin auch mit Selçuk verbunden (sehr preiswert). Ein Taxi ins Zentrum von İzmir kostet umgerechnet ca. 20 €.

Der Flughafen **Milas-Bodrum** liegt 18 km vom Bodrum-Zentrum (Busstation) entfernt. Keine Zubringerbusse, nur eine (teure) Mietwagenagentur; per Taxi für ca. 25 €.

Der Flughafen **Dalaman** ist etwa 7 km von der Kleinstadt Dalaman entfernt. Keine Zubringerbusse; Taxis fahren zu Festtarifen (Marmaris ca. 35 €). Oder per Taxi bis zur Busstation Dalaman (ca. 8 €) und dort einen Bus nach Norden nehmen.

Mit dem Auto

Die langwierige **Anfahrt** (allein ca. 2700 km von Frankfurt/M. bis Çanakkale) ist aufgrund der Visapflicht und langen Wartezeiten an den neuen Grenzen nicht empfehlenswert. Ab Villach (Österreich) geht jedoch ein Autoreisezug nach Edirne: Juni–Okt.,

Pkw ca. 95 €, Pers. ca. 60 €; Optima Tours, München, Tel. 089/548 80 11).

Grenzdokumente für den Pkw sind nicht vorgeschrieben, benötigt wird jedoch der Paß, in den das Fahrzeug eingetragen wird, der nationale Führerschein, der Kfz-Schein sowie die internationale grüne Versicherungskarte, die auf den asiatischen Teil der Türkei gültig geschrieben sein muß. Da türkische Haftpflichtversicherungen oft nur unzureichend entschädigen, ist der Abschluß einer Kurzzeit-Vollkaskoversicherung ratsam.

Mit dem Schiff

Eine gute Alternative zur Balkan-Tour sind die Fährverbindungen von Italien, etwa von Venedig nach İzmir (Turkish Maritime Lines), von Brindisi nach Çeşme (versch. Gesellschaften). Auskunft und Buchung in Reisebüros.

Zoll bei der Ausreise

Bei der Ausfuhr von Wertgegenständen muß nachgewiesen werden können, daß man sie eingeführt hat (Eintragung im Reisepaß), oder man muß beweisen, daß sie mit offiziell umgetauschtem Geld erstanden wurden (Wechselquittungen aufbewahren). Teppiche dürfen nur bei Vorlage einer Quittung mit Angabe des Alters ausgeführt werden, Antiquitäten (vor 1918) überhaupt nicht.

Eine Mehrwertsteuererstattung auf ausgeführte Gegenstände ist möglich, doch nur für Geschäftsleute bei großen Summen interessant. Beachten Sie auch die Einfuhrbestimmungen des einheimischen Zolls (pro Person über 17 Jahre 200 Zigaretten, 1 l Spirituosen über 22 % Vol. etc.).

UNTERWEGS IN DER TÜRKEI

Mit dem Flugzeug

Binnenflüge der Türk Hava Yolları führen im Bereich der türkischen Westküste immer über İstanbul; Direktverbindungen gibt es nicht. Wer per Bahn oder Flugzeug nach İstanbul angereist ist, kann von dort recht günstig und zeitsparend mit THY nach İzmir, Bodrum oder Dalaman fliegen. Am besten wird ein solcher Anschlußflug bereits vor Reiseantritt gebucht, denn in der türkischen Urlaubssaison und zu den islamischen Feiertagen ist kurzfristig meist kein Platz mehr frei.

Mit Bus und Dolmuş

Auf der Westküstenstraße, die von Çanakkale über İzmir hinunter nach Dalaman führt, verkehren in dichter Folge komfortable, preiswerte Intercity-Busse verschiedener Unternehmen: Pamukkale, Kamil Koc, Vatan und Köşeoğlu sind die bedeutendsten.

Die **Busstationen** (*otogar*) liegen in den größeren Städten etwas außerhalb des Zentrums; Minibusse übernehmen den Pendelverkehr ins Stadtzentrum. Das **Busticket** (*bilet*) ist in den Büros der Firmen auf den Busstationen erhältlich, die Preisunterschiede zwischen den verschiedenen Firmen sind minimal. Orientieren Sie sich also an der günstigsten Abfahrtzeit.

Die **Abfahrtzeiten** und Destinationen sind in den Verkaufsbüros der Busfirmen ausgeschildert. Vorausbuchung ist nur am Wochenende und

vor bzw. nach den islamischen Festtagen notwendig (s. S. 241).

Als Anhaltspunkt für die **Reiseplanung**: Das Stundenmittel bei Busfahrten liegt um die 40 km, denn der Fahrer wird, wenn noch Plätze frei sind, immer wieder stoppen und Fahrgäste am Straßenrand ›auflesen‹. Auf diese Weise finden Sie nach einer Besichtigung oder Wanderung auf freier Strecke stets einen Bus, der Sie aufnimmt. Alle zwei oder drei Stunden wird in einem größeren Ort eine Pause von etwa 20 Min. eingelegt (Getränke, Imbisse, Toiletten). Trinkwasser *(su)* in Flaschen oder in Plastikbeuteln mit Strohhalm wird auf Wunsch auch unterwegs gereicht. Bitten Sie den Fahrtbegleiter darum, der sich auch um die Kontrolle der Fahrscheine kümmert und Ihre Gepäckstücke verstaut. Kurz vor der Ankunft am Zielort offeriert der Busbegleiter zudem Kölnisch Wasser zur Erfrischung.

Während Busse auf den Hauptstrecken fahren und die größeren Städte miteinander verbinden, verkehren auf den Nebenstrecken, aber auch im innerstädtischen Verkehr **Minibusse**, oft *dolmuş* genannt. Das Wort bedeutet soviel wie ›gefüllt‹, und tatsächlich starten viele dieser Kleinbusse erst, wenn der letzte Sitzplatz vergeben ist.

Die Fahrscheine (sofern überhaupt welche ausgestellt werden) erhält man meist einfach im Fahrzeug; Ticketbüros wie in Selçuk und Kuşadası beginnen sich aber ebenso wie feste Abfahrtszeiten durchzusetzen. Schilder an der Windschutzscheibe zeigen das

Ziel an; angehalten und aufgenommen wird auf Handzeichen überall an der Strecke. Abfahrtplätze sind die Busstationen, in größeren Orten auch ein oder mehrere Halteplätze in der Innenstadt *(Minibüs Garaj* genannt).

Mit der Eisenbahn

Touristisch bedeutsam ist von den Schienenstrecken von İzmir über Manisa nach Balıkesir oder Afyon und über Selçuk nach Denizli eigentlich nur die letzte. Wer am Bummeltempo nicht verzweifelt, sollte einmal die landschaftlich reizvolle Strecke zwischen Selçuk und Aydın mit dem Zug fahren; pralles Volksleben ist garantiert, denn in die unschlagbar billige Eisenbahn drängt alles, was auch die nach unseren Maßstäben sehr preiswerten Busse noch zu teuer findet.

Mit dem Taxi

Taxis (in der Türkei meist gelb) sind im Vergleich zum Dolmuş teurer, aber immer noch recht billig. Die Fahrer *müssen* nach Taxameter abrechnen: Achten Sie darauf, daß es eingeschaltet wird und vermeiden Sie Preisverhandlungen!

Ein Taxi ist auch eine echte Alternative zum Leihwagen (s. u.) und kaum teurer als dieser. Zudem haben Sie den Vorteil eines landeskundigen Begleiters und können sich ganz auf Landschaft und Kultur konzentrieren. Bei solchen Touren sollte der Preis im vorhinein ausgehandelt werden; angesichts der Inflation bestehen die Taxifahrer oft auf Zahlung in ›harter‹ Währung (z. B. DM/Euro/Brit. £).

Mit dem Auto/Leihwagen

Die Hauptstraßen im Bereich der türkischen Ägäis sind gut ausgebaut, auf Nebenstrecken muss man mit Schlaglöchern oder Schotterpiste rechnen. Leitplanken besitzen nur wenige Straßen. Vorsicht geboten ist auf Schotter, vor allem nach Regenfällen! Wegen der hochschleudernden Steine genügend Abstand zum vorausfahrenden Auto wahren! Oft ziehen Schaf oder Ziegenherden am Straßenrand entlang. Baustellen sind häufig nicht ausreichend gesichert. Nachts fahren viele Autos nur mit Standlicht, zudem kann plötzlich ein völlig unbeleuchteter Eselskarren die Straße versperren.

Alles andere als ein Fahrvergnügen ist auch die Rush-hour in den Innenstädten, v. a. in İzmir. Unter allseitigem Hupen wird jede nur denkbare Verkehrsregel mißachtet. Disziplinierter geht es auf den Fernstraßen zu; an die Kurventechnik türkischer Autofahrer auf Serpentinenstrecken muß man sich allerdings erst gewöhnen. Wenn man hinter Ihnen hupt, ist das allerdings kein Rowdytum, sondern die übliche Sitte, einem langsameren Fahrer zu signalisieren, daß man überholen will. Fahren Sie dann ganz rechts, um einen Unfall zu vermeiden.

Die türkischen **Verkehrsregeln und -schilder** entsprechen denen in Westeuropa. In geschlossenen Ortschaften darf nicht schneller als 50 km/h, auf den Landstraßen nicht schneller als 90 km/h gefahren werden. Radarkontrollen sind aber selten, und so gelten diese Gebote nicht viel. Es besteht Gurtpflicht, Helmpflicht für Motorradfahrer, das absolute Alkoholverbot ist jedoch für *Privatfahrer* auf 0,5 Promille gelockert worden.

Entfernungstabelle

Çanakkale – İzmir	325 km
Troja – İzmir	290 km
Ayvalık – İzmir	145 km
Bergama – İzmir	100 km
Foça – İzmir	60 km
İzmir – Çeşme	80 km
İzmir – Selçuk/Ephesos	75 km
İzmir – Kuşadası	95 km
İzmir – Aphrodisias	225 km
İzmir – Pamukkale	250 km
İzmir – Bodrum	250 km
İzmir – Marmaris	280 km
Bodrum – Marmaris	155 km
Dalaman – Marmaris	115 km

Alle **Tankstellen** führen inzwischen bleifreies Benzin. An den Überlandstraßen haben die größeren meist durchgehend geöffnet, in den Städten oft bis 22 Uhr. Benzin ist nur noch etwas billiger als in Deutschland.

Bei jedem **Unfall** *muß* die Verkehrspolizei (✆ 154) hinzugezogen werden: Die Aufnahme durch die Polizei und ein Alkoholtest sind Voraussetzung für die Schadensregulierung bei der Haftpflicht- oder Kaskoversicherung. Sind Personen zu Schaden gekommen, sollten Sie unbedingt ihre Leihwagenagentur verständigen und sich durch das Konsulat in İzmir (s. S. 241) einen Anwalt mit deutschen Sprachkenntnissen vermitteln lassen. Information und Hilfe erhalten Sie vom Türkischen Automobilclub in İzmir (s. rechts).

Leihwagen werden an den drei Westküsten-Flughäfen, in allen größeren Städten, aber auch in allen kleineren Orten mit entwickeltem Tourismus vermietet. Zu den Anbietern gehören neben internationalen Firmen wie Avis auch türkische Agenturen, deren Wagen preisgünstiger sind. Voraussetzungen: Führerschein und Reisepaß; Mindestalter 21 Jahre. Gezahlt wird meist im voraus per Kreditkarte (ein Blanko-Voucher wird als Kaution, *deposit*, hinterlegt). Achten Sie darauf, daß Kaskoversicherung und Steuer im Preis enthalten und daß Reserverad und Wagenheber funktionstüchtig sind. Die Preise für Kleinwagen liegen zwischen 45 und 70 € pro Tag, doch werden bei längerer Mietdauer Ermäßigungen eingeräumt. In der Saison ist die Nachfrage groß, buchen Sie dann besser einige Tage im voraus.

Türkischer Automobilclub
Der Türkische Touring- und Automobilclub (*Türkiye Turing ve Otomobil Kurumu*, kurz: TTOK), hilft überall, wo es ums Auto geht, unterhält eine Unfallhilfe sowie einen Abschleppdienst und berät bei Autoreparaturen:
TTOK in İzmir,
Atatürk Caddesi 370,
✆ 232/421 35 14, Fax 422 63 87

Hinweisschilder

Dikkat	Achtung
Dur	Stopp
Yavaş	Langsam
İnşaat	Baustelle
Tehlikeli Viraj	Gefährliche Kurve
Bozuk Satıh	Schlechte Straße
Taşıt Giremez	Gesperrt
Tek Yön	Einbahnstraße
Sollamayın	Überholverbot
Park Yapılmaz	Parkverbot
Şehir Merkezi	Stadtzentrum

UNTERKUNFT

Clubs, Hotels, Pensionen

Die türkische Ägäisküste, vor allem der südliche Teil, hat eine rasante touristische Entwicklung erlebt. Kaum ein Strand blieb vom Hotelbau verschont; Orte wie Marmaris verzehnfachten ihre Ausdehnung, an den Hängen wurden gewaltige Feriendörfer aus dem Boden gestampft.

Das Überangebot hält zwar die Preise niedrig, doch hat die Entwicklung auch ihre Schattenseiten. Da die Pauschalveranstalter möglichst guten (neuen) Standard anbieten wollen, tauchen in den Katalogen heute vor allem die großen luxuriösen **Clubanlagen** auf, die weit außerhalb der gewachsenen Städtchen in der Einsamkeit liegen. Von türkischem Leben bekommt man da kaum noch etwas mit.

Profitieren können hingegen Individualreisende, die in allen Orten eine große Auswahl zu günstigen Preisen finden; die Wirte dieser Kleinhotels der unteren **Mittelklasse** oder Pensionen sprechen stets gut Englisch, oft auch Deutsch, legendär ist ihre Gastfreundlichkeit. Schwieriger wird es im ›Hinterland‹ abseits der Küstenurlaubsorte. Selbst gestandene Städte wie Milas, Muğla oder Manisa bieten, da zumeist als Tagesausflugsziel besucht, nur ein paar Einfachhotels.

Die **Kategorien** der Tourismusverwaltung kommen da auch nicht mehr mit: eine Pension (pansiyon) in Bodrum kann erheblich angenehmer sein als ein 3*-Hotel (otel) in Muğla, bei den Feriendörfern (tatil köyü) wird es ganz unüberschaubar, da manche Anlagen von europäischen Konsortien gebaut sind (und fast wie deutsche oder englische Enklaven in der Türkei wirken), während andere nur auf einheimisches Publikum setzen.

Sehr groß ist auch die **Preisspanne:** schmuddelige Billighotels in Großstädten bekommt man für oft unter 8 € für zwei Personen. In Pensionen in den Küstenorten muß man mit ca. 15–25 € fürs Doppelzimmer rechnen, in 2–3*-Hotels wird man für 25–45 € unterkommen. 5*-Luxus-Hotels kosten im Straßenpreis zwischen 70 und 180 € pro Person – nach Katalog gebucht, aber nur soviel wie ein 3*-Haus.

Das **Frühstück** (kahvaltı) ist in der unteren Mittelklasse und bei Pensionen meist inklusive. Einzeln belegte Zimmer sind etwa um ein Drittel billiger, ein zusätzliches (Kinder-) Bett kostet etwa ein Drittel mehr. Oft kann man den Zimmerpreis herunterhandeln, v. a. bei längerem Aufenthalt und in der Nebensaison.

Camping

Die lizenzierten Campingplätze, die in einer Broschüre des Fremdenverkehrsamtes verzeichnet sind, haben einen ein bestimmten Standard, z. B. Stromanschluß für jeden Standplatz und gute Sanitäranlagen. Oft ist ein kleiner Supermarkt angeschlossen, meist gibt es auch einfache Holzbungalows. Pro Person ist mit etwa 5 € zu rechnen.

KLEINER SPRACHFÜHRER

An der Westküste der Türkei kommt man auch ohne türkische Sprachkenntnisse gut zurecht. Fast alle, die professionell im Tourismus zu tun haben, sprechen leidlich Deutsch oder Englisch – das ist praktisch das Kapital, um am Geldsegen teilzuhaben. Dennoch ist es durchaus nützlich, einige Brocken Türkisch zu beherrschen – es wird als Zeichen verstanden, daß der Urlauber sich um ein intensiveres Verständnis der einheimischen Kultur bemüht.

Besonders schwierig ist die richtige **Aussprache,** denn einige Buchstaben sind im Deutschen unbekannt oder werden anders gesprochen:

c – wie in **Dsch**ungel:
    cami (Moschee) – *dschami*
ç – wie in deu**tsch:**
    kaç (wieviel) – *katsch*
e – wie kurzes **ä:**
    evet (ja) – *äwät*
ğ – als **Längung** nach a, ı, o, u:
    dağ (Berg) – *daa;*

   – wie **j** nach e, i, ö, ü:
    değil (nicht) – *dejil*
h – wie in **H**ans zwischen Vokalen:
    postahane (Postamt) – *postahane*
   – wie in Ma**ch**t hinter dunklem Vokal am Ende einer Silbe:
    bahçe (Garten) – *bachtsche*
   – wie in i**ch** hinter hellem Vokal am Ende einer Silbe:
    salih (fromm) – *salich*
ı – wie das dumpfe e in war**e**n:
    halı (Teppich) – *hale*
j – stimmhaftes sch wie in le**g**er:
    plaj (Strand) – *plaash*
s – stimmloses s wie in Wa**ss**er:
    su (Wasser) – *ßu*
ş – wie in **sch**nell:
    şelale (Wasserfall) – *schelale*
v – wie in **W**ut:
    ve (und) – *we;*
   – hinter a wie **au:**
    pilav (Reis) – *pilau*
y – wie in **j**agen:
    yol (Weg) – *jol*
z – stimmhaftes s wie in **S**onne:
    güzel (schön) – *güsel*

Türkische Grundbegriffe

Wichtige Redewendungen

Guten Tag!	Merhaba
Guten Morgen! / Guten Abend!	Günaydın! / İyi-akşamlar
Auf Wiedersehen!	Allah ışmardalık *(alla-eschmardalek, sagt der, der geht)*
	Güle, güle *(gülä, gülä, sagt der, der bleibt, Betonung auf letzter Silbe)*
Willkommen!	Hoş geldiniz *(hosch-geldiniz, sagt der Gastgeber; Antwort: Hoş bulduk)*
Einverstanden!	Tamam!

Bitte / Danke!	Lütfen! / Teşekkür ederim!
Wie bitte? / Entschuldigung!	Efendim? / Pardon!
ja/nein	evet/hayır
Gibt es (Bier)? / Es gibt (Bier).	(Bira) var mı? / (Bira) var.
(Bier) gibt es nicht.	(Bira) yok.
Ich möchte Tee!	Çay istiyorum!
Ich verstehe nicht	Anlamıyorum.
Deutschland / Österreich / Schweiz	Almanya / Avusturya / İsviçre

Reisen

Bus / Kleinbus	otobüs / dolmuş (oder minibüs)
Busstation	otogar / garaj
Flugzeug / Flughafen	uçak / havaalanı
Schiff / Hafen	gemi / liman
Auto / Tankstelle / Benzin / Diesel	araba / istasyonu / bensin / mazot
geradeaus / zurück / links / rechts	doğru / geri / sol / sağ
in dieser Richtung	bu yönde
Zimmer / Dusche / Handtuch	oda / duş / havlu
Burg / Fluß / Kirche / Moschee	kale / çay / kilise / cami

Im Restaurant

Kellner / Trinkgeld	garson / bahşiş
Die Rechnung, bitte!	Hesap lütfen!
Guten Appetit! / Zum Wohl!	Afiyet olsun! / Şerefe!

Einkaufen

Was kostet das?	Bu ne kadar? oder: Kaç para?
Das ist sehr teuer!	Çok pahalı!
Das ist zuviel (zu wenig)!	Çok fazla (az)!
Ich möchte …!	… istiyorum!
genug	yeter

Zahlen

1	bir	13	on üç	90	doksan
2	iki	14	on dört	100	yüz
3	üç		usw.	200	iki yüz
4	dört	20	yirmi	1000	bin
5	beş	21	yirmi bir	2000	iki bin
6	altı		usw.	10 000	on bin
7	yedi	30	otuz	25 000	yirmi beş bin
8	sekiz	40	kırk	50 000	elli bin
9	dokuz	50	elli	100 000	yüz bin
10	on	60	altmış	250 000	iki yüz elli bin
11	on bir	70	yetmiş	500 000	beş yüz bin
12	on iki	80	seksen	1 000 000	bir milyon

REISEINFORMATIONEN VON A BIS Z

Apotheken

Eine Apotheke *(eczane;* sprich: *edsch-sane),* finden Sie selbst in größeren Dörfern. Auch Drogerieartikel gehören zum Angebot, z. B. Pampers-Windeln, die aber auch in Supermärkten zu bekommen sind. Die Preise für die (meist rezeptfreien) Arzneien sind sehr günstig. In größeren Städten gibt es auch einen Apotheken-Nachtdienst.

Archäologische Stätten

Für alle bekannteren archäologischen Stätten wird Eintrittsgebühr erhoben (Studenten erhalten Rabatt bei Vorlage des ISIC-Ausweises) und sind in der Saison täglich ab 9 Uhr durchgehend bis etwa 18 Uhr geöffnet. Bei einsameren Stätten sind die Dienste eines Führers nützlich, auch wenn die Erläuterungen oft wenig sachkundig sind.

Ärztliche Versorgung

Da zahlreiche türkische Ärzte *(doktor, hekim)* und Zahnärzte *(diş tabibi)* im Ausland studiert haben, wird man sich häufig in Deutsch oder Englisch verständigen können. In allen touristischen Orten wie Bodrum, Marmaris, Kuşadası gibt es zahlreiche Allgemeinärzte, dazu auch meist mehrere, teils neue private Kliniken. Sonst ist man aber auch in den Krankenhäusern der größerem Städte (z.B. Çanakkale, Milas, Muğla) gut aufgehoben.
Erste Hilfe-Notruf: ✆ 112

Auskunft

Die Adressen und Telefonnummern der lokalen Informationsstellen *(Turizm Danışma Bürosu)* werden bei den Ortsbeschreibungen genannt. Man hilft Ihnen dort bei der Hotelsuche, nennt Leihwagenfirmen etc. Oft ist auch ein Stadtplan erhältlich. Ansonsten kann man sich an eines der vielen Ausflugstouren-Büros wenden, deren Mitarbeiter zumeist deutlich kompetenter und hilfsbereiter sind.

Bettler

Sehr häufig wird man erleben, daß Türken, die selbst nicht viel besitzen, Bettlern etwas Geld zustecken. In der Regel handelt es sich um alte oder verkrüppelte Menschen, die ohne staatliche Unterstützung leben. Keinesfalls sollten Sie freilich bettelnden Kindern Geld geben, die so leicht mehr Geld verdienen als ihre Eltern – anstatt zur Schule zu gehen.

Diebstahl & Betrug

Diebstahl ist in der Türkei immer noch sehr selten, so etwas gilt hier als sehr unehrenhaft. Vorsicht ist lediglich in İzmir (Busstationen, Basar) und evtl. in den großen touristischen Zentren geboten, wo man öfter von Miturlaubern beklaut wird. Anders sieht es bei Betrugdelikten aus: Sich betrügen zu lassen ist für Türken eine Frage der Dummheit und verdient kein Mitleid, auch die Polizei zuckt nur mit den

Achseln: Also gut aufpassen, nicht zu gutgläubig sein, zäh feilschen!

Diplomatische Vertretungen in der Türkei

Deutschland
Botschaft
Atatürk Bulvarı 114, Ankara
☎ 312/426 54 65, Fax 426 69 59
İzmir – Generalkonsulat
Atatürk Cad. 260, İzmir-Alsancak
☎ 232/421 69 95, Fax 463 79 90
Mob. 0532-283 36 34

Österreich
Botschaft
Atatürk Bulvarı 189, Ankara
☎ 312/419 04 31, Fax 418 94 54
Konsulat İzmir
Şehit Fethibey Cad. 41, İzmir-Alsancak
☎ 232/441 58 56, Fax 484 81 27

Schweiz
Botschaft
Atatürk Bulvarı 247, Ankara
☎ 312/467 55 55, Fax 467 11 99

Feiertage & Festivals

Nationale Feiertage:
1. Januar: Neujahrstag; keine besonderen Feierlichkeiten
23. April: Tag der nationalen Unabhängigkeit und der Kinder; Kindergruppen paradieren in den Straßen
1. Mai: Frühlingsfest (Tag der Arbeit ist verboten), kein offizieller Feiertag
19. Mai: Tag der Jugend und des Sports; Sportvereine paradieren
30. August: Tag des Sieges gegen die Griechen (1922); Militärparaden und martialische Reden

29. Oktober: Tag der Republikgründung (1923); Kranzniederlegungen vor den Atatürk-Denkmälern
10. November: Atatürks Todestag (1938); kein offizieller Feiertag, aber mit Kranzniederlegungen begangen

Religiöse Feste:
Der Islam rechnet nach dem Mondkalender. Da das Mondjahr nur 354 Tage hat, verschieben sich die religiösen Feste nach dem westlichen Kalender jedes Jahr um ca. elf Tage.

Der **Ramadan**, türkisch *ramazan*, der islamische Fastenmonat, beginnt 2001: ab 17. November; 2002: ab 6. November. Etwa zwei Drittel der türkischen Erwachsenen halten sich an das Fastengebot.

Drei Tage lang wird nach Ende des Ramadan das **Zuckerfest** (*şeker bayramı*) als Familienfeier begangen, zu der den Kindern Süßigkeiten, aber auch neue Kleider beschert werden. Geschäfte, Banken und Behörden bleiben geschlossen (2001: 17.–19. Dezember; 2002: 6.–8. Dezember).

Gleiches gilt für das viertägige **Opferfest** (*kurban bayramı*), das an das biblische Opfer Abrahams erinnert und mit dem Schlachten eines Opfertiers (meist ein Schaf) begangen wird. Zum Festmahl kommt wiederum die ganze Familie zusammen. 2002 beginnt das Opferfest am 23. Februar, 2003 ca. am 12. Februar. Übrigens fallen die Festtage in die Mitte des islamischen Wallfahrtsmonats, in dem überall in der Türkei die Mekka-Pilger verabschiedet werden.

Ein islamischer Feiertag der alevitischen Minderheit ist das *hıdrellez*-Fest; es wird 45 Tage nach dem Frühlingsanfang mit Musik und Tanz begangen.

Festivals:

Januar Kamelringkämpfe in Selçuk
März Gallipoli-Gedenkfeier in Çanakkale
April Mesir-Fest in Manisa (s. S. 125)
Anfang Mai Ephesos-Festival in Selçuk
Ende Mai Festspiele in Bergama
Juni Marmaris-Festival
Mitte August Messen zu Ehren der Jungfrau Maria in Selçuk/Ephesos
August Truva-Festspiele in Troja bzw. Çanakkale
August/September Industrie-Messe in İzmir mit Kulturveranstaltungen
Oktober Gulet-Fest in Bodrum

Feilschen

Das Handeln um den Preis ist in der Türkei nur noch eingeschränkt von Bedeutung. *Nicht* gehandelt wird um Massenprodukte, ausgeschilderte Lebensmittel etc. Nach wie vor üblich ist das Handeln dagegen im Basar, insbesondere um wertvollere Stücke. Dabei lassen sich mit beharrlicher Freundlichkeit und Geduld Abschläge von 30 %, in einzelnen Fällen sogar von 40 % erzielen.

Feilschen ist eine soziale Kunstform: Sie sollten Ihren Kaufwunsch nie allzu deutlich zeigen und nicht sofort einen ›Gegenpreis‹ nennen, auch wenn der Händler Sie dazu auffordert: Damit verpflichten Sie sich zum Kauf für *diesen* Preis, und der Händler wird relativ unfreundlich reagieren, wenn Sie einfach weitergehen. Wollen Sie wirklich kaufen, beginnen Sie nach einiger Zeit am besten mit einer Offerte in halber Höhe des geforderten Preises. Nehmen Sie sich Zeit! Ein Kaufgespräch kann sich bei kostbaren Objekten auch über mehrere Tage hinziehen. Aus diesem Grund ist es recht ungünstig, während einer Ausflugstour teurere Objekte einzukaufen.

Foto & Video

In den Urlaubsorten sind Papierfilme, seltener auch Diafilme erhältlich, achten Sie jedoch auf das Verfallsdatum. Ein Polfilter ist in den dunstigen Sommermonate zu empfehlen.

Streng verboten ist es, militärische Anlagen abzulichten. Wenn Sie Einheimische aufnehmen wollen, sollten sie durch eine Frage oder Geste ihre Zustimmung einholen. Wird sie verweigert – Frauen kehren gelegentlich ihr Gesicht ab oder bedecken es mit dem Kopftuch –, sollte man es respektieren, wenn man keinen Ärger bekommen will.

Frauen allein unterwegs

Die besten Erfahrungen scheinen Frauen mit einem Verhalten zu machen, das den Türkinnen abgeschaut ist. Belästigungen bleiben immer dann aus, wenn ein Mann sich nicht ›animiert‹ fühlen kann, z. B. durch einen erwiderten Blickkontakt oder freizügige Kleidung. Im Fall eines Falles erreicht man die besten Erfolge, wenn man sich laut schimpfend zur Wehr setzt (rufen Sie: ›Ayıp!‹ = Schande) und damit an die Öffentlichkeit appelliert.

Im Bus haben Frauen ein Recht (!) auf einen Einzelplatz. In reisepraktischen Fragen wende man sich, wo immer möglich, an eine Türkin – die überaus herzliche Hilfe ist allein schon ein unvergeßliches Erlebnis.

Geld & Geldwechsel

Die Türkische Lira (TL) ist einem starken Kursverfall unterworfen. **Wechselkurs:** 1 DM (0,51 €) entsprach Ende 1999 etwa 225 000 TL, Anfang 2001 etwa 430 000 TL (1 CHF: 550 000 TL, 10 ATS: 610 000 TL; aktuelle Angaben auf Videotextseite 502 bei TRT-International). Es ist aber in der Diskussion, durch eine Währungsreform drei Nullen zu streichen. Derzeit gibt es Münzen zu 10 000, 25 000, 50 000 und 100 000 TL, Scheine zu 100 000, 250 000, 500 000, 1 Mio., 5 Mio. und 10 Mio. TL. Große Scheine können im Hinterland oft nicht gewechselt werden: Sammeln Sie für diesen Fall eine ›Kleingeldreserve‹.

In allen größeren Orten der Westküste gibt es heute Geldautomaten für EC/Maestro- oder Kreditkarten. Wechseln (Bargeld, Traveller-Cheques; EC-Schecks laufen in 2001 langsam aus) kann man bei Banken und Postämtern, ebenso bei Reisebüros und Hotels, dort allerdings zu einem ungünstigeren Kurs. Bewahren Sie Umtauschquittungen auf, um bei der Ausreise Probleme mit dem Zoll zu vermeiden (s. S. 234).

Moscheebesuch

Auch Nicht-Muslimen ist es gestattet, eine Moschee zu besuchen, natürlich aber nicht zu den Gebetszeiten, vor allem nicht freitags zum Mittagsgebet. Shorts, Miniröcke, schulterfreie Kleider sind im Gebetshaus verpönt. Die Schuhe stellt man am Eingang ab. Frauen sollten ein Kopftuch über die Haare legen. Wer in einer Moschee fotografieren will, muß den Moscheewächter oder den *hoca* vorab um Erlaubnis bitten.

Museen

In der Regel sind die Museen täglich außer montags zwischen 9 und 17 Uhr geöffnet, manchmal unterbrochen durch eine Mittagspause. Die Eintrittspreise liegen im Schnitt bei umgerechnet 1–3 €. Studenten erhalten gegen Vorlage des ISIC-Ausweises Ermäßigung. Fotografieren ist vielfach untersagt oder nur gegen eine Extragebühr erlaubt, für Aufnahmen mit Stativ bedarf es generell einer Sondergenehmigung der Museumsverwaltung.

Öffnungszeiten

In der Regel kann man in **Geschäften** werktags zwischen 8 oder 9 Uhr und 19 oder 20 Uhr einkaufen, in Touristenzentren sogar bis 21 oder 22 Uhr und auch am Sonntag, ebenso in den großen Supermärkten wie *Gima* oder *Migros*. Auf dem Dorf hält der *bakkal* um die Mittagszeit bis zu drei Stunden Verkaufsruhe.

Behörden und Banken sind Mo–Fr von 9–12 und von 13.30–17.30 Uhr geöffnet, Banken nur bis 16 oder 17 Uhr. Während der **religiösen Feiertage** (s. S. 241) bleiben Büros, Banken und die meisten Läden geschlossen.

Post

Jede größere türkische Ortschaft besitzt ein Postamt (*postahane*), als ›PTT‹ schwarz auf gelbem Grund ausgeschildert. Die Hauptpostämter (*Merkez*

Postahane) sind Mo–Sa von 8–22 Uhr geöffnet, So von 9–19 Uhr. Nebenstellen und Postämter in kleinen Ortschaften richten sich nach den behördlichen Arbeitszeiten.

Briefmarken *(pul)* erhält man am Schalter, häufig wird die Sendung dort auch einfach freigestempelt. Die Gebühren für Postkarten *(kartpostal)* oder Briefe *(mektup)* liegen um etwa 0,5 € je nach Wechselkurs. Postsendungen nach Mitteleuropa sind etwa vier Tage unterwegs.

Im *postahane* kann man auch Geld wechseln (aber kein Geld vom Postsparbuch abheben) und Telefonkarten kaufen.

Radio & TV

Kurznachrichten in Deutsch und Englischh senden das Zweite Fernsehprogramm des staatlichen türkischen Senders TRT (*Türkiye Radiyo ve Televizyon*) tägl. nach den 22-Uhr-Nachrichten, *TRT International* tägl. um 23 Uhr. Spezielle Feriensender des Radiodienstes informieren tägl. zwischen 7.30–12.45 und 18.30–22.30 Uhr in Englisch und Deutsch (İzmir: 101,6 MHz, Kuşadası: 101,9 MHz, Bodrum: 97,4 MHz, Marmaris: 101,0 MHz) über aktuelle Termine und Sehenswürdigkeiten.

Die Deutsche Welle sendet täglich zwischen 14 und 18 Uhr auf der Mittelwellenfrequenz 1557 Mhz.

Stromversorgung

Die Netzspannung beträgt 220 Volt – wenn das Stromnetz nicht gerade zusammengebrochen ist. In kleineren Urlaubsorten kann das in der Hochsaison passieren. Aber keine Sorge, der Ausfall dauert meist nur kurze Zeit.

Telefon

Auslandsgespräche führt man am besten vom Postschalter aus, sollte aber die abendlichen Stunden meiden, da dann alle Geräte dicht umlagert sind (einen günstigen Mondscheintarif gibt es für Auslandstelefonate nicht, außerdem sind die Leitungen dann überlastet). Von den Telefonzellen, meist bei den Postämtern zu finden, telefoniert man ins Ausland am besten mit Magnetkarten (*telefon kartı*), die am Postschalter erhältlich sind, und zwar zu 70 oder 100 Gesprächseinheiten.

In der Türkei gibt es keine Orts-, sondern nur noch **Provinzvorwahlen**: für Çanakkale: 286; Balıkesir: 266; İzmir: 232; Manisa: 236; Aydın: 256; Muğla: 252; **im Inland jeweils mit einer 0 davor** (aus dem Ausland mit dem Ländercode 0090 für die Türkei). Man braucht also z. B. bei Gesprächen von Marmaris nach Bodrum keine Vorwahlnummer.

Bei **Auslandsgesprächen** wählen Sie zunächst den jeweiligen Ländercode (Deutschland: 00 49; Österreich: 00 43; Schweiz: 00 41), dann die Ortsvorwahlnummer ohne die erste 0, schließlich die Nummer des Teilnehmers. Ein Deutschland-Telefonat von einer Minute Dauer kostet umgerechnet knapp 2 €.

Das eigene **Handy** (türk. *cep, dschäp, ›Tasche‹*) funktioniert im GSM-Roaming, die Gebühren sind nur viel höher, da man auch für die Umleitung, d. h. die Strecke aus dem Heimatnetz in die Türkei bezahlt.

Toiletten

Alaturka nennt man in der Türkei ein wenig spöttisch und selbstkritisch die traditionellen Hocktoiletten. Alle besseren Hotels und Restaurants haben inzwischen Sitztoiletten; bei den Moscheen, in einfachen Gasthäusern oder auch an den Rastplätzen der Überlandbusse hält man es aber auf altväterliche Sitte. Solche Toiletten sind (um es vorsichtig auszudrücken) wenig gepflegt. Toilettenpapier gibt es nie, stattdessen dient Wasser aus einem Hahn in Bodennähe zur Säuberung.

Die Toiletten sind mit *erkek* oder *bay* für Männer und mit *kadın* oder *bayan* für Frauen gekennzeichnet.

Trinkgeld

Man gibt im Restaurant knapp 10 % des Rechnungsbetrages, bei großen Summen etwas weniger, bei kleineren etwas mehr. Taxifahrer erwarten kein Trinkgeld, es ist aber üblich, die Taxametersumme auf die nächste volle Million aufzurunden.

Verhalten im Alltag

Obwohl die Türkei in den touristischen Zentren schon sehr westlich erscheint, ist die Tendenz zur Bewahrung von Sitte, Ehre und Ordnung noch ausgeprägt. Das beginnt mit der Kleidung. Selbst der Kellner im Fünfsternehotel von Marmaris oder Kuşadası wird das Bermuda-Shorts-Outfit der zahlungskräftigen Gäste insgeheim geringschätzen. Turnschuh-Attitüden widersprechen grundsätzlich traditioneller türkischer Statussymbolik.

Und noch ein Rat: Lassen Sie sich in der Türkei auf keinerlei politische Diskussionen ein! Selbst dem nettesten Sportlehrer gefriert das Lächeln, wenn Sie zu heiklen Themen wie der Kurdenfrage das Falsche sagen.

Wandern

Wandern hat keine Tradition in der Türkei, und bis heute besteht dort kein Zusammenschluß nach Art der Alpenvereine. Leider fehlen für die türkische Westküste auch exakte Karten im großen Maßstab.

Wer die türkische Westküste zu Fuß erkunden möchte, sei auf die Publikation von Georg Henke (›Wanderungen in der Westtürkei‹, Bruckmann Verlag) verwiesen.

Zeit

Die Türkei gehört zur Osteuropäischen Zeitzone (OEZ), die Mitteleuropäischer Zeit (MEZ) + 1 Stunde entspricht. Da die Türkei gleichzeitig mit der EU auf Sommerzeit umstellt, gilt diese Zeitdifferenz das ganze Jahr über. Bei Ankunft stellt man die Uhr eine Stunde vor.

Zeitungen

Die ›Turkish Daily News‹ ist eine englischsprachige Zeitung, die Politik, internationale Sportergebnisse und eine Wettervorhersage bietet. **Deutsche Zeitungen** treffen einen Tag nach Erscheinen in den Urlaubsorten ein. Häufig zu finden sind Bild, FAZ, Süddeutsche und der Spiegel.

GLOSSAR DER FACHBEGRIFFE

Adyton   Allerheiligstes, Raum des Kultbildes im Tempel

Agora   Markt- und Versammlungsplatz griechischer Städte

Äolier   griechisches Volk, ab etwa 900 v. Chr. im Norden der kleinasiatischen Ägäisküste ansässig

Akropolis   Oberburg antiker Städte

Anten   vorspringende Mauerzungen einer Tempelfront

Aquädukt   Wasserleitung auf Pfeilern

Architrav   Hauptbalken über Säulen

Baptisterium   Taufkapelle

Basilika   mehrschiffige Kirche mit höherem Mittelschiff, hervorgegangen aus der römischen Markthalle

Bouleuterion   antiker Ratssaal

Bulvar   türk. für eine breite Straße

byzantinisch   s. S. 29

Cadde   türk. für Straße

Cami   türk. für eine Moschee, in der das Freitagsgebet stattfindet

Cavea   Zuschauerraum des griechischen Theaters

Cella   Kultraum im Tempel

Diadochen   Feldherrn Alexander d. Gr., die sein Reich unter sich teilten

Dorer   griechisches Volk, seit ca. 1000 v. Chr. im Südwesten Kleinasiens ansässig

Emiratszeit   s. S. 31

Forum   Markt- und Versammlungsplatz römischer Städte

Graffiti   Ritz- oder Kratzinschriften

Gymnasion   antike Schule der Leibesübung

Hellenismus   s. S. 26

Heroon   antiker Gedächtnisbau für einen mythischen Heros

Hethiter   anatolisches Volk im 2. Jt. v. Chr.

hippodamischer Stadtplan   strenger Rasterplan griechischer Städte ab dem 5. Jh. v. Chr.

İmaret   Armenküche bei Moscheen

Ionier   griechisches Volk, ab etwa 1000 v. Chr. im Zentrum der kleinasiatischen Agäisküste ansässig

Kannelur   vertikale Rillung der Säule

Kolonnade   Säulengalerie

Kordon   türk. für die künstlich befestigte Meerpromenade

Medrese   Koranschule, häufig einer Moschee angeschlossen

Mesçit   kleineres islamisches Gebetshaus (im Gegensatz zur Cami)

Meydan   türk. für Platz

Mihrab   nach Mekka gerichtete Nische in der Moschee (türk.: mihrap)

Minarett   Moscheeturm

Minbar   Predigtkanzel der Moschee

Nekropole   antiker Friedhof

Nymphaion   antike Brunnenanlage

Odeion   antikes Musiktheater

Orchestra   halbrunde Fläche vor der Bühne im griechischen Theater

Osmanen   s. S. 32f.

Palaiestra   Sporthof in der Antike

Seldschuken   s. S. 30

Seleukiden   hellenistische Dynastie im 3. und 2. Jh. v. Chr. in Syrien

Spolien   antike Werkstücke, wiederverbaut in späterer Architektur

Stoa   Säulenhalle, Wandelgang

Substruktion   Untermauerung oder Unterwölbung eines Bauwerks

Temenos   umfriedeter heiliger Bezirk um einen antiken Kultplatz

Thermen   antike Badeanlage

Tumulus   Hügelgrab

Türbe   islamischer Grabbau

Wesir   osmanischer Würdenträger

REGISTER

Touristische Hauptziele sind fett, in der Antike gebräuchliche Ortsnamen kursiv gesetzt.
Die Seite der Haupterwähnungen ist jeweils fett gesetzt.

REGISTER/ABBILDUNGSNACHWEIS

ABBILDUNGSNACHWEIS

Frank Rainer Scheck, Köln: Umschlaginnenklappe vorne, Umschlagrückseite (unten), S. 1, 14, 16/17, 18, 19, 27, 28, 33, 77, 80, 107, 123, 128, 129, 131, 133, 135, 140, 142/143, 147, 151, 153, 155, 158/159, 161, 164, 169 (2x), 172/173, 184 (2x), 188/189, 193, 194/195, 196, 197, 198/199, 200, 209, 211, 214, 224, 225
Rainer Hackenberg, Köln: Umschlagrückseite (oben, Mitte),
S. 10/11, 46, 64/65, 75, 86, 88/89, 118, 138, 178, 180/181, 203
Hans E. Latzke, Bielefeld: Titel,
S. 2/3, 62/63, 119, 134, 136/137, 208, 215, 226/227
Gerhard P. Müller, Dortmund: Umschlaginnenklappe hinten, S. 36/37, 55, 57, 83, 87, 112/113, 166, 176/177, 204/205, 216/217, 220
Elisabeth Steiner, Istanbul: S. 40, 42, 47, 50, 53, 92/93, 94 (2x), 98, 103, 186
Hans Weber, Lenzburg, Schweiz: S. 120/121

Karten: Berndtson & Berndtson, München, © DuMont

DUMONT

REISE-TASCHENBÜCHER

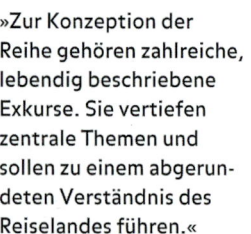

»Was den DUMONT-Leuten gelungen ist: Trotz der Kürze steckt in diesen Büchern genügend Würze. Immer wieder sind unerwartete Informationen zu finden, nicht trocken eingestreut, sondern lebhaft geschrieben... Diese Mischung aus journalistisch aufgearbeiteten Hintergrundinformationen, Erzählung und die ungewöhnlichen Blickwinkel, die nicht nur bei den Farb- und Schwarzweißfotos gewählt wurden – diese Mischung macht's. Eine sympathische Reiseführer-Reihe.«
Südwestfunk

»Zur Konzeption der Reihe gehören zahlreiche, lebendig beschriebene Exkurse. Sie vertiefen zentrale Themen und sollen zu einem abgerundeten Verständnis des Reiselandes führen.«
Main Echo

Weitere Informationen über die Titel der Reihe DUMONT Reise-Taschenbücher erhalten Sie bei Ihrem Buchhändler oder beim
DUMONT Buchverlag · Postfach 10 10 45 · 50450 Köln · www.dumontverlag.de